融合型·新形态教材
复旦学前云平台 fudanxueqian.com

普通高等学校学前教育专业系列教材

学前教育信息技术基础实践指导

主　编　谢忠新
编　委（按姓氏笔画）
王其冰　贾晶晶　黄　军　谢忠新

复旦大学出版社

内容提要

本书是《学前教育信息技术基础教程》教材的配套上机实验及能力综合考核指导书，由上海市中、高等职业学校的骨干教师和专家根据国家相关部门有关课程标准组织编写而成。

全书分为上机指导、综合测试2个部分。第一部分为上机指导，以Windows 7 和 Office 2007 为使用平台，共有25个活动，在内容安排与课时安排上与本版《学前教育信息技术基础教程》教材相配套；第二部分是综合测试，强调项目设计和综合能力的应用。

本书的出版旨在帮助教师解决课程教学中的具体困难，培养学生利用信息技术解决生活及工作中问题的能力，帮助学生顺利通过相关的课程考核，适合学生课堂和课后练习使用。

本书普遍适用于幼儿师范学校、普通高等院校和职业技术学院的信息技术文化基础课程。

总 序

学前教育是国民教育体系的重要组成部分，是终身教育的开端，幼儿教师教育担负着学前教师职前培养和职后培训、促进教师专业成长的双重任务，在教育体系中具有职业性和专业性、基础性和全民性的战略地位。

自1903年湖北幼稚园附设女子速成保育科诞生始，中国幼儿教师教育走过了百年历程。可以说，20世纪上半叶中国幼儿教师教育历经从无到有、从抄袭照搬到学习借鉴的萌芽、创建过程；新中国成立以后，幼儿教师教育在规模与规格、质量与数量、课程与教材建设等方面得到较大提升与发展。中国幼儿教师教育历经稳步发展、盲目冒进、干扰瘫痪、恢复提高和由弱到强的发展过程。

1999年3月，教育部印发《关于师范院校布局结构调整的几点意见》，幼儿教师教育的主体由中等教育向高层次、综合性的高等教育转变；由单纯的职前教育向职前职后教育一体化、人才培养多样化转变；由独立、封闭的办学形式向合作、开放的办学形式转变；由单一的教学模式向产学研相结合的、起专业引领和服务支持作用的综合模式转变。形成中专与大专、本科与研究生、统招与成招、职前与职后、师范教育与职业教育共存的，以专科和本科层次为主的，多规格、多形式、多层次幼儿教师教育结构与体系。幼儿教师教育进入由量变到质变的转型提升进程，由此引发了人才培养、课程设置、教学内容等方面的重大变革。课程资源，特别是与之相适应的教材建设成为幼儿教师教育的当务之急。

正是在这一背景下，"全国学前教育专业系列教材"编审委员会在广泛征求意见和调查研究的基础上，开始酝酿研发适应幼儿教师教育转型发展的专业教材，这一动议得到有关学校、专家的认同和教育部师范教育司有关领导的大力支持。2004年4月，复旦大学出版社组织全国30余所高校学前教育院系、幼儿师范院校的专家、学者会聚上海，正式启动"全国学前教育专业系列"教材研发项目。2005年6月，第一批教材与广大师生见面。此时，恰逢"全国幼儿教师教育研讨会"召开，研讨会上，教育部师范教育司有关领导对推进幼儿教师教育优质课程资源建设作出指示："一是直接组织编写教材，二是遴选优秀教材，三是引进国外优质教材；开发建设有较强针对性、实效性、反映学科前沿动态的、幼儿教师培养和继续教育的精品课程与教材。"

结合这一指示精神，编审委员会进一步明确了教材编写指导思想和教材定位。首先，从全国有关院校遴选、组织一批政治思想觉悟高、业务能力强、教育理论和教学实践经验丰富的专家学者，组成教材研发、编撰队伍，探索建立具有中国幼儿教师教育特色、引领学前教育和专业发展的、反映课程改革新成果的教材体系；努力打造教育观念新、示范性强、实践效果好、影响面大和具有推广价值的精品教材。其次，建构以专科、本科层次为主，兼顾中等教育和职业教育，多层次、多形式、多样化的文本与光盘相结合的课程资源库，有效满足幼儿教师教育对课程资源的需求。

经过近十年来的教学实践与检验，教材研发的初衷和目的初步实现。截至2014年4月，系列教材共出版160余种，其中8种教材被教育部列选为普通高等教育“十一五”“十二五”国家级规划教材，《手工基础教程》被教育部评选为普通高等教育“十一五”国家级精品教材，《幼儿教师舞蹈技能》荣获教育部教师教育国家精品资源共享课，《健美操教程》获得教育部“教育改革创新示范”教材；系列教材使用学校达600余所，受益师生数十万人次。

伴随国务院《关于当前发展学前教育的若干意见》和《国家中长期教育改革和发展规划纲要(2010—2020年)》的贯彻落实，幼儿教师准入制度和标准的建立、健全，幼儿教师教育面临规范化、标准化、专业化和前瞻化发展的机遇与挑战。一方面，优质学前教育资源已成为国民普遍地享受高质量、公平化、多样性学前教育的新诉求。人才培养既要满足当前学前教育快速发展对幼儿师资的需求，还要确保人才培养的高标准、严要求以及幼儿教师职后教育的可持续发展；另一方面，学前教育专业向0～3岁早期教育、婴幼儿服务、低幼儿童相关产业等领域拓展与延伸，已然成为专业发展与服务功能发挥的必然趋势。这一发展动向既是社会、国民对专业人才的要求与需求，也是高等教育服务社会、培养高层次专业人才的使命。为应对机遇与挑战，幼儿教师教育将会在三个方面产生新变化：一是专业发展广义化，专业方向多元化，人才培养多样化，教师教育终身化；二是课程设置模块化，课程方案标准化，课程发展专业化和前瞻化；三是人才培养由旧三级师范教育(中专、专科、本科)向新三级师范教育(专科、本科、研究生)稳步跨跃。

为及时把握幼儿教师教育发展的新变化，特别是结合2011年10月教育部刚颁布的《教师教育课程标准(试行)》及2012年10月颁布的《3—6岁儿童学习与发展指南》，编审委员会将与广大高校学前教育院系、幼儿师范院校共同合作，从三个方面入手，着力打造更为完备的幼儿教师教育课程资源与服务平台，并把这套教材归入“全国学前教育专业(新课程标准)‘十二五’规划教材”系列。第一，探索研发应用型学前教育专业本、专科层次系列教材，开发与专业方向课程、拓展课程、工具性课程、实践课程和模块化课程相匹配的教材，研发起专业引领作用的幼儿教师继续教育教材；第二，努力将现代科学技术、人文精神、艺术素养与幼儿教师教育有效融合并体现在教材之中，有效提升幼儿教师综合素养；第三，教材编写力图体现幼儿教师教育发展趋势与专业特色，反映优秀中外教育思想、幼儿教师教育成果，全面提高幼儿教师教育质量；第四，建构文本、多媒体和网络技术相互交叉、相互整合、相互支持的立体化、网络化、互动化的幼儿教师教育课程资源体系，为创建具有中国特色的幼儿教师教育高品质专业教材体系贡献我们的力量。

“全国学前教育专业系列教材”编审委员会

2014年4月

前 言

《信息技术基础》是全体学生必须学习的文化基础课程，也是一门重要的技能基础课程。

《学前教育信息技术基础教程》是按项目及其具体活动为单元进行编著的，十分强调项目设计、电子作品制作的能力培养，这种全新的教学理念和教学模式为培养学生应用多项信息技术解决问题的实际能力做了有益的探索。为了促进项目教学的顺利进行，配合课堂教学，有利于学生的自主学习，有利于课程的考核，特组织力量编写了本配套练习书。

本教材共分上机指导、综合测试 2 个部分。第一部分为上机指导，主要按《学前教育信息技术基础教程》体例安排了各种活动。为教学方便，这些活动安排基本上与教材项目相对应，活动任务明确，同时给出了参考操作步骤，有利于教师课后作业布置，也有利于学生自学。需要指出的是，大多数活动是以学习或应用一种软件为主，例如活动 3～活动 6 是以 Word 2007 为主要应用软件；活动 14～活动 17 是以PowerPoint 2007为主要应用软件；活动 18～活动 20 是以 Excel 2007 为主要应用软件；活动 21～活动 24 是以 SharePoint Designer 为主要应用软件，等等。

第二部分为综合测试。综合测试题总共 13 题。从内容上划分为 7 类。综合测试一以 Windows 7 的资源管理器为主，综合测试二、三以 Word 2007 为主，综合测试四以 IE 浏览器和 OE 电子邮件等为主，综合测试五以图像、声音、视频等处理软件为主，综合测试六、七、八以 PowerPoint 2007 为主，综合测试九、十、十一、十二以 Excel 2007 为主，综合测试十三以 SharePoint Designer 为主。每类综合测试题给出项目背景、项目任务、设计要求、制作要求、参考操作步骤等，并给出相应的参考样张，便于教师布置任务和指导，也方便学生自学和自测。但需强调的是，虽然以一种软件为主，但不排除几种软件同时使用的可能。因此，综合测试题的答案不是唯一的，解决问题的方案有多种，手段也不尽相同，只要达到设计和制作的要求即可。因此在教学过程中，应注重抓住项目的分析、解决问题的关键等，同时对学生的作品要加以点评、重视过程和方法的评价。

由于编写经验不足，难免会出现疏漏及不当之处，敬请读者指正批评。

本书所用到的实验素材及作品样张随书光盘附赠，素材和样张的组织结构与本书的目录结构一致，一般一个活动或综合测试下有“素材”和“样张”两个文件夹，每个活动或综合测试题的素材和样张存放在相应的文件夹下。

本书编写组
2012 年 6 月

目 录
Contents

第一部分 上机指导

第二部分　综合测试

第一部分

上机指导

活动 1

信息技术初步——刻录机的安装

一、活动目的

（1）了解刻录机的性能指标。

（2）掌握刻录机安装步骤。

二、活动任务

随着计算机技术的发展，数据信息的交换量也越来越大，有了光盘刻录机就可以解决庞大数据的携带难题。用光盘保存数据越来越普遍，本活动要求安装一台刻录机。

三、参考操作步骤

1. 刻录机的选购

（1）了解刻录机分类：分为 DVD－R、COMBO、CD－R 和 CD－RW 几类。

（2）了解刻录机主要性能指标：

● 接口（SCSI、IDE、并行接口）。

● 安装方式（外置式、内置式）。

● 刻录速度：是指 CD－R 刻录机写入数据或刻录 CD－R 光盘片的速度，以 kB/s 表示。

● 重写速度：是指 CD－RW 刻录机刻录 CD－RW 光盘片的速度。

● 缓冲内存容量：缓冲内存容量愈大，所能保存的数据愈多，消耗殆尽的概率就愈低。

● 读速度：是指刻录机读取光盘片数据时的传输速率。

（3）了解刻录机品牌及性价比，然后再选购。

图 1－1－1　刻录机

2. 刻录机的硬件安装（以内置式为例）

（1）关闭计算机，拔去电源，打开机箱，在机箱面板上选择一个空闲的五英寸槽位置。刻录机如图 1－1－1 所示。

（2）将设置好跳线的刻录机插入空的驱动器扩展槽内，然后连接电源线、数据线和音频线。注意：连接数据线时，认定排线的红线对准刻录机的第一引脚，一般情况下靠近电源一边的排线为红色第一脚。

（3）调整刻录机位置，使其面板与机箱对齐，然后用螺丝紧固。如图 1－1－2 所示。

（4）将数据线的另一端连接到主机板上的 IDE2 接口上，盖上机箱重新启动计算机，系统就可检测到所连接的刻录机的型号。

（5）如果是 SISC 接口的刻录机，还必须安装 SISC 卡：找一个空闲的 PCI 插槽，去除后面的挡板，将 SISC 卡插入 PCI 插槽中，然后再连接刻录机的数据线。如图 1－1－3 所示。

（6）装上机箱盖，拧上螺丝，完成刻录机的安装。

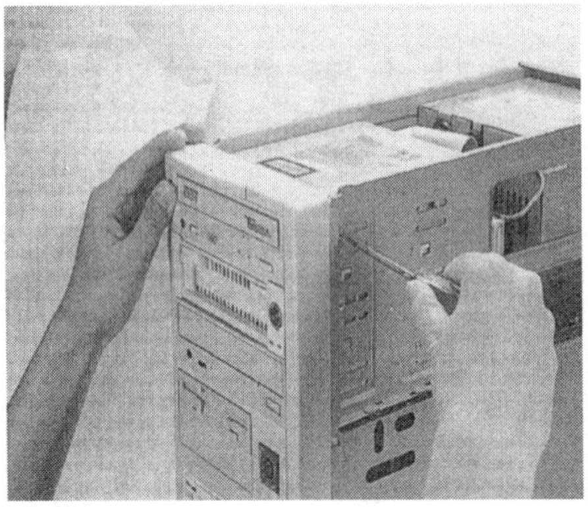

图 1－1－2　安装刻录机

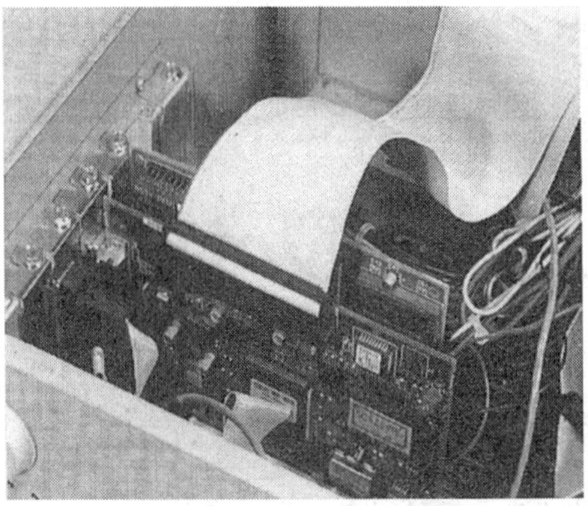

图 1－1－3　刻录机数据线

活动 2

信息技术初步——刻录软件的安装及使用

一、活动目的

（1）掌握刻录软件的安装步骤。
（2）掌握刻录软件的使用方法。

二、活动任务

刻录机安装完成，驱动程序系统已安装好了，但刻录机仍然不能进行刻录数据光盘，还要安装刻录软件才可以使用。我们这里选择 Nero 软件。刻录软件装好后，还要刻一张数据光盘。

三、参考操作步骤

1. 刻录软件(Nero 软件)的安装

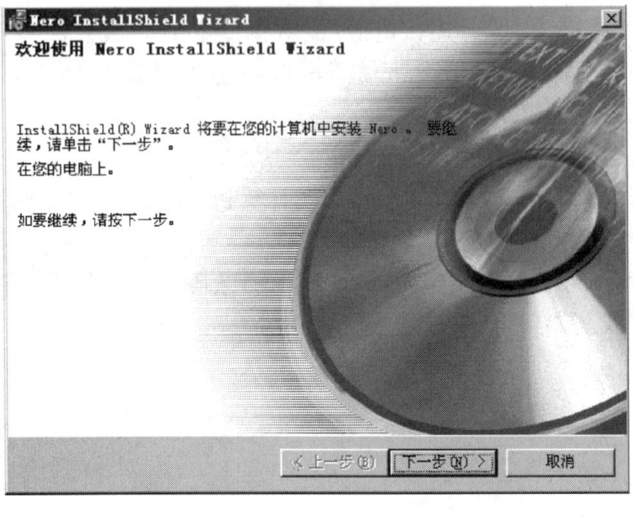
Nero InstallShield Wizard
欢迎使用 Nero InstallShield Wizard
InstallShield(R) Wizard 将要在您的计算机中安装 Nero 。要继续，请单击 "下一步"。
在您的电脑上。
如要继续，请按下一步。
< 上一步(B)
下一步(N) >
取消

图 1－2－1　Nero 安装向导

（1）在光驱中插入 Nero 安装盘，选择并打开光盘驱动器窗口，在窗口中双击 Setup.exe 图标，屏幕显示安装界面。单击安装界面中的 Nero 按钮，屏幕出现如图 1－2－1 所示的 Nero 安装向导对话框。

（2）按“下一步”，出现许可协议对话框。在许可协议对话框中，选择“我接受许可协议中的条款”，然后，单击“下一步”，出现用户信息对话框。

（3）输入相应的信息后，按“下一步”，弹出安装类型的对话框。选择“典型”安装，单击“下一步”，出现向导准备对话框，如图 1－2－2 所示。单击“安装”按钮，系统开始进行安装。

（4）在弹出 Nero 安装完成的对话框中，单击

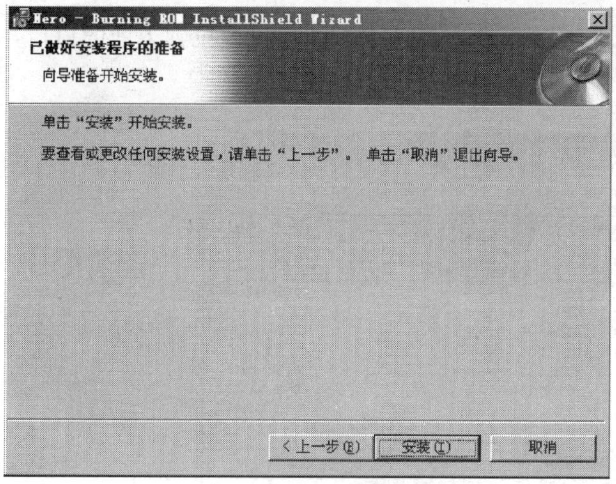

图 1-2-2　准备开始安装

图 1-2-3　安装完成

“完成”按钮，如图 1-2-3 所示，可以开始使用 Nero 刻录软件进行光盘数据的烧录。

2. 刻录光盘操作

(1) 在“开始”菜单的“程序”中，运行 Nero 程序，出现显示 Nero 刻录向导对话框，选中“编辑新的光盘”选项，然后单击“下一个”，出现编辑新光盘对话框，如图 1-2-4。

(2) 在“编辑新光盘”对话框中，选择“数据光盘”，然后按“下一步”，屏幕显示编辑新光盘或多重区段光盘刻录向导对话框，选择“编辑新的数据光盘”。

(3) 单击“下一个”，出现刻录向导完成对话框。单击“完成”后，出现如图 1-2-5 所示的刻录文件和文件夹的上下两个窗口，下面窗口显示刻录数据的源路径，可以任意选择所刻录的文件和文件夹，上

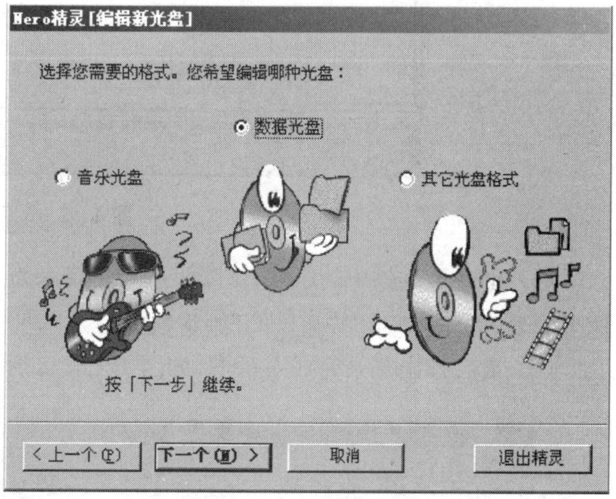

图 1-2-4　编辑光盘

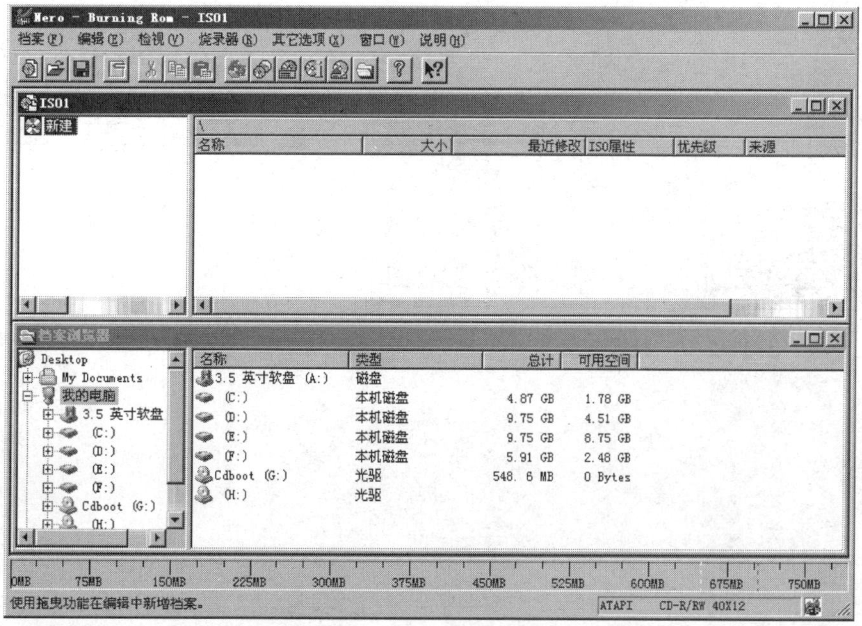

图 1-2-5　刻录软件界面

面列出的是将来刻录光盘上生成的刻录文件。

(4) 在刻录窗口中，可以对光盘进行重命名，然后，将要刻录的文件从下面的窗口拖拉到上面的窗口，在刻录窗口的底部有显示刻录到光盘上生成的刻录文件的容量，如图 1－2－6 所示。

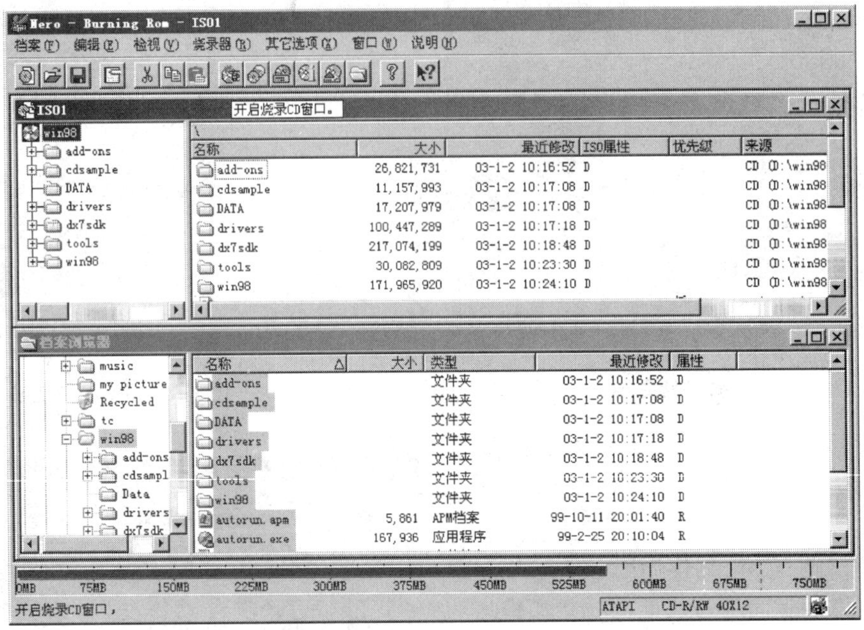

图 1－2－6　选择刻录文件

(5) 单击工具栏中的刻录按钮，弹出“烧录光盘”对话框，如图 1－2－7 所示。选择烧录参数和烧录速度参数后，击“烧录”按钮，即开始将数据写入光盘。

(6) 最后弹出刻录完成对话框，如图 1－2－8 所示。单击“确定”按钮，即完成刻录，并退出光盘片。

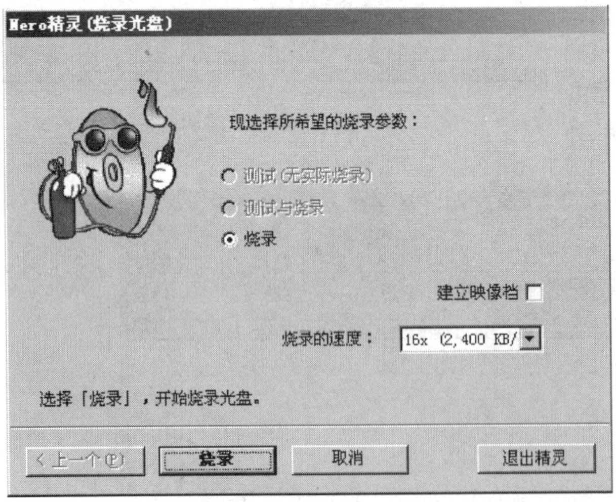

图 1－2－7　烧录光盘

图 1－2－8　烧录完毕

活动 3

文字处理——告家长书的制作

一、活动目的

(1) 掌握文字录入方法。
(2) 掌握文字格式设置方法。
(3) 掌握段落格式设置方法。
(4) 掌握艺术字的插入与设置。
(5) 掌握图形绘制方法与设置。

二、活动任务

一年一度"五一"国际劳动节将至,重庆电信学校为告知学生家长学校"五一"假期安排及对学生的相关要求,特印发了"告家长书"一份发给每位学生家长。"告家长书"内容如下:

告家长书
尊敬的学生家长:
"五一"劳动节即将到来,为了帮助孩子调节身心,度过一个健康、愉快、安全、有收获的假期,根据国务院要求,结合我校实际,我校放假及安排告知您,请您做好安排:
5 月 1 日——5 月 3 日放假、休息。
5 月 4 日开始正常上课。
假期要求:
积极争做文明市民。
合理安排假期学习、生活、娱乐、锻炼的时间。
关心国家大事,要养成天天看报纸或收听新闻习惯。
要用中学生行为规范约束自己,在外遵守社会公德,遵守国家法律;在家尊敬父母,做力所能及的家务。
不进营业性舞厅、卡拉 OK、酒吧等娱乐场所;不进游戏机房和网吧。
重视安全,外出遵守交通规则,不到危险区域活动,注意饮食卫生。
重庆电信学校
2012.4.29

三、参考操作步骤

(1) 打开 Word,选择 Office 按钮,在弹出菜单中选择"新建",新建一个空白文档,在文档中输入"告家长书"相应的文字信息,录入速度应达到汉字:20/分,英文:120/分。

(2) 按 Ctrl+A 组合键,选中整篇文档,单击常用工具栏中的"字号"下拉列表框,选择"四号"。

(3) 选中标题"告家长书",单击"字体"命令。在出现的字体对话框中选中"字体"选项卡,设置中文字体:楷体、字形:加粗、字号:一号;单击"字符间距"选项卡,设置间距:加宽、磅值:10;单击"确定"按钮,如图 1-3-1 所示。再单击"段落"工具栏中的"居中"☰按钮。

(4) 选中从"'五一'劳动节即将到来"到"请您做好安排:"之间的文本内容,单击"段落"命令,在弹出的"段落"对话框中单击"缩进和间距"选项卡,在"缩进"选项区中单击"特殊格式"下拉列表框,选择"首行缩进"选项,并设置"度量值"为"2 字符";行距:固定值、设置值:28 磅,间距段前:1 行、段后:1 行,如图 1-3-2 所示。单击"确定"按钮。

(5) 选中"5 月 1 日"和"假期要求:"三段,在"段落"选项卡中的第一行第二个按钮,在弹出的编号库

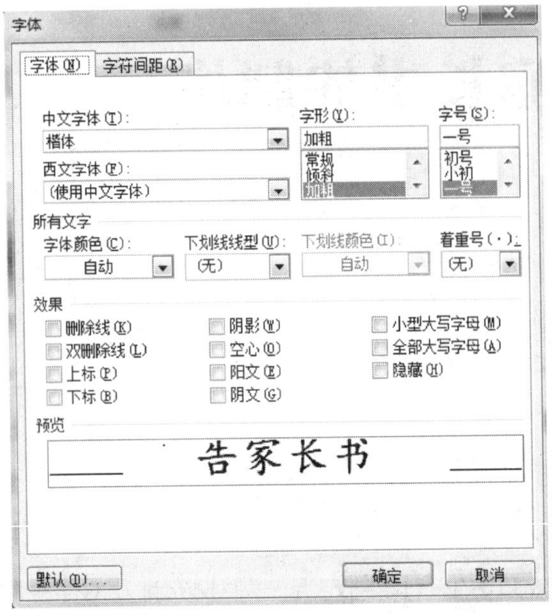

图 1-3-1　设置字体

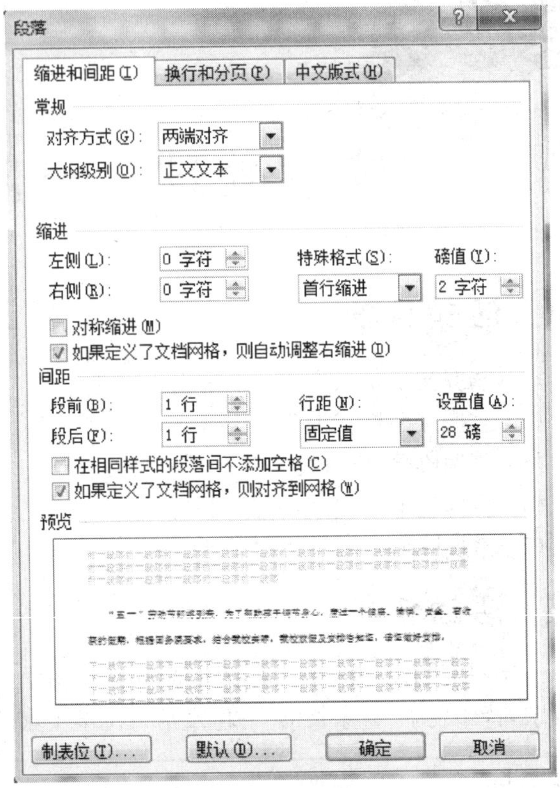

图 1-3-2　设置段落间距

中选中第一行第二个，如图 1-3-3 所示。点击段落选项卡中“增加缩进量按钮”，如图 1-3-4 所示。

图 1-3-3　编号

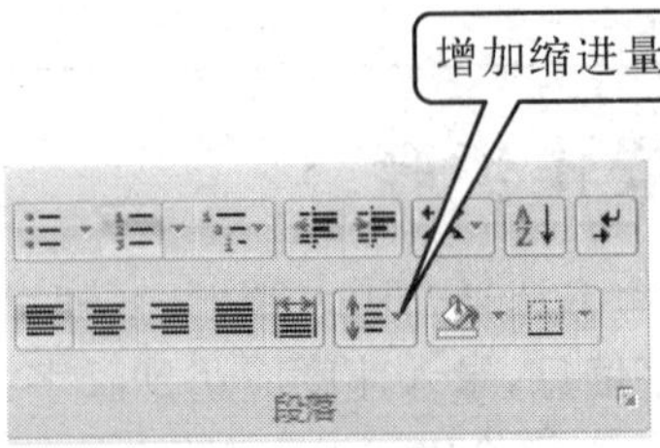

图 1-3-4　调整段落缩进

(6) 选中“积极支持”和“重视安全”六段，在“段落”选项卡中的第一行第二个按钮，在弹出的编号库中选中第二行第三个。点击段落选项卡中“增加缩进量按钮”两次。

(7) 光标移到“重庆电信学校”段首，单击“Enter”键。选中“重庆电信学校”段，在“字体”面板中设置中文字体：楷体、字形：加粗、字号：二号。单击“段落”命令，在弹出的“段落”对话框中单击“缩进和间距”选项卡，在“缩进”选项区中“左”设为22字符，如图1-3-5所示，单击“确定”按钮。

(8) 选中“2012.4.29”段，单击工具栏字号：二号命令。

(9) 选中“2012.4.29”段，选择“格式”→“段落”命令，在弹出的“段落”对话框中单击“缩进和间距”选项卡，在“缩进”选项区中“左”设为24字符，单击“确定”按钮。

(10) 单击菜单栏中的“插入”，在“插图”面板中选择“形状”中的“椭圆”命令，按住Shift键在文档的下部画一个圆，调节圆的大小，选择“格式”选项卡下的“形状轮廓”→“虚线”→“其他线条”命令，设置线条颜色与粗细：粗细1.5磅，颜色选择红色，如图1-3-6所示。

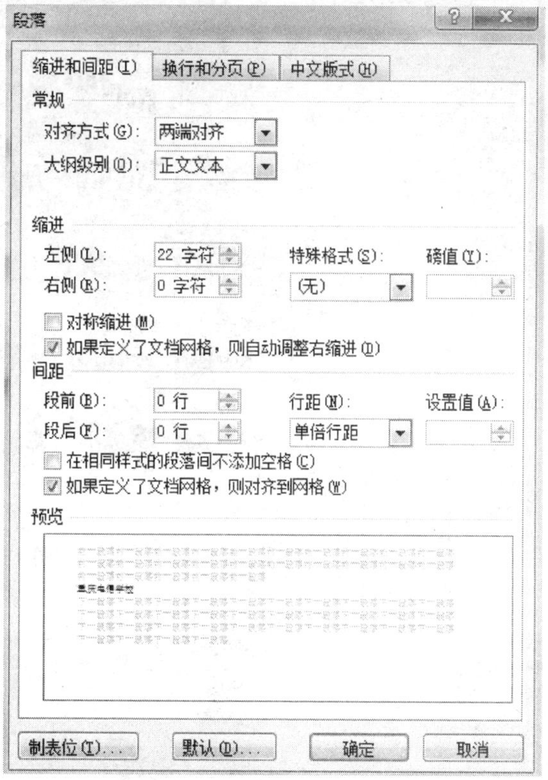

图1-3-5　编辑段落

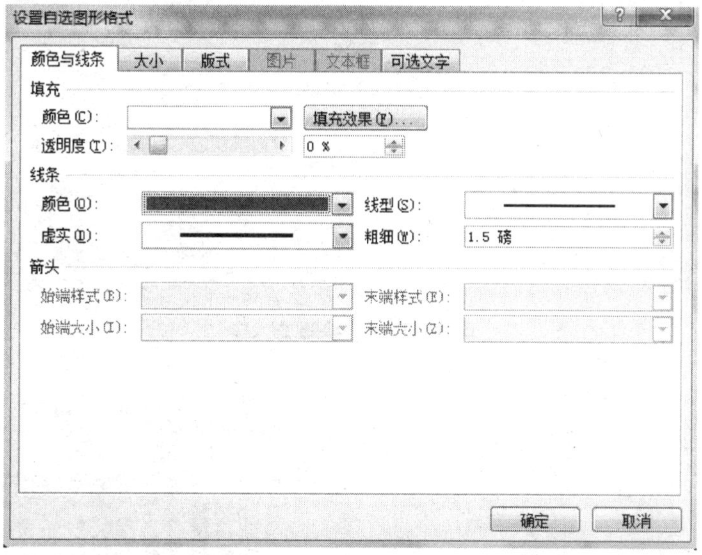

图1-3-6　设置图形线条颜色

(11) 选择“插入”→“艺术字”命令，在出现的“‘艺术字’库”对话框中，选中第一排第三个，如图1-3-7所示，单击“确定”按钮。

(12) 出现“编辑艺术字文字”对话框，输入“重庆电信学校”，并设置字体：楷体，字号：14，如图1-3-8所示，单击“确定”按钮。

(13) 调节艺术字的大小和形状与圆相匹配。选择“艺术字”，选择“格式”→“间距”→“很松”命令，如图1-3-9所示。

(14) 在格式面板中设置艺术字的颜色与线条，在艺术字样式中设置填充颜色：红色，线条颜色：红色，如图1-3-10所示，单击“确定”按钮。

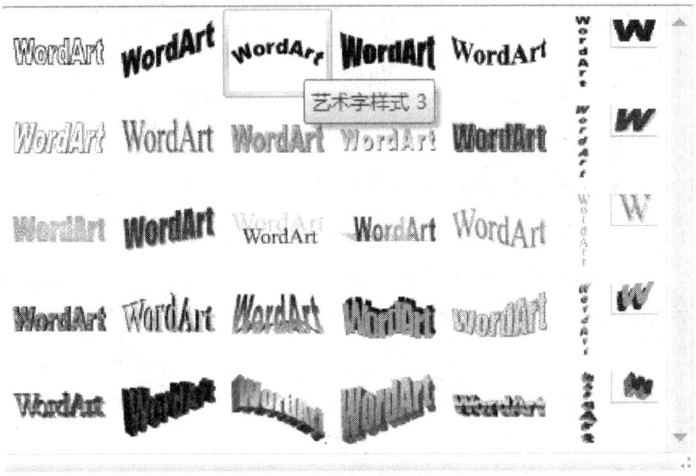

图 1-3-7　插入艺术字

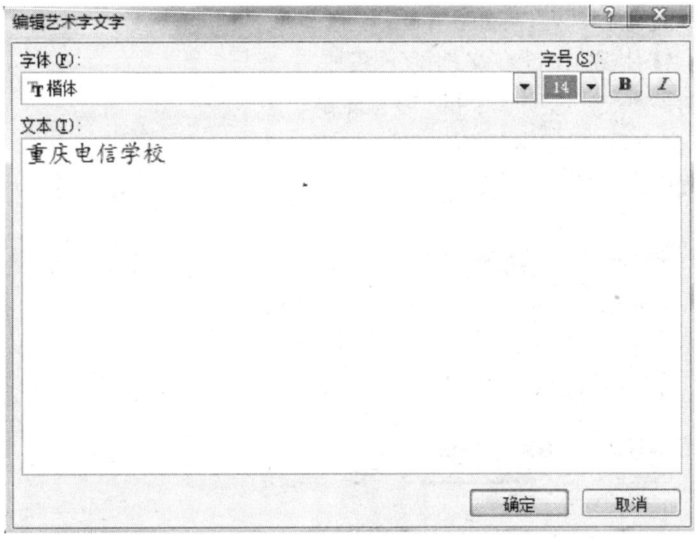

图 1-3-8　编辑艺术字

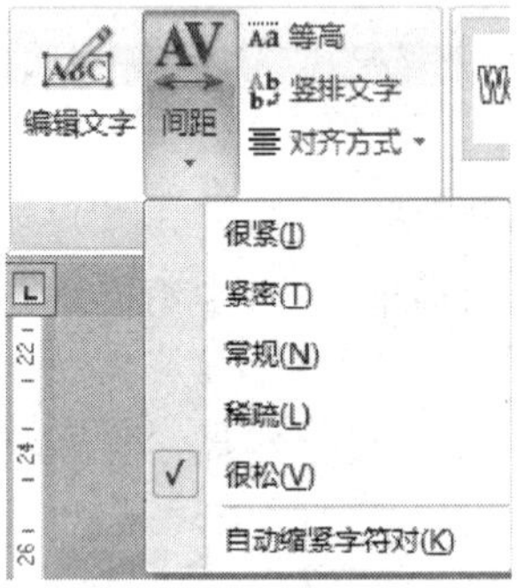

图 1-3-9　设置艺术字形状填充图

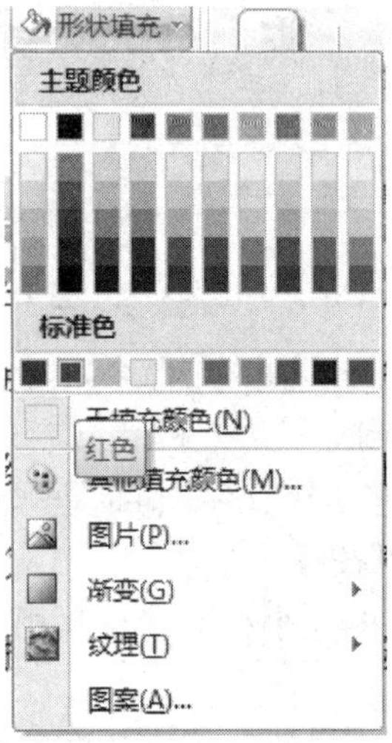

图 1-3-10　设置艺术字形状填充颜色

（15）单击“插入”，选择形状下的“五角星”命令，在圆的中心画一个“五角星”，调节“五角星”的大小与形状，“线条颜色”与“填充颜色”都设置为红色。

（16）按住 Shift 键，再分别选中艺术字和圆，右键，在弹出的菜单中选择“组合”命令，完成学校公章的制作。

（17）移动公章到“重庆电信学校”和“2012.4.29”两段文字上方，右击图形，在快捷菜单中选择“叠放次序”→“衬于文字下方”命令。

（18）单击“另存为”命令，在出现的“另存为”对话框中，选择保存位置及类型，输入文件名，如图 1-3-11 所示，单击“保存”按钮，并保存自己的文档。参考效果如图1-3-12所示。

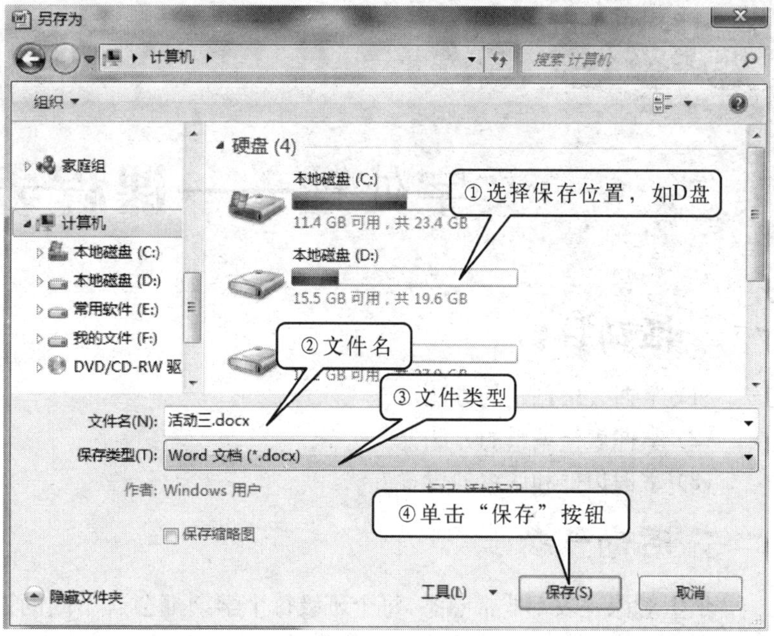

图 1-3-11 保存操作

四、样张

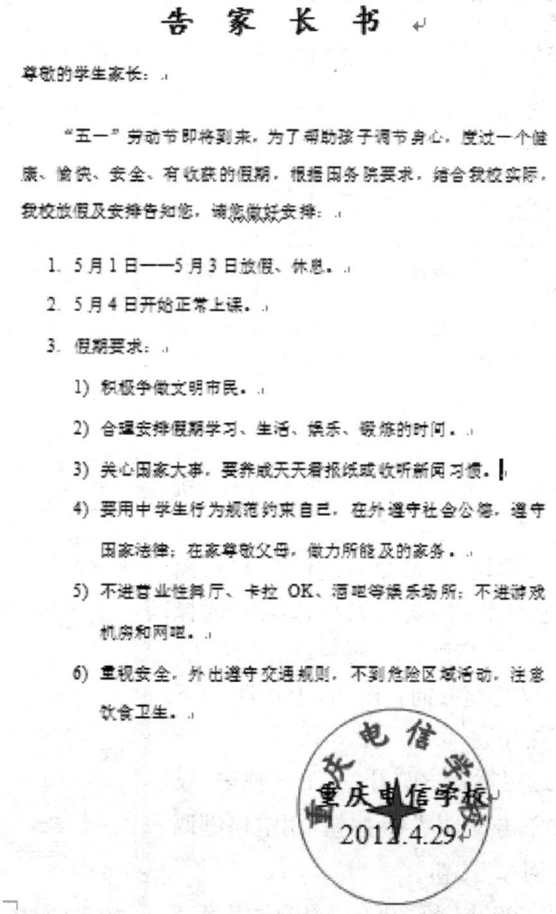

告 家 长 书

尊敬的学生家长：

“五一”劳动节即将到来，为了帮助孩子调节身心，度过一个健康、愉快、安全、有收获的假期，根据国务院要求，结合我校实际，我校放假及安排告知您，请您做好安排：

1. 5月1日——5月3日放假、休息。
2. 5月4日开始正常上课。
3. 假期要求：
   1) 积极争做文明市民。
   2) 合理安排假期学习、生活、娱乐、锻炼的时间。
   3) 关心国家大事，要养成天天看报纸或收听新闻习惯。
   4) 要用中学生行为规范约束自己，在外遵守社会公德，遵守国家法律；在家尊敬父母，做力所能及的家务。
   5) 不进营业性舞厅、卡拉 OK、酒吧等娱乐场所；不进游戏机房和网吧。
   6) 重视安全，外出遵守交通规则，不到危险区域活动，注意饮食卫生。

重庆电信学校

2012.4.29

图 1-3-12 告家长书样例

活动 4

文字处理——课程表的制作

一、活动目的

(1) 掌握表格创建的方法。
(2) 掌握表格编辑的方法。
(3) 掌握边框和底纹的设置方法。

二、活动任务

学生对课程表都非常熟悉,每个班级每个学期都会有不同的课程表,尤其在实行学分制的今天,每个人都会有不同的课程表。作为重庆电信学校 0900b1 班的你,为了更好地促进学习,需要制作一个班级的课程表。课程表相关内容如下:

课　程　表

(重庆电信学校 0900b1 班 2009/2010 学年 第二学期 2010.3)

星期 / 课程 / 时间	星期一	星期二	星期三	星期四	星期五
1-2 节 (8: 00-9: :30)	英　语	语　文	品　德	计算机	数　学
3-4 节 (10: 00-11: 30)	数　学	电工基础	数　学	语　文	英　语
午餐、午休					
5-6 节 (13: 00-14:30)	艺术体操	计算机	英语	电工基础	班　会
7-8 节 (14: 45-16:15)	普通话	自　习	艺术欣赏	体　育	

三、参考操作步骤

(1) 打开 Word,选择 Office 按钮,在弹出菜单中选择“新建”,新建一个空白文档。

(2) 选择“页面布局”→“页面设置”命令,在弹出的“页面设置”对话框中单击“纸张”选项卡,在纸张大小选项区选择“自定义大小”选项,宽度:21 厘米,高度:16 厘米,如图 1-4-1 所示。单击“页边距”选项卡,设置方向:横向,上边距和下边距均为 2 厘米,单击“确定”按钮。

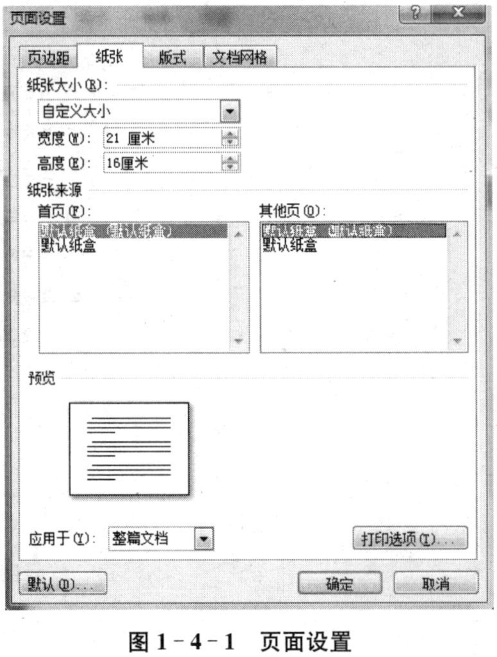

图 1-4-1　页面设置

(3) 输入标题“课程表”,选定标题,在“开始”工具栏中,设置字体:黑体,字号:一号,并单击“居中”按钮,用空格键调整标题文字间距。然后单击“回车”按钮。

(4) 输入“(重庆电信学校 0900b1 班 2009/2010 学年第二学期 2010.3)”,并选中该部分内容,设置字体:宋体,字号:四号。然后单击“回车”按钮。

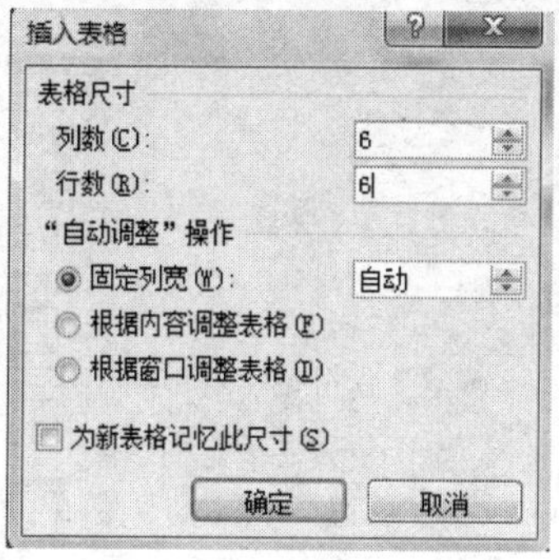

图 1-4-2 插入表格

(5) 选择"插入"→"表格"命令,在出现的"插入表格"对话框中,表格尺寸区域设置:列数为6、行数为6,选中固定列宽:自动,如图1-4-2所示。单击"确定"按钮。

(6) 选中第一行第一个单元格,选择"布局"→"绘制斜线表头"命令,在出现的"插入斜线表头"对话框中,设置表头样式:样式二,字体大小:五号,行标题:星期,数据标题:课程,列标题:时间,如图1-4-3所示。单击"确定"按钮。

(7) 选中第2行到第6行,在格式工具栏中选择字号:五号,再选中第2列到第6列,选择"布局"→"表格属性"命令,在出现的"表格属性"对话框中,选择"单元格"选项卡,选中"居中"选项,如图1-4-4所示,单击"确定"按钮。

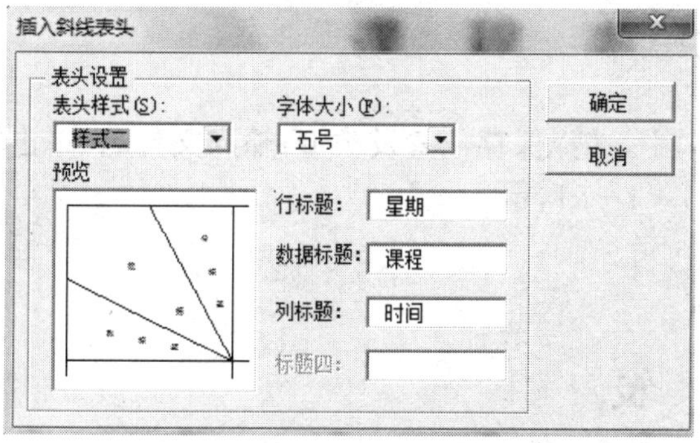

图 1-4-3 插入斜线表头

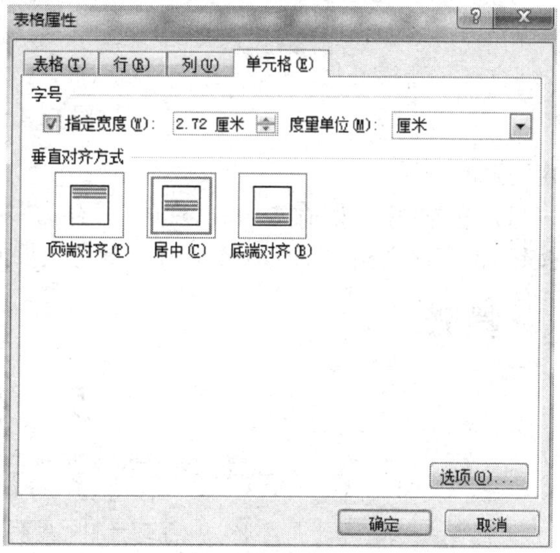

图 1-4-4 表格属性设置

(8) 选中第1行,选择"页面布局"→"页面边框"命令,在出现的"边框和底纹"对话框中,选择"底纹"选项卡,在"填充"项,选择第一行第三列(灰色-10%)选项,如图1-4-5所示,单击"确定"按钮。

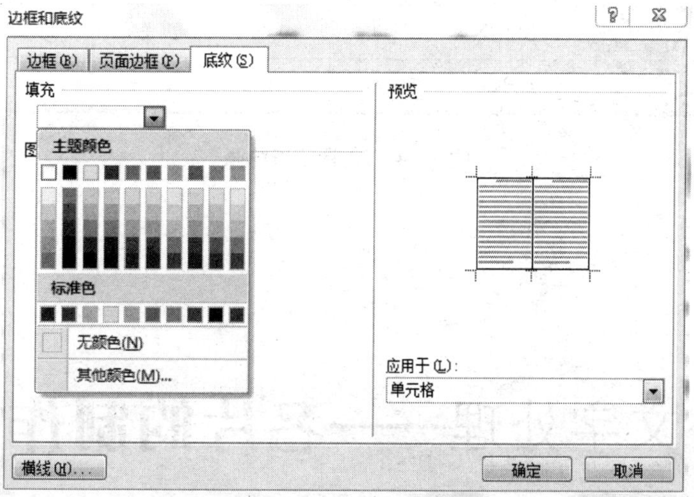

图 1-4-5 底纹设置

(9) 同样设置第四行和第一列的填充格式。

(10) 选中整个表格,选择"页面布局"→"边框和底纹"命令,在弹出的"边框和底纹"对话框中单击"边框"选项卡,设置线型为"第九种",宽度为"1.5磅",颜色为蓝色,设置为"网格",如图1-4-6所示。单击

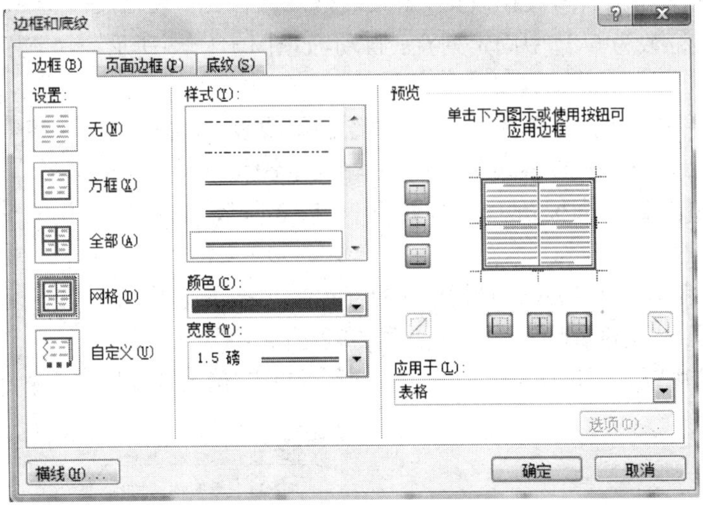

图 1-4-6 边框设置

“确定”按钮。

(11) 单击“另存为”命令，在出现的“另存为”对话框中，选择保存位置及类型，输入文件名，单击“保存”按钮，保存该文档，关闭 Word 程序。参考效果如图 1-4-7 所示。

四、样张

课 程 表

(重庆电信学校 0900b1 班 2009/2010 学年 第二学期 2010.3)

课程 星期 时间	星期一	星期二	星期三	星期四	星期五
1-2 节 (8: 00-9: :30)	英 语	语 文	品 德	计算机	数 学
3-4 节 (10: 00-11: 30)	数 学	电工基础	数 学	语 文	英 语
午餐、午休					
5-6 节 (13: 00-14:30)	艺术体操	计算机	英语	电工基础	班 会
7-8 节 (14: 45-16:15)	普通话	自 习	艺术欣赏	体 育	

图 1-4-7 课程表样张

活动 5

文字处理——名片的制作

一、活动目的

(1) 掌握图片的插入与设置方法。

(2) 掌握文本框的使用技巧。

二、活动任务

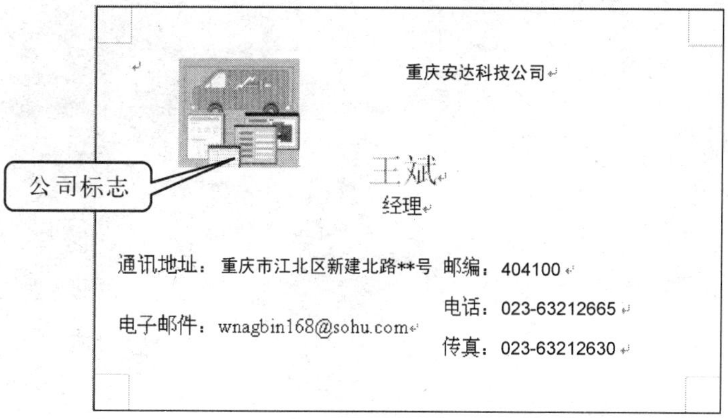

图 1-5-1 名片样例

重庆安达科技公司的王斌经理为了方便业务的往来与人际的沟通，需要有自己的名片。名片不仅要求美观大方，还要体现公司特点和王经理的个性。王经理把这项任务交给你来完成，名片上相关信息如图 1-5-1 所示。

三、参考操作步骤

(1) 打开 Word，选择 Office 按钮，在弹出菜单中选择“新建”，新建一个空白文档。

(2) 选择“插入”→“文本框”→“绘制文本框”命令，当鼠标指标变成“十”字形，拖动鼠标绘制一个文本框。

(3) 右键单击绘制的文本框边框，选择“设置文本框格式”，在弹出的“设置文本框格式”对话框中，单击“大小”选项卡，设置高度为 7.3 厘米、宽度为 14.24 厘米，如图 1-5-2 所示，单击“确定”按钮。

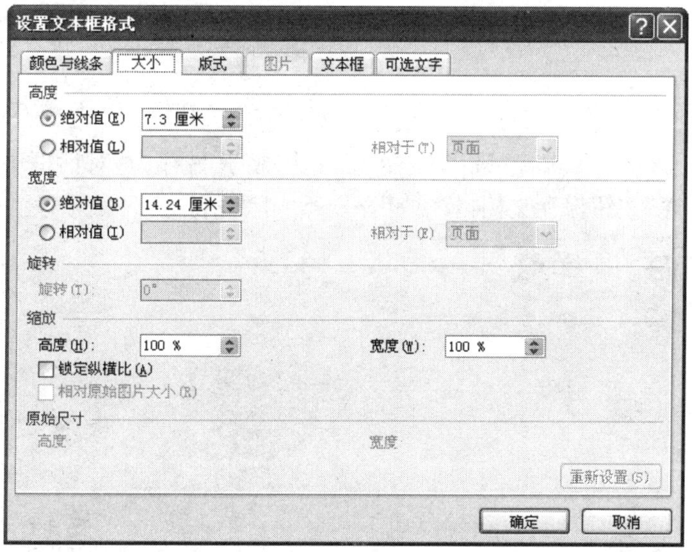

图 1-5-2 设置高度和宽度

(4) 将光标移动到文本框外，选择“插入”→“图片”命令，在出现的“插入图片”对话框中，选择要插入的图片“logo. jpg”，单击“插入”按钮，将图片插入文档中。设置图片的“文字环绕”为“浮于文字上方”，并置于顶层。

(5) 单击“插入”菜单栏下的“文本框”按钮，在大文本框中上部绘制一个文本框。在其中输入“重庆安达科技公司”，选中输入内容，设置格式：字体为楷体、字号为二号，并单击“加粗”、“居中”按钮。

(6) 右键小文本框边框，在弹出的“设置文本框格式”对话框中，单击“颜色与线条”选项卡，在“填充”选项区中设置颜色为无填充颜色，在“线条”选项区中设置颜色为无线条，单击“确定”按钮。

(7) 参照步骤 5 的方法在大文本框中间再绘制一个文本框，并参照步骤 6 的方法设置文本框。

(8) 在此文本框中输入“王斌经理”，选中“王斌”进行格式设置：字体为隶书，字号为小一，选中“经理”进行格式设置：字体为楷体，字号为小二，选中“王斌经理”单击“居中”按钮。

(9) 参照步骤 5 的方法在大文本框中下部再绘制一个文本框，并参照步骤 6 的方法设置文本框。输入相应的信息。

(10) 参照步骤 5 的方法在大文本框中左上角再绘制一个文本框，并参照步骤 6 的方法设置文本框，参照步骤 4 插入公司标志。

(11) 参照步骤 6 的方法设置大文本框。

(12) 按 Shift 键，依次选中文本框，右键，在弹出的菜单中选择“组合”命令，把它们组合成一体。

(13) 右击，选择“设置对象格式”命令，在出现“设置对象格式”对话框中，单击“版式”选项卡，设置环绕方式为四周型、水平对齐方式为居中，如图 1-5-3 所示。

(14) 选择大文本框，右击选择“设置文本框格式”，在“颜色与线条”选项卡中选择“填充效果”，在“图片”选项卡中点击“选择图片”，选择素材文件夹下的“背景. jpg”，点击确定，将背景图插入名片中。

图 1-5-3　版式设置

（15）选择“另存为”命令，在出现的“另存为”对话框中，选择保存位置及类型，输入文件名，单击“保存”按钮保存文档，效果如图 1-5-4 所示。

四、样张

图 1-5-4　名片样张

活动 6

文字处理——重庆博物馆宣传板报的制作

一、活动目的

（1）掌握图文混排的方法。
（2）掌握文档页面设置操作。

二、 活动任务

作为一所一流的综合性艺术博物馆，多年来，重庆博物馆以其收藏的大量精美的艺术文物享誉国内外。同时，重庆博物馆也是爱国主义教育基地，是精神文明建设的窗口。为了宣传重庆博物馆，要求你制作一份关于重庆博物馆的电子板报。

三、 参考操作步骤

(1) 打开素材中“重庆博物馆.docx”文档，发现文档中有一些空格，要删除，这里使用替换方法来完成。选中一个空格并按 Ctrl+C 复制空格，选择“开始”→“替换”命令，在出现的“替换”对话框中，鼠标插入点选中查找内容栏并按 Ctrl+V 粘贴空格，接下来鼠标插入点移到替换栏中，单击“全部替换”按钮，弹出完成替换的消息框后，单击“取消”按钮，完成删除空格操作。

(2) 选中标题“重庆博物馆”，在“开始”→“字体”中设置：字体为楷体、字号为一号，单击“加粗”和“居中”按钮。

(3) 选中小标题“重庆博物馆的主题”，在“开始”→“字体”中设置：字体为黑体、字号为小三号。单击常用工具栏“格式刷”按钮，刷过另一个小标题“重庆博物馆的收藏”。

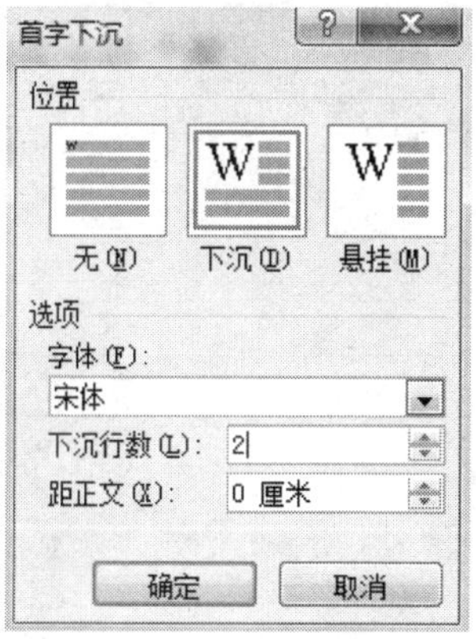

图 1-6-1 首字下沉设置

(4) 选中第一段首字“上”，单击“插入”菜单下文本面板中的“首字下沉”命令。出现“首字下沉”对话框，如图 1-6-1 所示。

(5) 位置选“下沉”，字体为宋体，下沉行数为 2，距正文为 0 磅，单击“确定”按钮。

(6) 光标移至第一段尾，选择“插入”→“图片”命令，在出现的“插入图片”对话框中，选择要插入的图片，单击“插入”按钮，将图片插入文档中。

(7) 单击“设置图片格式”按钮，在出现的“设置图片格式”对话框中，单击“版式”选项卡，环绕方式选中“紧密型”，如图 1-6-2 所示，单击“高级”按钮。

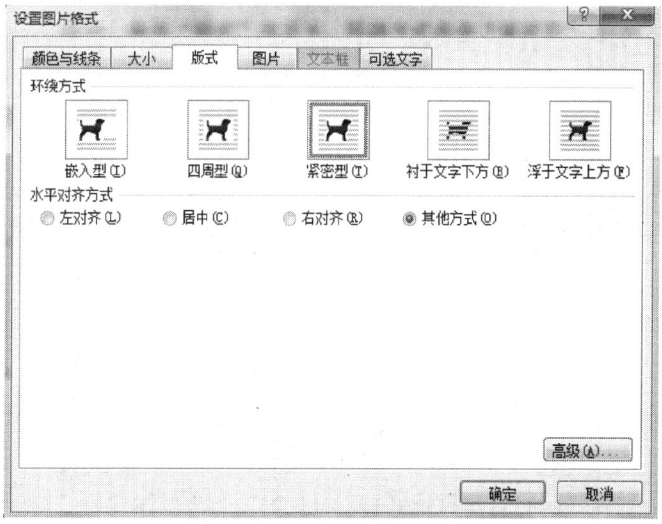

图 1-6-2 设置图片格式

(8) 出现“高级版式”对话框，环绕文字选中“只在左侧”项，如图 1-6-3 所示，单击“确定”按钮。返回“设置图片格式”对话框，再单击“确定”按钮。图片移至第一段右侧。

(9) 选中第一个小标题下三段文字，选择“开始”→“段落”命令，选择首行缩进，单击“确定”按钮。

(10) 参照步骤 6、7、8 在文档中间插入另一张图片。

(11) 选中两个小标题下两段文字，选择“开始”→“段落”命令，选择首行缩进，单击“确定”按钮。选择“页面布局”→“分栏”→“更多分栏”命令。

(12) 出现“分栏”对话框，在“预设”区域选择“左”，选中“分隔线”项，如图 1-6-4 所示，单击“确定”按钮。

(13) 选择“页面布局”→“页面设置”命令，出现“页面设置”对话框，单击“页边距”选项卡，设置上下左右边距均为 3.5 厘米，如图 1-6-5 所示，单击“确定”按钮。

(14) 选择“插入”→“页眉”→“编辑页面”命令，出现“页眉和页脚”界面及工具栏，如图 1-6-6 所示。

图 1-6-3 高级版式

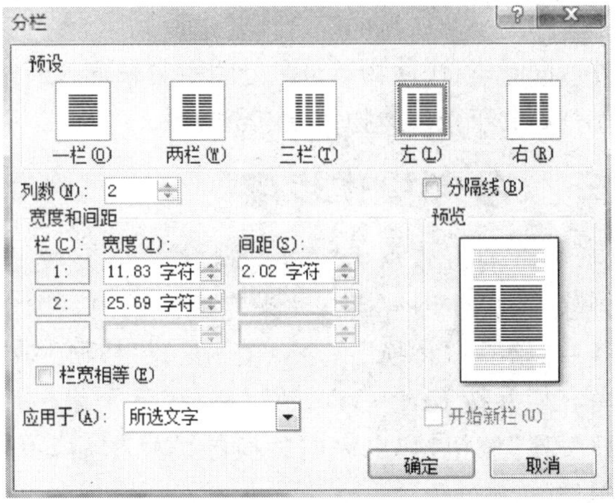

图 1-6-4 分栏设置

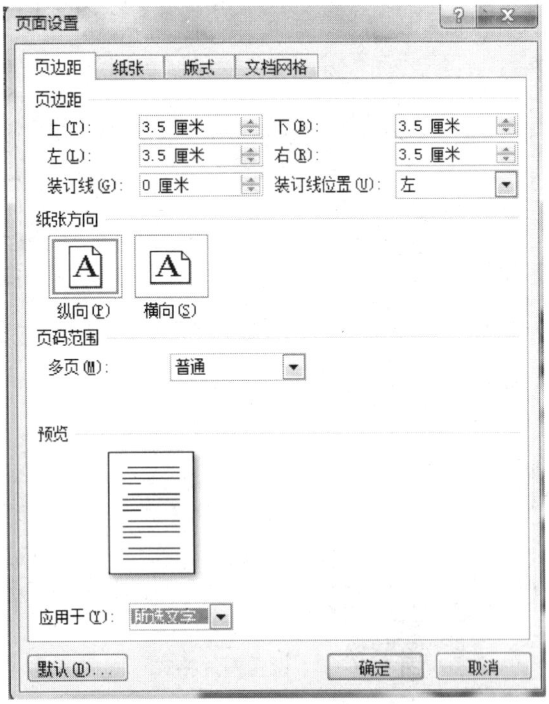

图 1-6-5 页面设置

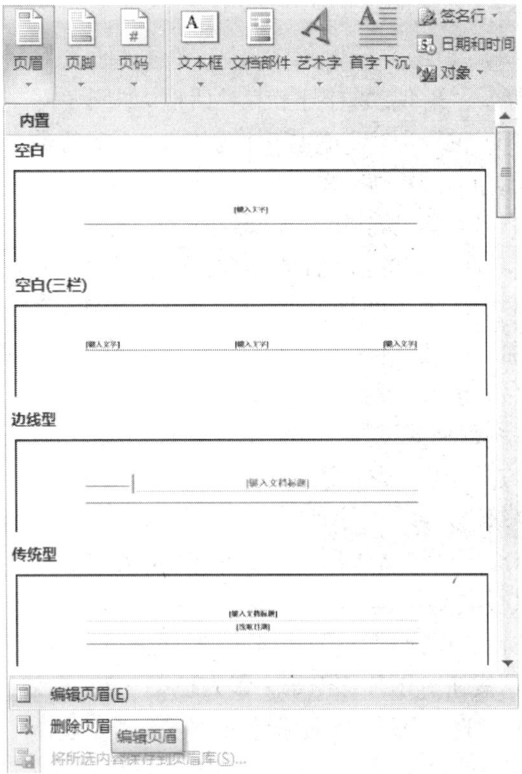

图 1-6-6 设置页眉

在页眉处输入“欢迎参观重庆博物馆”，格式为字体为华文行楷、字号为二号，居左。选择“插入”→“页脚”→“编辑页面”命令，设置页脚为插入日期居中、插入时间居右，字号为四号，单击设计下的“关闭页面和页脚”按钮。

(15) 单击“另存为”命令，在出现的“另存为”对话框中，选择保存位置及类型，输入文件名，单击“保存”按钮，保存该文档，关闭 Word 程序。参考样张见图 1-6-7 所示。

四、样张

欢迎参观重庆博物馆

重庆博物馆

重庆市博物馆是一座综合性博物馆，坐落于市中心的枇杷山巅，重庆市渝中区枇杷山正街72号。这里遍览山光水色，远眺花木掩映，风景秀丽，环境幽雅，是山城重庆登高远眺、游览休憩的著名风景区。本馆始建于1951年，当时为西南博物院。西南博物院的建立，标志着新中国西南地区文物事业历史性的起步。1954年，西南大区撤销，西南博物院交由重庆市领导，1955年改为重庆市博物馆。此后，由于文物事业的不断发展，逐步从本馆划分出了歌乐山烈士陵园、红岩革命纪念馆、重庆自然博物馆等单位，构成了重庆博物馆群的主体框架。

重庆博物馆的主题

本馆以“历代文物艺术品”、“重庆城市发展史展览”为基本陈列。“历代文物艺术品”分四川汉代艺术品、青铜器、瓷器、书画四个专题，展品大多为本馆历年收集和发掘出土的珍贵文物，较为集中地反映了本馆的藏品特色。“重庆城市发展史展览”以时间为序，自古及今，按照城市发展的主线，用文物和历史图片展示各个历史时期的变迁，成为了解重庆这座历史文化名城的重要窗口。此外，本馆每年还举办若干临时性展览，或集中展示本馆某一方面的藏品，或通过馆际合作使观众了解其他地区的历史和文化传统。上博的外观为什么是这样的？——上博新馆的外观具有汉代的建筑风格，由方体基座与圆形出挑组合起来，具有中国古代“天圆地方”的寓意。

重庆博物馆的收藏

该馆馆藏文物约10万多件，资料5万多件，具有重要历史、艺术价值的珍品有，四川旧石器500多件，巴蜀文物1000余件，汉画像石、画像砖100多件，历代名窑陶瓷器4000多件，宋元以来名家书画5000多件。该馆还藏有著名历史人物明玉珍、张献忠、秦良玉、邹容等人的遗物手迹，以及齐白石、张大千、徐悲鸿、朱宣咸、苏葆桢等杰出画家的作品。近现代文物约3万件，其中有太平天国、重庆教案、辛亥革命、五四运动、红军长征、抗日战争等重大历史事件的文物资料。此外，还有西南民族文物，包括彝、藏、苗、土家等族的工艺美术品5000多件。

2012-6-6　　11:01

图1-6-7　宣传板报样张

活动7

因特网应用——因特网上信息的采集

一、活动目的

(1) 熟练掌握搜索引擎的使用。
(2) 熟练掌握获取信息的保存方法。

二、活动任务

青松老年活动中心准备为每一个活动室配备一台电视机，希望锋行职校的同学通过因特网来获取各类电视机(如传统CRT、CRT背投、液晶(LCD)背投、光显(DLP)背投、LCD平板、等离子(PDP)平板等)的性能与特点,以取得各种电视机的第一手实际情况资料,为老年活动中心的决策者决策提供参考。

三、参考操作步骤

1. 使用搜索引擎(如百度)获取有关电视机的性能与价格资料

(1) 接入因特网后,启动IE浏览器(双击桌面的图标,或单击任务栏上的快捷按钮,也可以到“开始-程序”中去启动)。

(2) 在地址栏中输入网址:www. baidu. com,回车后将显示出图1-7-1的画面。

图1-7-1 百度搜索引擎网站

(3) 在关键字文本框中键入“彩电报价”,单击“百度一下”按钮,显示图1-7-2。

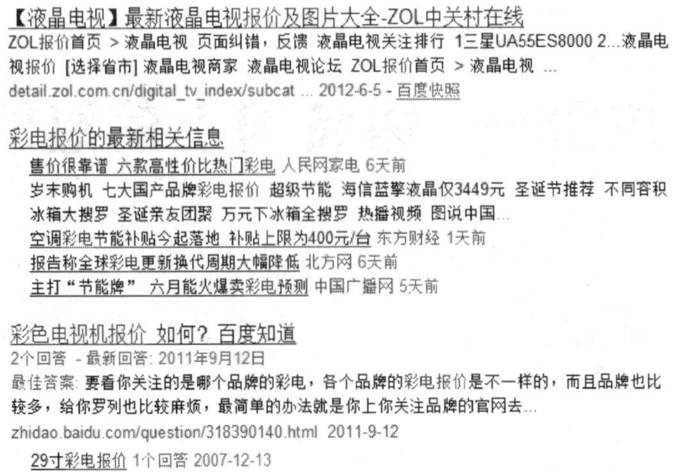

图1-7-2 搜索关键字网页

（4）本例以“万网家电网”为例，在主页中点击“液晶电视”栏目，页面将显示出这个网站的网页，如图1-7-3所示。如果在百度搜索结果页面中找不到此页面，可直接在地址栏中输入“www.ea3w.com”访问“万维家电网”。

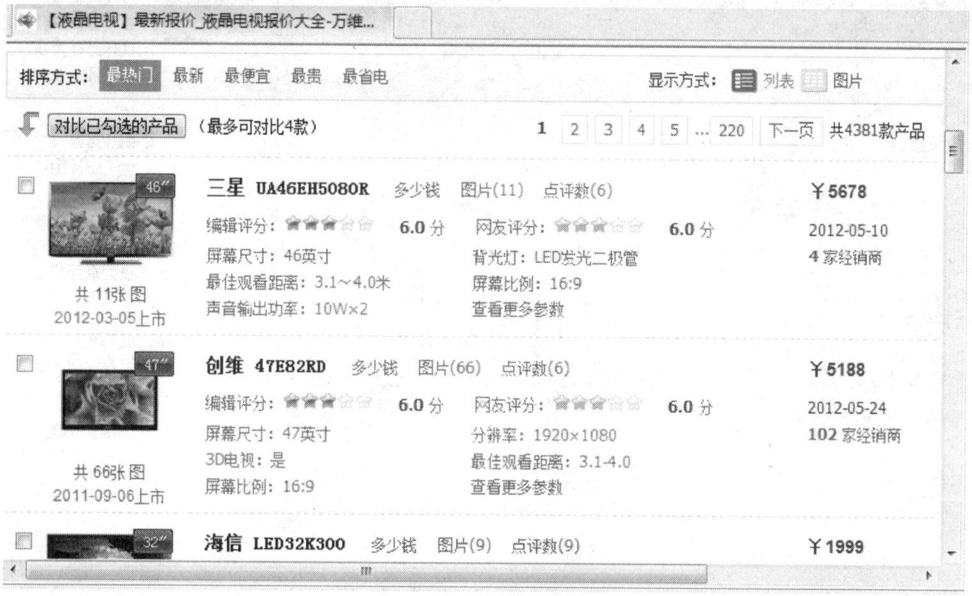

图1-7-3 显示相关网页

（5）单击图1-7-3中我们感兴趣的信息（如三星UA46EH5080R）的超链，以便进一步详细地查看，结果见图1-7-4。

如果在图1-7-3中找不到直接所需的信息，可以利用网页上提供的工具来搜索。

图1-7-4 找到所需信息

2. 保存获得的信息

按样张所需信息来找到网页，并把网页或图片保存到指定文件夹下（如：c:\信息技术基础实践\）。

（1）保存网页。在需要保存的页面窗口中执行“文件-另存为”命令。在随后打开的对话框（图1-7-5）中，进入保存位置，选择“保存类型、文件名”等操作，按下“保存”按钮。

（2）保存图片。右击图片，在展开的快捷菜单中选择“图片另存为”命令（见图1-7-6），“保存图片”

对话框(见图 1－7－7)与“保存网页”对话框的操作是完全一样的。

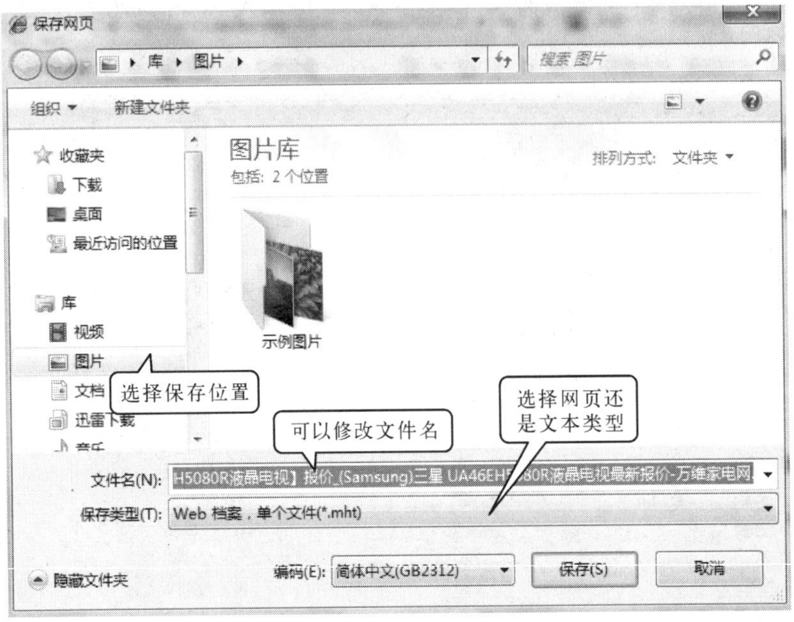

图 1－7－5　保存网页

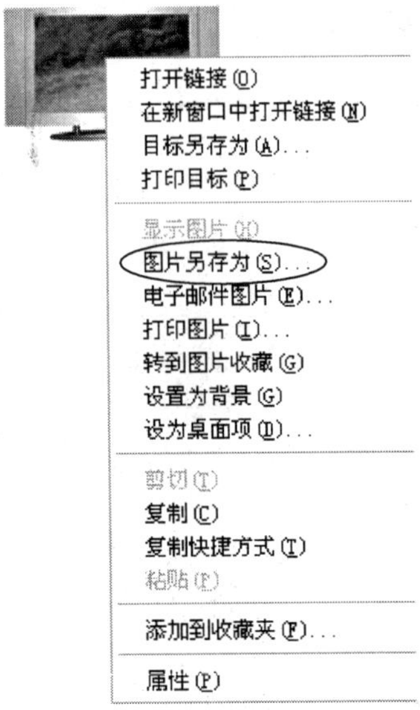

图 1－7－6　“图片另存为”命令

图 1－7－7　保存图片

四、样张

将保存起来的网页中的信息(文字与图片)，按样张在 Word 中制作成一个表格，取名“样张. docx”文件，保存到“C: \信息技术基础实践\”。

提醒：

在实际操作时，很可能因网站或网页的经常变更，而得不到与样张(见图 1－7－8)一样的信息，同学们仿照样张去获取类似的信息即可。

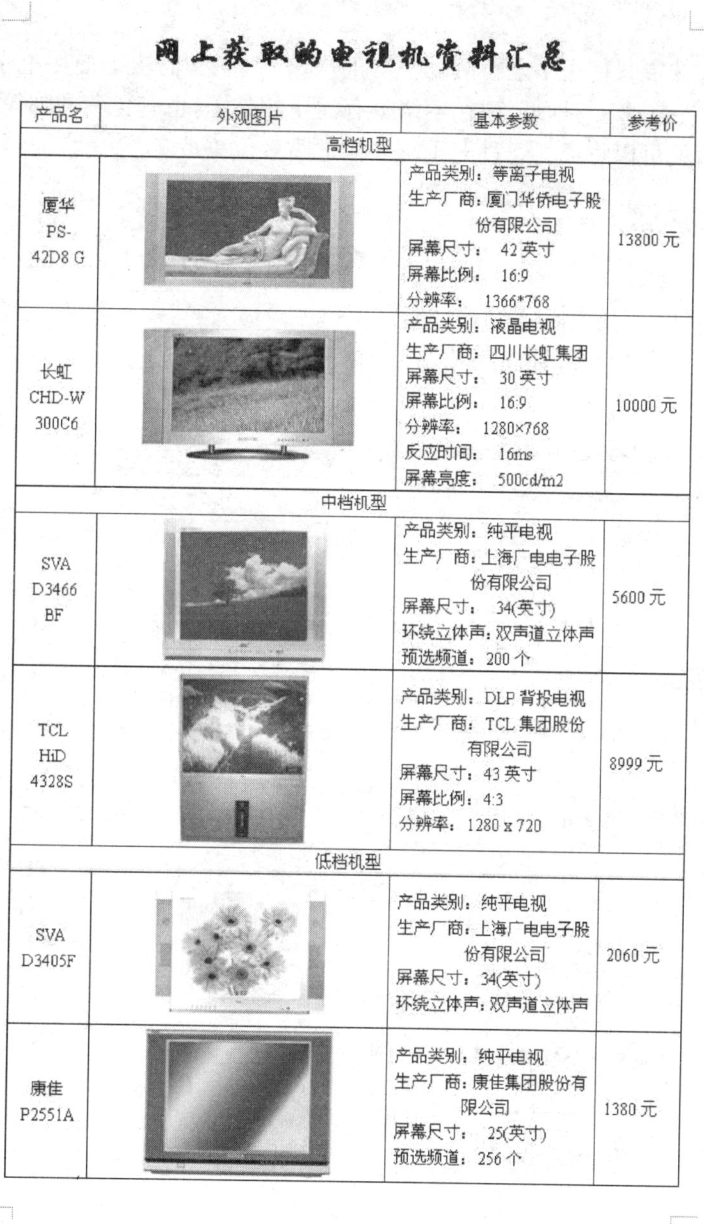

网上获取的电视机资料汇总

产品名	外观图片	基本参数	参考价
高档机型			
厦华 PS-42D8 G		产品类别：等离子电视 生产厂商：厦门华侨电子股份有限公司 屏幕尺寸： 42 英寸 屏幕比例： 16:9 分辨率： 1366*768	13800 元
长虹 CHD-W 300C6		产品类别：液晶电视 生产厂商：四川长虹集团 屏幕尺寸： 30 英寸 屏幕比例： 16:9 分辨率： 1280×768 反应时间： 16ms 屏幕亮度： 500cd/m2	10000 元
中档机型			
SVA D3466 BF		产品类别：纯平电视 生产厂商：上海广电电子股份有限公司 屏幕尺寸： 34(英寸) 环绕立体声：双声道立体声 预选频道：200 个	5600 元
TCL HiD 4328S		产品类别：DLP 背投电视 生产厂商：TCL 集团股份有限公司 屏幕尺寸：43 英寸 屏幕比例：4:3 分辨率： 1280 x 720	8999 元
低档机型			
SVA D3405F		产品类别：纯平电视 生产厂商：上海广电电子股份有限公司 屏幕尺寸：34(英寸) 环绕立体声：双声道立体声	2060 元
康佳 P2551A		产品类别：纯平电视 生产厂商：康佳集团股份有限公司 屏幕尺寸： 25(英寸) 预选频道：256 个	1380 元

图 1-7-8 电视机资料汇总样张

活动 8

因特网应用——使用因特网传递信息

一、活动目的

(1) 掌握免费电子邮件地址的申请方法。

(2) 熟练掌握电子邮件软件的使用。

二、活动任务

为了把活动 7 取得的资料传送给老年活动中心的决策者，同学们决定使用电子邮件来实现。要使用电子邮件，首先是要有电子邮箱与地址，现在网络上有注册的邮箱，也有免费的邮箱。根据实际情况，申请免费的电子邮箱。然后就可以将资料通过电子邮件传送给多位决策者了。

三、参考操作步骤

1. 获取免费的电子邮箱

(1) 接入因特网后，启动 IE 浏览器。

(2) 在地址栏键入：www. sina. com. cn，显示图 1-8-1。

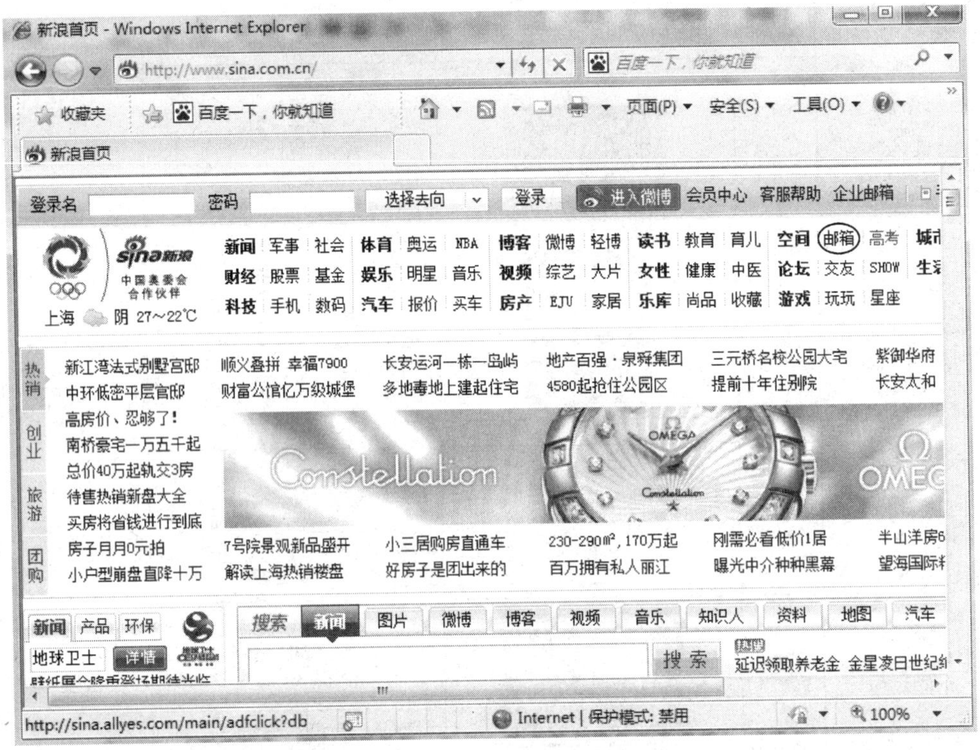

图 1-8-1 进入提供免费邮箱的网站

(3) 单击“邮箱”(图 1-8-1 中圈出的)，并在随后出现的页面中按“注册免费邮箱”按钮，将显示图 1-8-2，输入一个未被注册过的邮箱名后，按“下一步”按钮，显示图 1-8-3，按页面要求填写信息后，按下“提交”按钮。

提交注册成功后，将直接登录刚注册的邮箱。

现在即可进入“http”方式的邮件收发，这也是我们最习惯的一种邮件收发方式。

2. 收发电子邮件

使用 IE 集成的 OE(Outlook Express)软件来收发电子邮件。

启动 OE：单击任务栏的图标，或执行“开始-程序- Microsoft Office-Microsoft Office Outlook 2007”命令。

(1) 设置邮箱账户

设置步骤请参考主教材项目三的图 3-2-1～图 3-2-7，而其中的数据，则应参考新浪邮箱的帮助信息。主教材中没有涉及“发件验证”设置，而新浪免费邮箱要求发件验证，下面就来做这个操作。

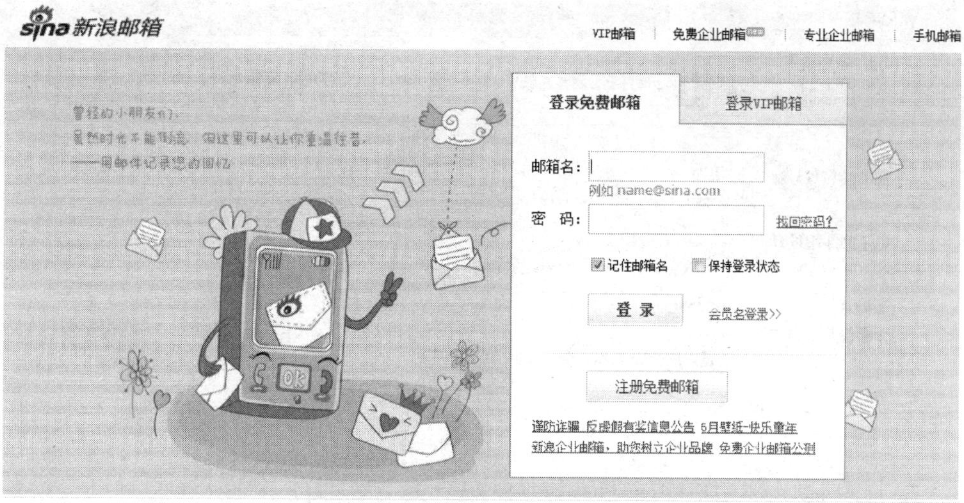

图 1-8-2 选择邮箱名称

图 1-8-3 注册免费邮箱

这个设置只能在创建好的账户中进行，选中邮箱账户，然后按主教材项目三中图 3-2-4 中的“账户”按钮，设置账户信息，显示如图 1-8-4 所示。

友情提醒：

实际操作时，同学们应该把上述用户数据改为自己申请时取得的数据，如果申请的是非新浪免费邮箱，则服务器的参数也要更改。

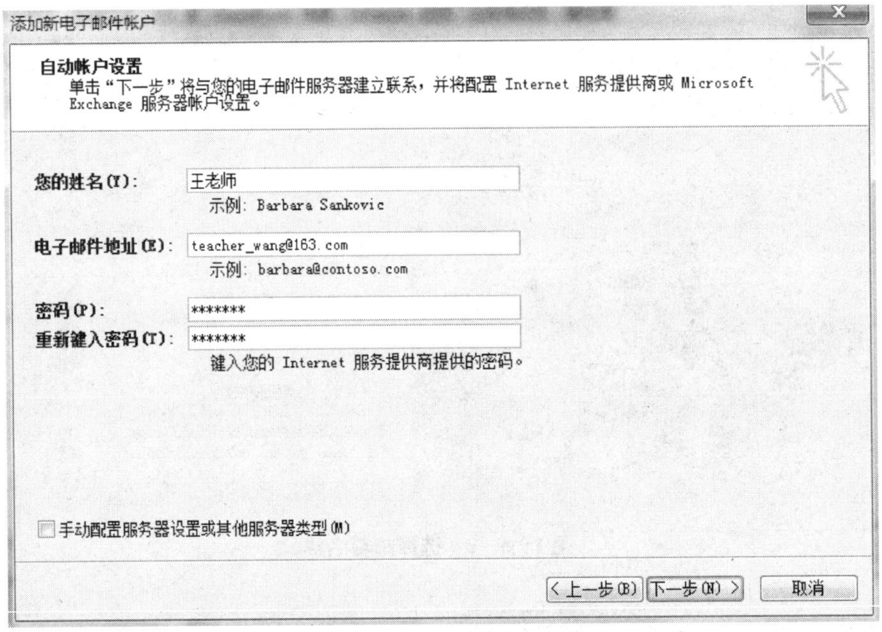

图 1-8-4 设置账户信息

(2) 发送电子邮件

① 创建新邮件。单击图 1-8-5 中“新建”，选择“邮件”，显示“新邮件”窗口，见图 1-8-6。

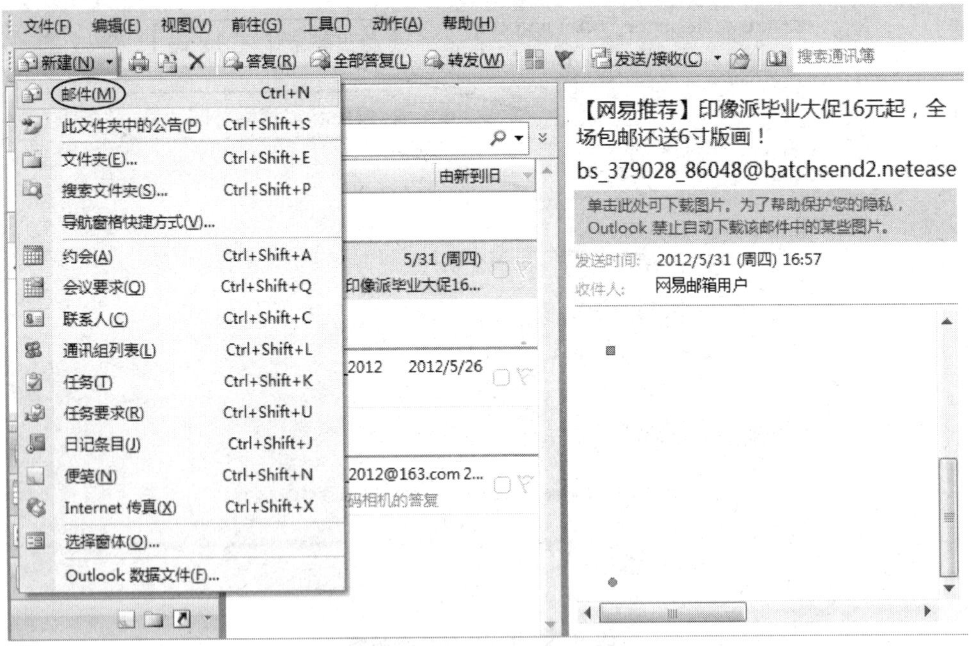

图 1-8-5 选择新邮件信纸

② 在收件人栏，键入收件人的邮件地址，当邮件要发给多个人时，可以键入多个地址，但要在两个地址之间以“;”分隔，见样张(收件人地址应以实际为准，而非样张的)。

如果已建有朋友的电邮地址簿(可以按图 1-8-5 中的“地址”按钮建立)，则可以通过按图 1-8-6 中的“收件人”按钮来选取一个或多个收件人。

③ 在主题栏输入“网上获取的电视机资料汇总”(对邮件来说，主题并非是必需的)。

④ 打开“活动 7”建立的“样张.docx”，复制所有内容，粘贴到“新邮件”窗口的信纸区中，标题文字设为红色，表格中的字号设为 10，其余设置皆为默认(缺省)的。

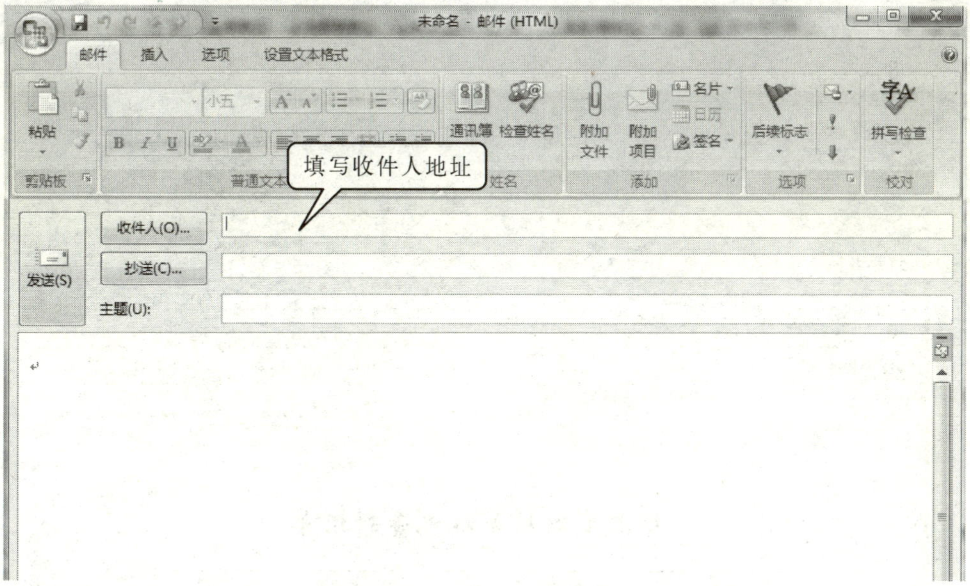

图 1-8-6　新邮件窗口

⑤ 发送邮件,按图 1-8-6 中的“发送”按钮。

友情提醒:

① 如果在 OE 中建立了多个邮件账户,则在“新邮件”窗口中会显示选择“发件人”,如果不选,则以默认账户为发件人。

② 由于可能多人(几个班级)同时访问同一个远程的邮件服务器,从而造成网路的不畅(因为一般学校的因特网出口速率很有限)。因此,最好在实验环境中建立电子邮件服务系统。

(3) 接收电子邮件,在收件箱中可以对邮件按日期排序,以便快速找到邮件,见图 1-8-7 所示。

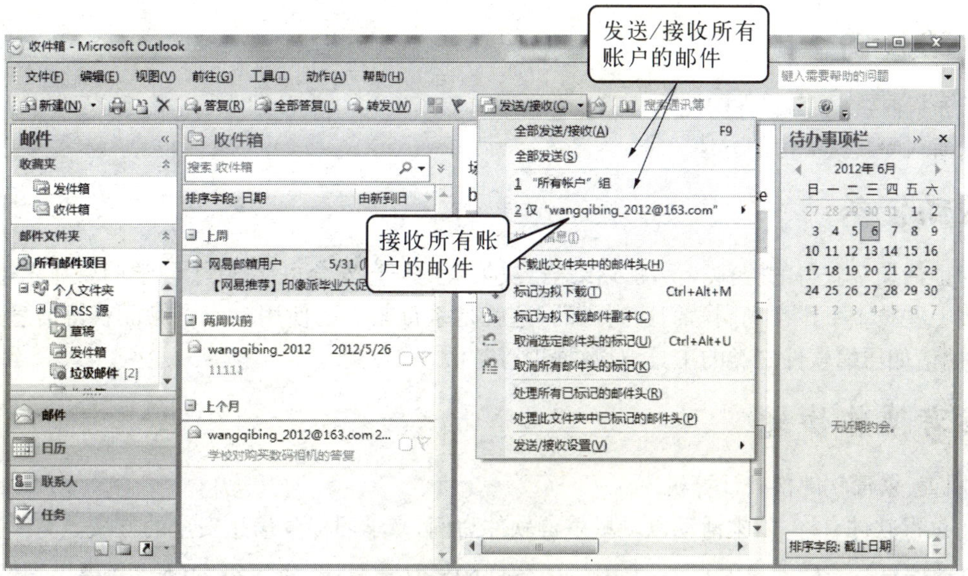

图 1-8-7　发送/接收邮件的按钮操作

四、样张

见图 1－8－8。

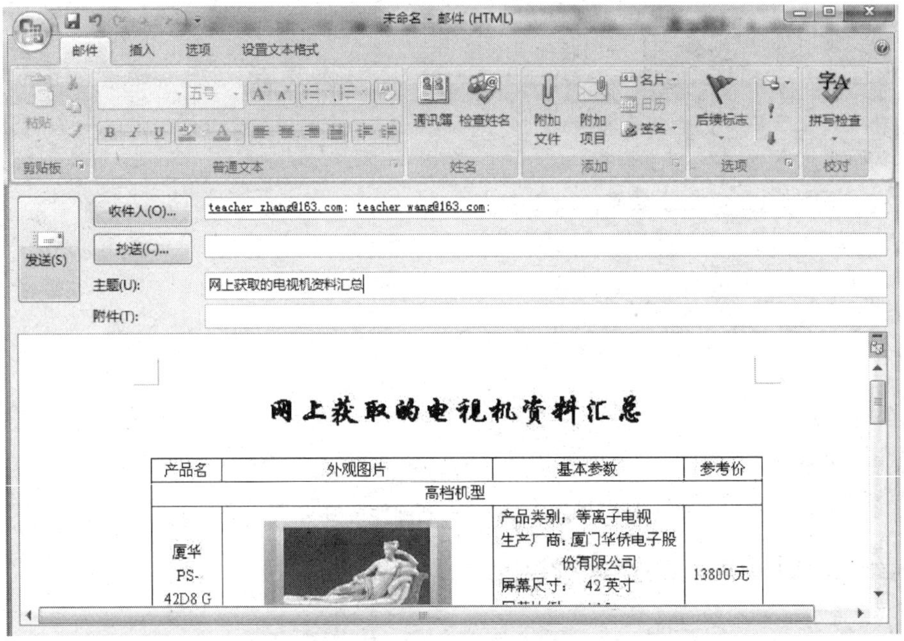

图 1－8－8　发送邮件样张

活动 9

因特网应用——信息的获取、传递与备份

一、活动目的

（1）熟练掌握查、杀毒软件的使用。

（2）熟练掌握数据备份的方法。

二、活动任务

为了保证活动 7 获得的资料和活动 8 传送给决策者的信息安全可靠，除了同学们要在思想上重视外，还可以利用一些技术手段帮助同学们达到目的，这就是杀毒软件的使用。为了保证获得信息不会轻易丢失，还可使用诸如压缩软件之类的工具，对数据进行备份。

三、参考操作步骤

1. 使用查、杀毒软件检查计算机

优秀的杀毒软件有许多，本活动以瑞星杀毒软件为例，来学习保障信息安全的方法。

（1）启动瑞星杀毒软件双击桌面的或任务栏的/图标，或执行“开始”－“程序”－“瑞星杀毒软件”－“瑞星杀毒软件”命令－“杀毒”选项卡，将显示图 1－9－1 的窗口。

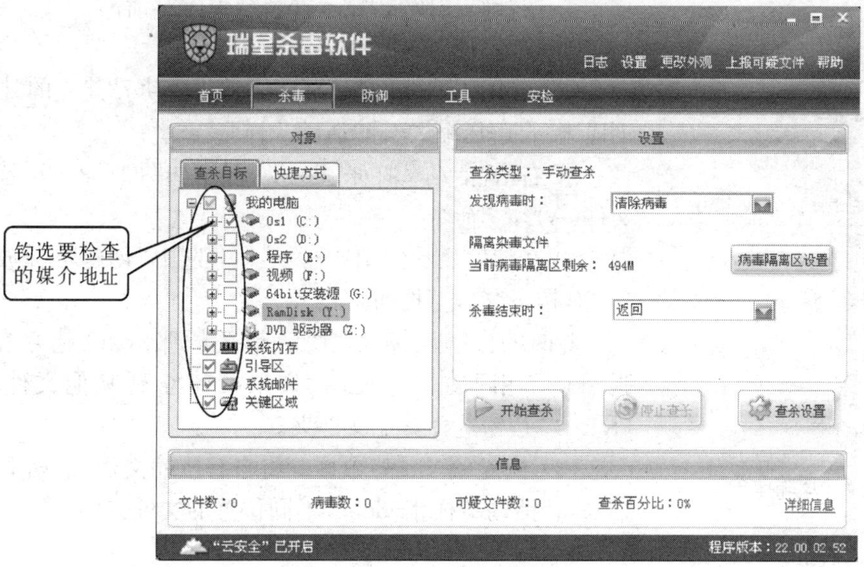

图 1－9－1　杀毒软件的杀毒窗口

(2) 查杀 C 盘的病毒钩选“C 盘”以及“内存”、“引导区”后，单击“查杀病毒”按钮。查杀病毒完成后，请把查杀病毒的结果记录下来。

(3) 启用监控功能如果想在下载信息过程时就确保安全，则应启用杀毒软件的监控功能。操作：右击任务栏的图标，选择“开启所有监控”命令，使图标变成。

2. 使用压缩软件来备份与恢复数据

(1) 压缩软件安装。

① 以“WinRAR”为例，找到 WinRAR 的安装包，如“WinRAR_3.90_SC.exe”，双击它，显示如图1－9－2。

② 按“安装”按钮，显示文件复制过程，如图 1－9－3 所示。

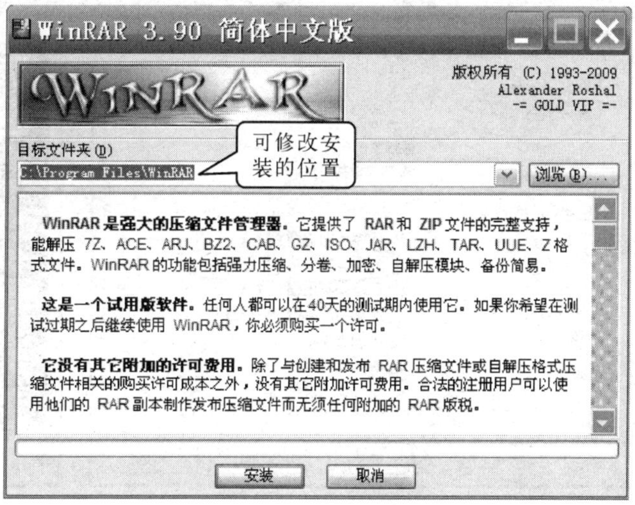

图 1－9－2　安装压缩软件之一

③ 文件复制结束，进入压缩文档的关联设置，见图 1－9－4。

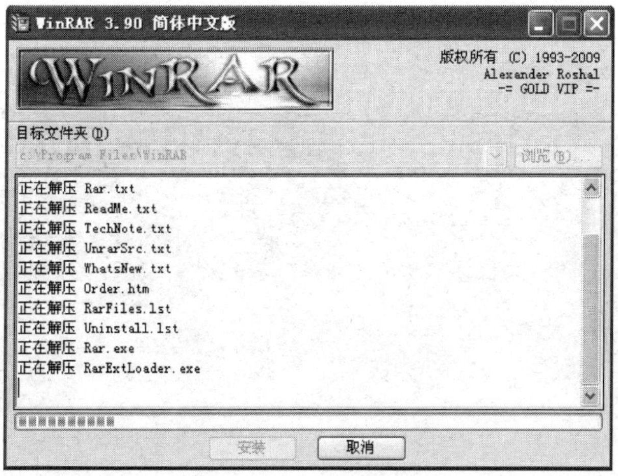

图 1－9－3　安装压缩软件之二

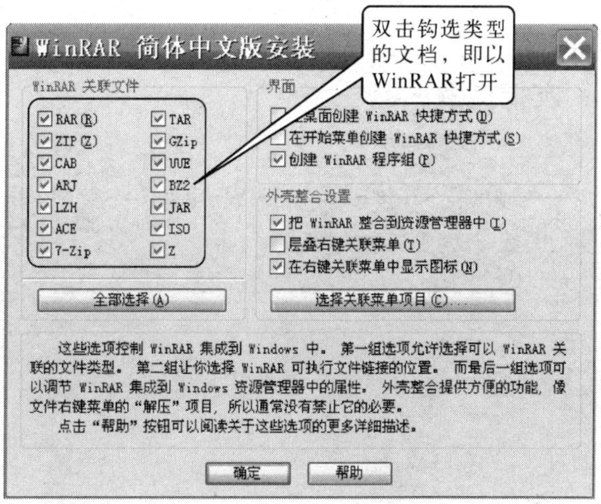

图 1－9－4　安装压缩软件之三

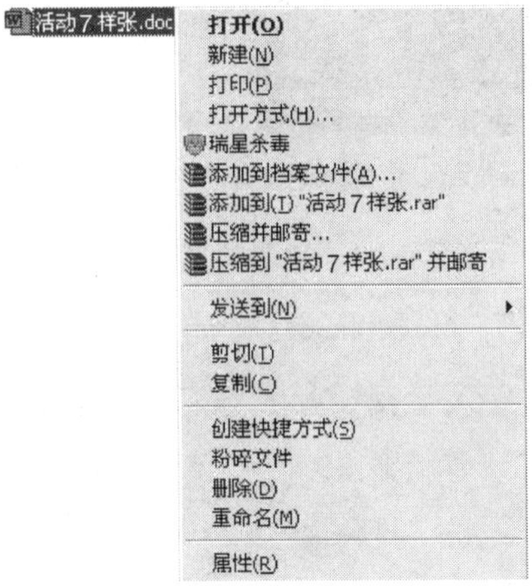

图 1-9-5　压缩命令

④ 按“确定”按钮，显示安装结束的对话框。

⑤ 按“完成”按钮，结束安装。

(2) 使用压缩软件备份数据。将“活动7”建立的“样张. docx”文档创建为“自解压缩”文档“活动7样张. exe”。

① 右击“活动7样张. docx”，显示如图1-9-5，选择“添加到档案文件(A)...”命令。

② 在随后显示的图1-9-6中选中“创建自释放格式档案文件(Y)”，按下“确定”按钮。

此时的自解压缩文档“活动7样张. exe”建立在与“活动7样张. docx”相同的文件夹内，如果要建立到其他文件夹，请按“浏览(R)...”按钮选择其他文件夹。

(3) 恢复(解压缩)数据。将自解压缩文档“活动7样张. exe”解压缩到与“活动7样张. docx”不同位置的文件夹中。

双击“活动7样张. exe”，显示图1-9-7。

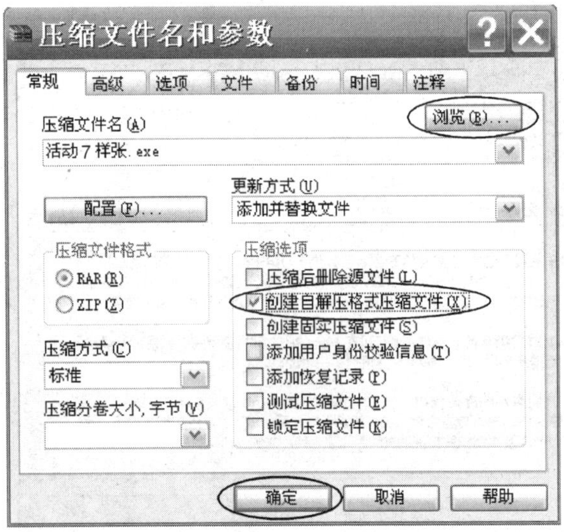

图 1-9-6　压缩参数设置

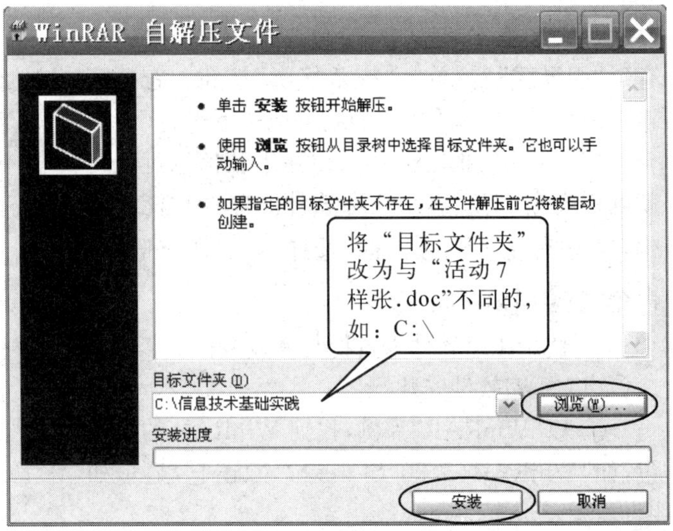

图 1-9-7　解压缩

按“浏览(V)...”按钮，将“目标文件夹”改成与“活动7样张. docx”不同的位置。

按“安装”按钮，开始自解压缩操作。

友情提醒：

如果实验环境没有提供WinRAR安装包，同学们可以利用搜索引擎进行搜索、下载，然后进行安装、压缩与解压缩操作练习。

活 动 10

多媒体信息处理——图像素材的获取和处理

一、活动目的

(1) 掌握使用 ACDSee 获取图像的步骤。
(2) 掌握使用 ACDSee 进行图像浏览的方法。
(3) 掌握使用 ACDSee 进行图像批量处理的方法。

二、活动任务

在配套素材中有一些不同格式的图像素材，现要使用 ACDSee 将素材有选择地导入到计算机中。使用 ACDSee 对这些图像进行浏览，查看各种不同格式的图像文件，了解它们的特点及不同之处，并对部分图像素材进行批量处理。

三、参考操作步骤

1. 获取外部图像

(1) 启动 ACDSee 10，选择菜单栏中的“文件”→“获取相片”→“从相机或读卡器”命令(见图 1-10-1)。

图 1-10-1　获取相片

(2) 在弹出的“获取相片向导”对话框中单击“下一步”按钮(见图 1-10-2)。
(3) 在对话框中选择素材所在盘符，然后单击“下一步”按钮(见图 1-10-3)。

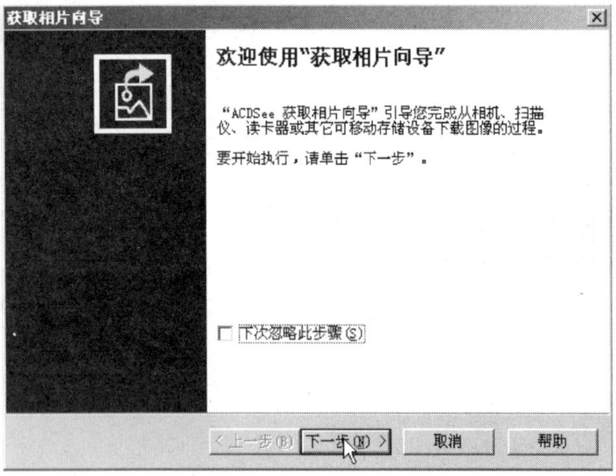

图 1－10－2　获取相片向导

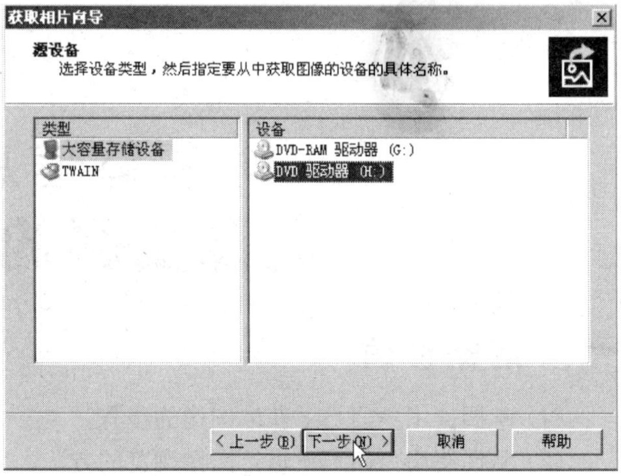

图 1－10－3　选择素材

(4) ACDSee会对素材所在盘符中的文件进行扫描，并将所有的图像文件显示在“获取相片向导”对话框中(见图1－10－4)，默认时选择了所有图像文件。单击下方的“全部清除”按钮，取消对所有图像文件的选择，仅将“pic1_1. jpg”、“pic1_2. WMF”、“pic1_3. jpg”、“pic1_4. WMF”、“pic2_1. jpg”、“pic2_2. jpg”、“pic3_1. bmp”、“pic3_2. jpg”、“pic3_3. WMF”、“pic3_4. tif”、“pic3_50. gif”、“pic3_51. gif”、“pic3_6. psd”这13个文件勾选，单击“下一步”按钮。

(5) 在“获取相片向导”对话框中(见图1－10－5)，ACDSee默认会在“我的文档”→“图片收藏”文件夹中建立一个以当前日期命名的文件夹(如：2009－12－14)，并将图像文件保存在其中。不要更改这些默认设置，直接单击“下一步”按钮。

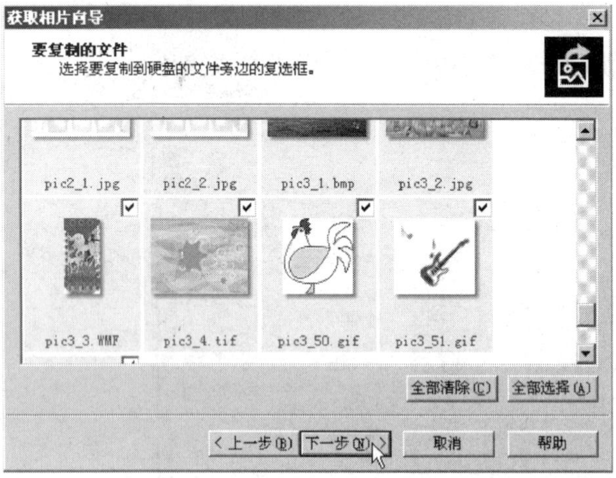

图 1－10－4　获取相片向导 1

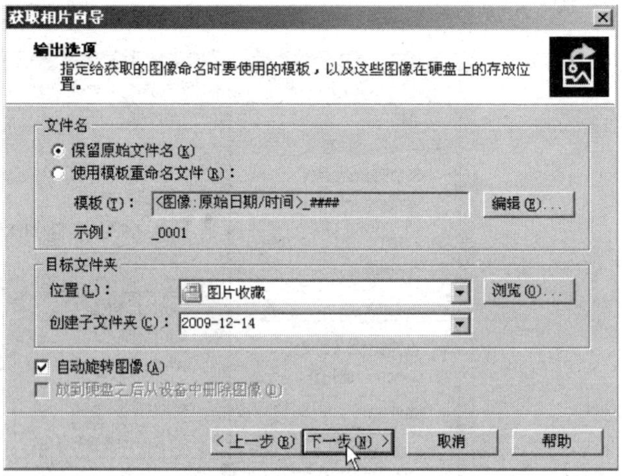

图 1－10－5　获取相片向导 2

(6) ACDSee开始复制选择的文件(见图1－10－6)，等待复制结束之后选中“浏览新图像”复选框(见图1－10－7)，单击“完成”按钮。此时已将所有选择的图像导入至指定文件夹中，ACDSee会使用相片管理器打开图像所在文件夹，进行新图像的浏览。

2. 图像的浏览

(1) ACDSee相片管理器窗口的查看模式。在相片管理器窗口菜单栏中的“视图”→“视图”中选择查看模式为“详细信息”(或按快捷键F12)，找到图像大小为473KB的文件，其文件名为：＿＿＿＿＿＿。

在菜单栏中的“视图”→“视图”中选择查看模式为“略图”(或按快捷键F8)，找到图像内容是一只鹰的文件，其文件名为：＿＿＿＿＿＿。

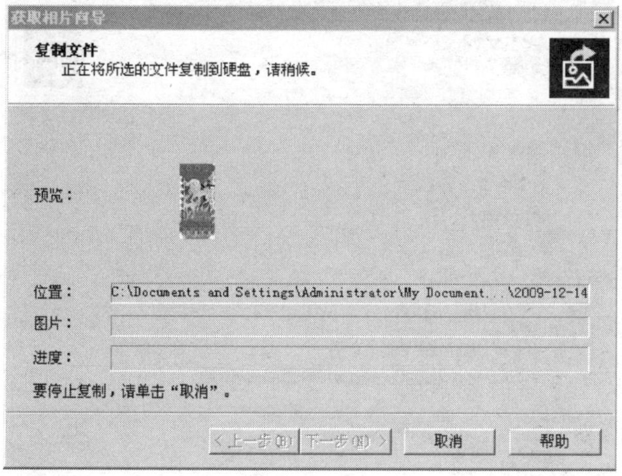

图 1-10-6 获取相片向导 3

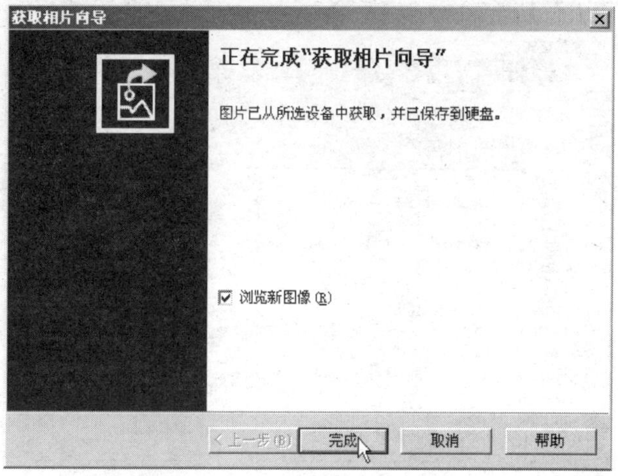

图 1-10-7 获取相片向导 4

(2) 位图与矢量图。在相片管理器窗口中双击“pic1_1. jpg”文件，进入查看器窗口，右击图片，选择快捷菜单中“缩放”→“缩放到...”命令，在弹出的“设置缩放级别”对话框中选择缩放级别为“指定：1000%”(见图 1-10-8)，即放大 10 倍，此时图片已变得模糊不清，关闭查看器窗口，返回 ACDSee 相片管理器窗口。

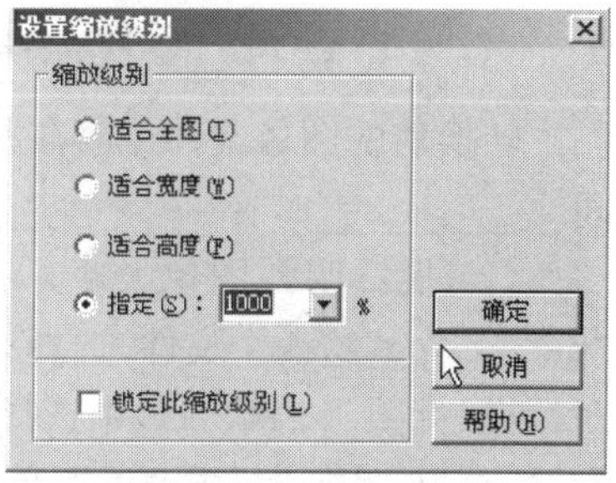

图 1-10-8 设置缩放级别

在相片管理器窗口中双击“pic1_2. WMF”文件，同样设置放大 10 倍，此时图像边缘仍然清晰。这是因为“pic1_2. WMF”是矢量图像，而“pic1_1. jpg”是位图。

比较 pic1_3. jpg、pic1_4. WMF 这两个图像文件，__________是位图，__________是矢量图。矢量图和位图相比，_______________色彩更加逼真。

(3) 查看不同分辨率的图像

在相片管理器窗口中查看“pic2_1. jpg”、“pic2_2. jpg”这两个图像文件(见图 1-10-9)，发现两个文件内容相同，分别选中单个文件，在相片管理器下方的状态栏显示分辨率参数为____________、____________，同时选中两个文件，选择菜单栏中的“工具”→“比较图像”命令，使用工具栏中的放大按钮多次放大图像，比较发现____________文件放大多次后仍然较清晰，这是因为该图像文件分辨率较高。

图 1-10-9 查看不同分辨率的图像

(4) 查看不同格式的图像

在相片管理器窗口中双击“pic3_1. bmp”文件，进入查看器窗口，使用工具栏中上一个、下一个按钮，继续查看“pic3_2. jpg”、“pic3_3. WMF”、“pic3_4. tif”、“pic3_50. gif”、“pic3_51. gif”、“pic3_6. psd”这几种不同格式的图像文件，发现____________格式的图像可有动画效果。返回相片管理器窗口，设置查看模式为“详细信息”，比较发现______________格式的图像占用磁盘空间较小。

3. 图像的批量处理

(1) 批量转换文件格式。在相片管理器窗口中选中“pic3_1. bmp”、“pic3_3. WMF”、“pic3_4. tif”、“pic3_6. psd”、“pic3_50. gif”这 5 个不同图像格式的文件，选择菜单栏中的“工具”→“转换文件格式”命令，在弹出的“批量转换文件格式”对话框中(见图 1-10-10)选择“JPG”格式，单击“下一步”按钮，在“输出设置选项”对话框中保持“将修改后的图像放入源文件夹”的默认设置，单击“下一步”按钮，在“设置多页格式”对话框中单击“开始转换”按钮，转换结束后单击“完成”按钮。

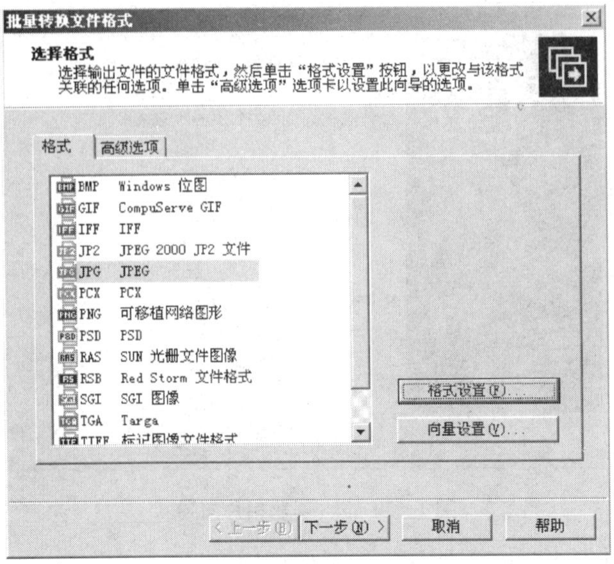

图 1-10-10　获取特殊文件格式

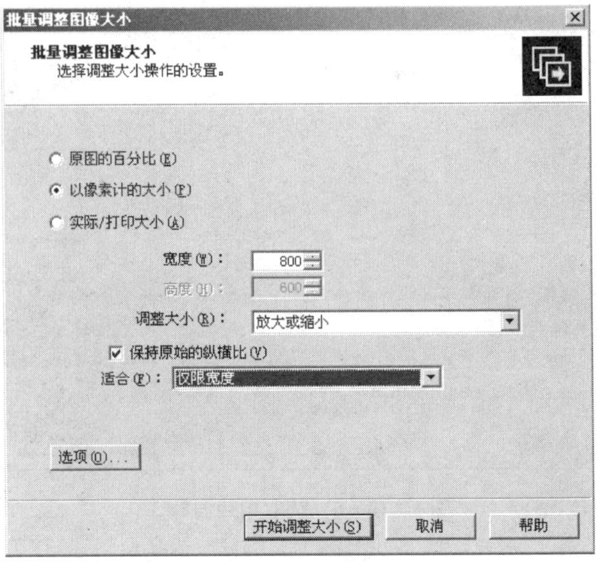

图 1-10-11　批量调整图像大小

转换后的图像文件存放在源文件夹中，比较转换前后的文件，发现一般 JPG 格式的文件占用磁盘空间____________。

(2) 批量调整图像大小。在相片管理器窗口中选中“pic1_1. jpg”、“pic1_3. jpg”、“pic3_1. bmp”、“pic3_2. jpg”这 4 个文件，选择菜单栏中的“工具”→“调整图像大小”命令，在弹出的“批量调整图像大小”对话框(见图 1-10-11)中选择“以像素计的大小”，设置“宽度”为 800，勾选下方的“保持原始的纵横比”，在“适合”处选择“仅限宽度”，单击“开始调整大小”按钮，ACDSee 将选中图像按原有比例生成宽度为 800 像素的新文件，新文件名在原有文件名后加“调整大小”以示区别。

活动 11

多媒体信息处理——生日贺卡的制作

一、活动目的

(1) 掌握 Adobe Fireworks 中图像的截取。
(2) 掌握 Adobe Fireworks 中添加文字特效的方法。
(3) 掌握 Adobe Fireworks 中线条的绘制。
(4) 掌握 Adobe Fireworks 中渐变填充的使用。

二、活动任务

好朋友的生日要到了，你要制作一张精美的生日贺卡送给他，在制作过程中掌握使用 Adobe Fireworks 编辑图像素材的方法。

三、参考操作步骤

1. 观看样张及分析思考

打开配套光盘“活动 11”中的样张图像文件 pic3. jpg，以及两张图像素材 pic1. jpg 和 pic2. jpg，思考制作步骤。

2. 图像的截取

(1) 启动 Adobe Fireworks CS3,选择菜单栏中"文件"→"打开"命令,选择配套光盘"活动 11"中的 pic1. jpg 文件,单击"打开"按钮。

(2) 使用主窗口(见图 1-11-1)左侧工具栏中的魔术棒工具,在下方的"属性"工具栏中设置魔术棒容差值为"175"(见图 1-11-2),在向日葵外侧白色区域单击,此时自动选择了向日葵轮廓外部的白色区域,单击菜单栏中"选择"→"反选"命令,此时选择了向日葵图像(见图 1-11-3)。选择菜单栏中的"编辑"→"复制"命令。

图 1-11-1　打开示例文件

(3) 使用 Fireworks 打开配套光盘"活动 11"中的 pic2. jpg 文件,在菜单栏选择"编辑"→"粘贴"命令,在弹出的对话框中(见图 1-11-4)单击"不要重新取样"按钮,将向日葵图像粘贴至 pic2. jpg 中。

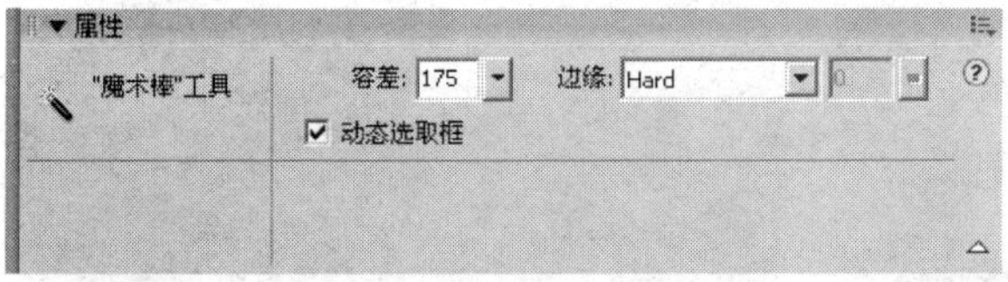

图 1-11-2　容差值设置

图 1-11-3　选择操作

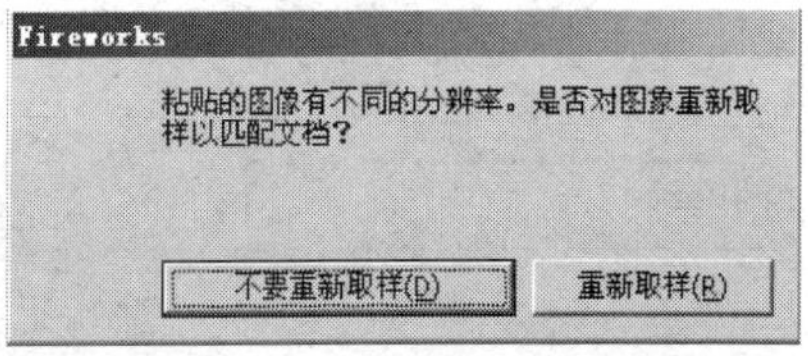

图 1-11-4　取样确定操作

(4) 此时向日葵图像过大,且处于选区状态,单击菜单栏中"选择"→"取消选择",再单击主窗口左侧工具栏中的指针工具,选中向日葵图像,在下方的"属性"工具栏中设置图像大小为"200×261"像素,不透明度为“70”(见图 1-11-5),并将向日葵图像移动至右下角合适的位置。

(5) 再次粘贴第二朵向日葵图像,并设置图像宽度为“150×197”像素,不透明度为“70”,移至右下角合适的位置(见图 1-11-6)。

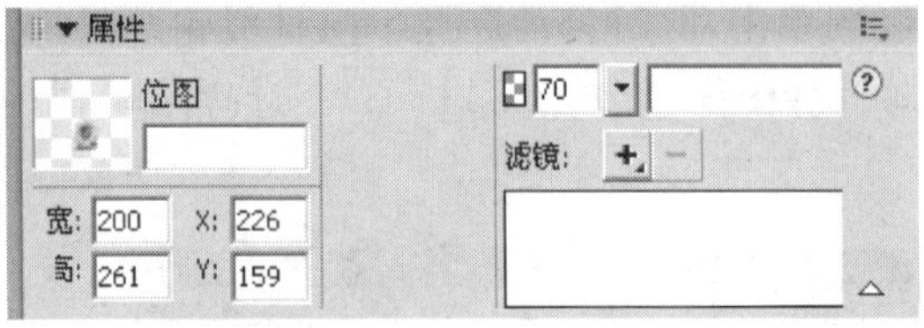

图 1-11-5 设置图像大小

图 1-11-6 移动图像位置

3. 文字特效的添加

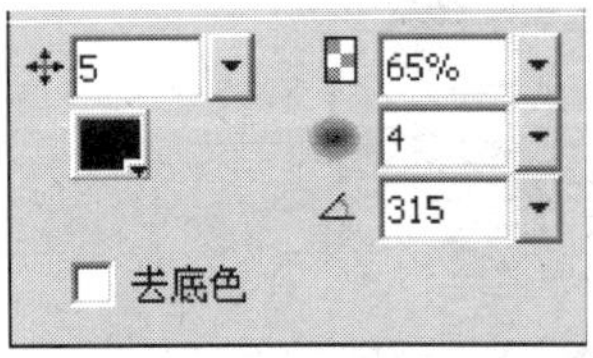

图 1-11-7 设置阴影

(1) 选择主窗口左侧工具栏中的文本工具,在图像上单击,在文本输入区输入“让快乐和阳光永远伴随着你!”,使用指针工具选中文字,在下方的“属性”工具栏中设置字体为“华文琥珀”,颜色为“白色”,大小为“30”,单击“滤镜”右侧的“+”号,选择“阴影和光晕”→“投影”,在弹出的滤镜设置框中设置偏移为“5”,阴影色为“黑色”(见图 1-11-7),此时文字已有阴影效果,将文字移动到图像中部的指定位置(见图 1-11-8)。

图 1-11-8 添加文字

(2) 再次使用文本工具输入文字“Happy birthday”,设置字体为“Arial black”,颜色为“深蓝色”,大小为“30”,添加“斜角和浮雕”→“外斜角”滤镜,设置滤镜宽度为“5”,颜色为“白色”(见图 1-11-9),并将文字移动到图像右侧的指定位置(见图 1-11-10)。

4. 线条的绘制

选择工具栏中的直线工具,在下方的“属性”工具栏中设置线条宽度为“5”,不透明度设为“65”,颜色设为“绿色”,配合使用 Shift 键,绘制 3 根线条拼合为一个箭头形状(见图 1-11-11)。

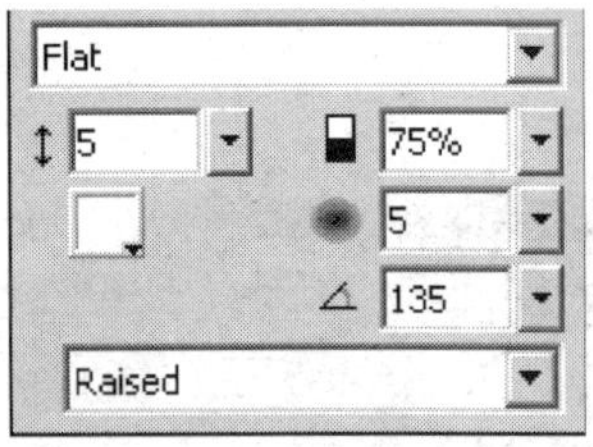

图 1-11-9 设置滤镜参数

图 1-11-10 移动文字位置

图 1-11-11 添加箭头

5. 渐变填充的使用

(1) 在工具栏中的矩形工具上按下鼠标左键 1 秒钟,在弹出的菜单中选择“椭圆工具”,按下 Shift 键在图像左上角绘制一个正圆形。

(2) 使用指针工具选中圆形，在下方的“属性”工具栏中设置描边颜色为“透明”，在“填充类别”处单击，选择“填充选项”(见图 1-11-12)，在弹出的对话框中选择第一个下拉式列表框为 Gradient(渐变)，第二个下拉式列表框为 Radial(放射状)，单击下方的“编辑”按钮，分别设置上方的两个透明度标记为 100%和 0%，下方的两个颜色值标记均为白色(见图 1-11-13)，在主窗口中将圆形移动到图像左上角(见图 1-11-14)。

图 1-11-12　填充选项

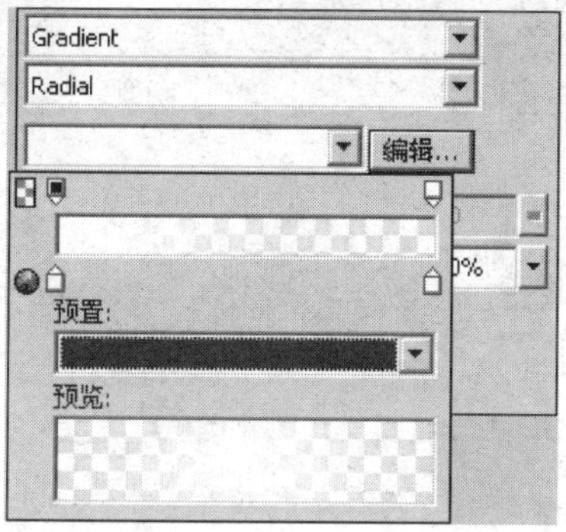

图 1-11-13　标记颜色值

图 1-11-14　移动圆形位置

(3) 选择菜单栏中“文件”→“另存为”，将制作好的贺卡以“贺卡.png”为名保存在“我的文档”中。

活动 12

多媒体信息处理——个人唱片的制作

一、活动目的

(1) 掌握使用 Adobe Audition 去除音频文件中人声的方法。
(2) 掌握 Adobe Audition 中声音的录制。
(3) 掌握 Adobe Audition 中音频的处理与合成。

二、活动任务

学校准备举行卡拉 OK 大赛，作为参赛选手之一，你需要提供一份自己演唱的音乐小样，在制作过程中掌握使用 Adobe Audition 处理音频文件的方法。

三、参考操作步骤

1. 试听音乐小样分析思考

播放配套光盘的文件夹“活动 12”的“素材”中“阳光总在风雨后(原版歌曲).mp3”和“阳光总在风雨后(音乐小样).mp3”文件进行试听，思考制作的步骤。

2. 去除音频文件中的人声

(1) 启动 Adobe Audition 3.0，选择菜单栏中“视图”→“编辑视图”命令，将主窗口切换编辑视图，选择菜单栏中“文件”→“打开”命令，选择“活动 12”中“阳光总在风雨后(原版歌曲).mp3”，单击“打开”按钮，此时“主群组”面板中将显示音频文件的波形图(见图 1-12-1)。

图 1-12-1　显示音频文件的波形图

(2) 选择菜单栏中"效果"→"立体声声像"→"声道重混缩"命令，在弹出的对话框中(见图 1-12-2)选择预设效果为"Vocal Cut"，设置"新建左声道"下的参数为左声道：100%，右声道：-100%，设置"新建右声道"下的参数为左声道：-100%，右声道：100%，并勾选"反向"复选框，单击下方的预览播放按钮 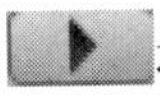 进行试听，发现音频文件中人声已基本去除，单击"确定"按钮返回。

(3) 选择菜单栏中"文件"→"另存为"命令，将处理过的音频文件以"阳光总在风雨后(音乐伴奏).mp3"为名保存在"我的文档"中。

3. 声音的录制

(1) 将耳麦的音频和话筒插头正确连接到计算机声卡上，选择 Adobe Audition 3.0 菜单栏中"选项"→"Windows 录音控制台"命令，在弹出的"录音控制"窗口中勾选"麦克风音量"下方的"选择"复选框，并将滑竿调整到适当位置(见图 1-12-3)，之后关闭该窗口。

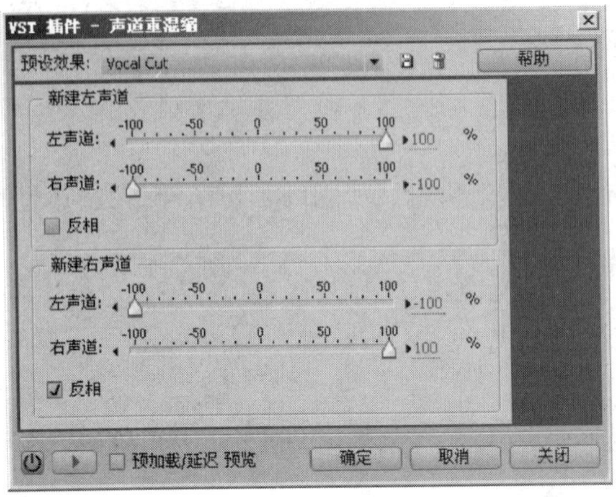

图 1-12-2　声道重混缩

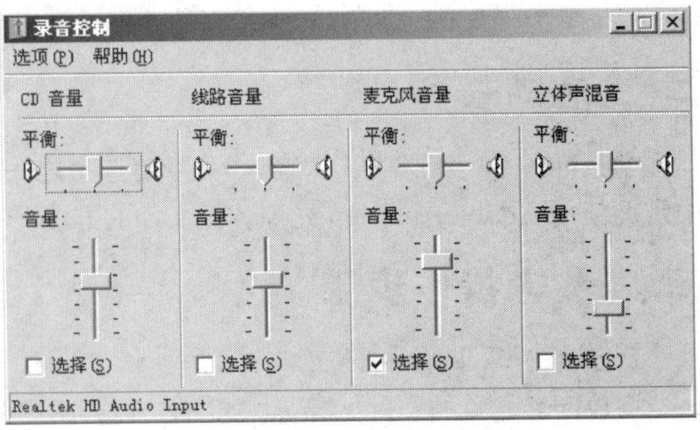

图 1-12-3　录音控制

(2) 选择菜单栏中"视图"→"多轨视图"命令，将主窗口切换多轨视图，选中左侧文件面板列表下的"阳光总在风雨后(音乐伴奏).mp3"文件拖曳至"音轨 1"(见图 1-12-4)，单击工具栏中的"移动/复制"剪辑工具，将音频移至音轨开始处。选择菜单栏中“文件”→“保存会话”命令，将会话文件以“音乐小样. ses”为名保存在“我的文档”中。

(3) 单击“音轨 2”面板上的“录音备用”按钮R，在弹出的“备用非 ASIO 设备”对话框中单击“确定”按钮，此时“录音备用”按钮会变为红色R，佩戴耳麦准备好之后，单击主窗口传送器面板(见图 1-12-5)上的“录音”按钮，配合耳机中的伴奏进行演唱录音，录音完毕后再次单击“录音”按钮停止录音。

(4) 在传送器面板单击“转到开始或上一个标记”按钮，回到音轨开始处，单击“从指针处播放至文件结尾”按钮进行试听，若不满意可使用“移动/复制”剪辑工具选中录音，按下 Delete 键删除，重新进行录制。

图 1-12-4 音频轨道

(5) 若没有合适的录音，可选择菜单栏中“文件”→“导入”命令，将光盘文件夹“活动 12”中“录音. mp3”文件导入，并从文件面板拖曳至“音轨 2”，使用“移动/复制”剪辑工具将录音移至音轨开始处。

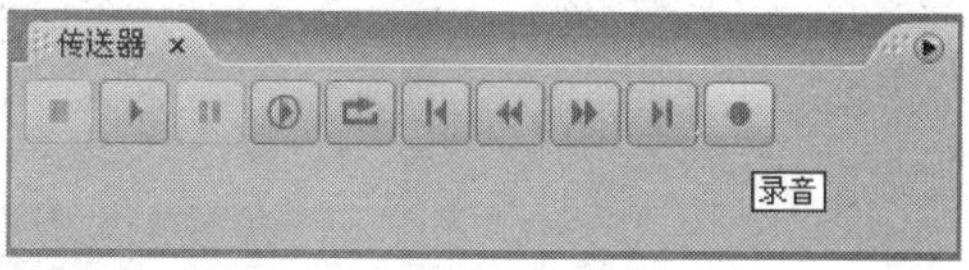

图 1-12-5 传送器面板

4. 音频的处理与合成

(1) 录音过程难免有些杂音，需要进行降噪处理，双击文件面板列表下的“录音. mp3”文件进入编辑视图，单击工具栏中的“时间选择”工具，选中录音文件起始处一段没有人声的噪音波形(见图 1-12-6)，选择菜单栏中“效果”→“修复”→“降噪器(进程)”命令，在弹出的对话框中单击“获取特性”按钮，稍后会显示捕获的噪音特性曲线(见图 1-12-7)，单击“关闭”按钮返回(注意不是“确定”按钮)。

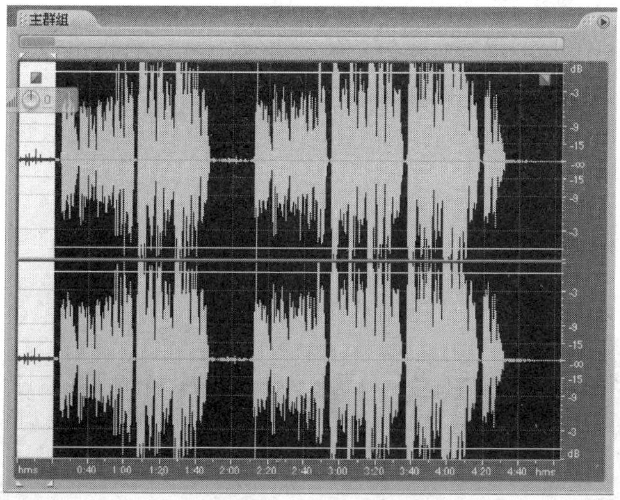

图 1-12-6 噪音波形

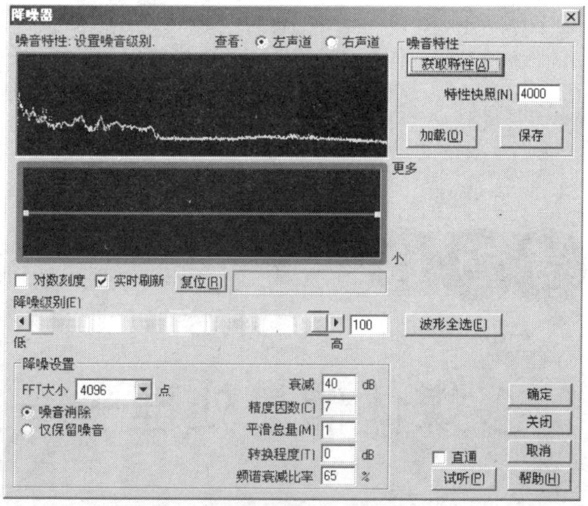

图 1-12-7 噪音特性曲线

(2) 使用“时间选择”工具在录音文件波形图上单击，取消噪音波形的选择，再次选择菜单栏中“效果”→“修复”→“降噪器(进程)”命令，在弹出的对话框中单击“确定”按钮开始降噪处理，处理结束后发

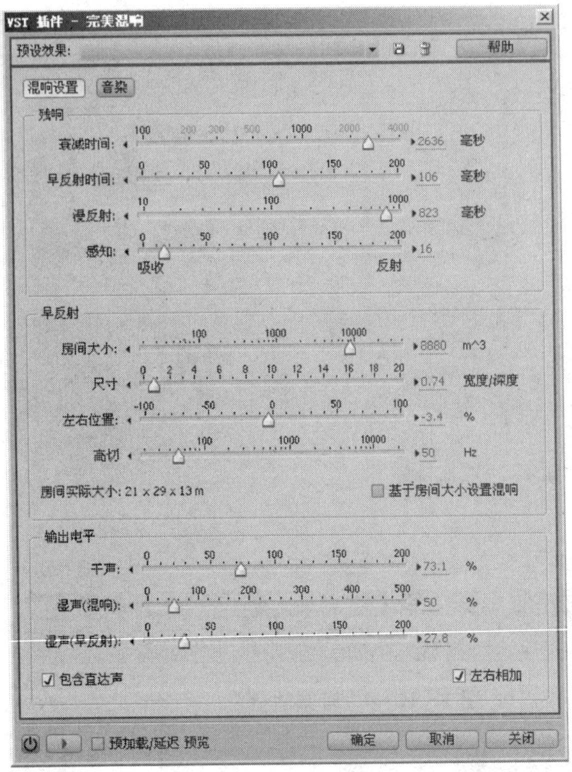

图 1-12-8　完美混响

现波形图上的背景噪音已基本去除。

（3）试听后发现人声有些发干效果略显不足，需要增加一些混响效果，选择菜单栏中“效果”→“混响”→“完美混响”命令，在弹出的对话框中（见图 1-12-8）设置“湿声（混响）”为“50%”，单击下方的预览播放按钮  进行试听，试听过程中可单击效果开关按钮 ，比较原声与混响效果的区别，确认无误后单击“确定”按钮开始混响处理。

（4）处理完毕后，选择菜单栏中“文件”→“另存为”命令，将处理过的录音文件以“录音（混响）. mp3”为名保存在“我的文档”中。

（5）进入多轨视图（见图 1-12-9），播放最终合成效果，根据需要可调整伴奏或录音对应音轨面板上的音量 ，以达到合适的效果。

（6）选择菜单栏中“文件”→“导出”→“混缩音频”命令，将合成的音频文件以“阳光总在风雨后（音乐小样）. mp3”为名导出至“我的文档”中。

（7）进入多轨视图，选择菜单栏中“文件”→“保存会话”命令，便于以后继续进行编辑。

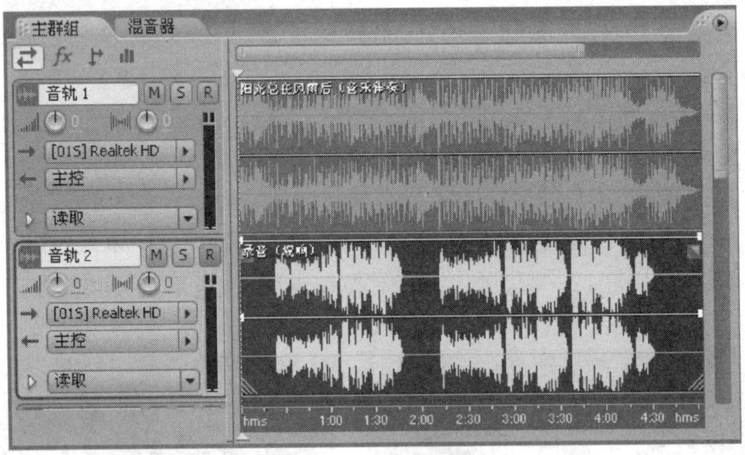

图 1-12-9　多轨视图

活动 13

多媒体信息处理——旅游纪念 DVD 的制作

一、活动目的

（1）掌握使用绘声绘影添加视频标题的方法。

（2）掌握使用绘声绘影合成图像素材的步骤。

（3）掌握使用绘声绘影编辑合成声音、音乐的方法。

二、活动任务

你刚刚从风景如画的桂林旅游归来，拍摄了不少精彩的风光照片，为了和同学们共享，现在要制作一张能在 DVD 机上播放的旅游纪念光盘。在制作过程中掌握使用绘声绘影加工视频文件的方法。

三、参考操作步骤

1. 观看样张及思考

打开素材光盘中“活动 13”素材文件夹中的“桂林风光. mpg”，观看样例效果，并查看文件夹中所有图像素材，思考制作步骤。

2. 图像素材的合成

（1）启动 Corel VideoStudio 12 简体中文版，选择“影片向导”模式（见图 1－13－1）。

图 1－13－1　影片向导

（2）在“影片向导”窗口左侧的“插入图像”处单击，在“添加图像素材”对话框中选择素材文件夹“活动 13”中“image1. jpg”至“image24. jpg”共 24 个图像文件，单击“打开”按钮，此时系统会导入图像素材，导入成功后会在窗口中显示（见图 1－13－2），此时可进行图像素材的排序、删除等操作，确认无误后单击“下一步”按钮。

图 1－13－2　导入素材

（3）在“影片向导”窗口左侧的“主题模板”处（见图 1－13－5）选择“相册”，在下方列表中选择“常规 03”样式，在右下方的设置区单击“设置影片区间”按钮，在“设置”对话框中设置“更改图像素材的区间”为 4 秒（见图 1－13－3），单击“确定”按钮返回。

3. 片头视频的制作与背景音乐的设置

（1）在“影片向导”窗口的设置区中，选择“标题”右侧下拉式列表框中的“Story Theater”，双击预览窗口中的文字，输入文字“桂林旅游纪念 DVD”，单击设置区“标题”右侧的“文字属性”按钮，在“文字属性”对话框中设置字体为“华文琥珀”，大小为“55”（见图 1－13－4），单击“确定”按钮返回，在预览窗口将文字移动到合适位置（见图 1－13－5）。

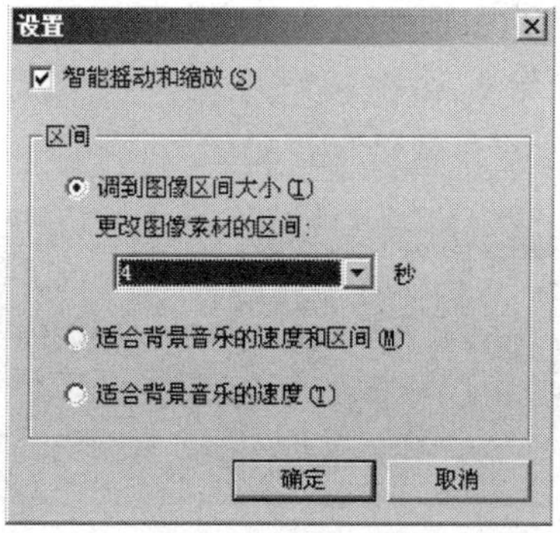

图 1－13－3　设置对话框

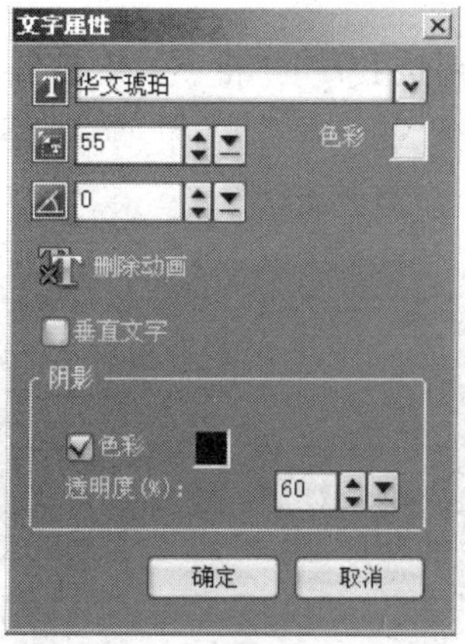

图 1－13－4　文字属性对话框

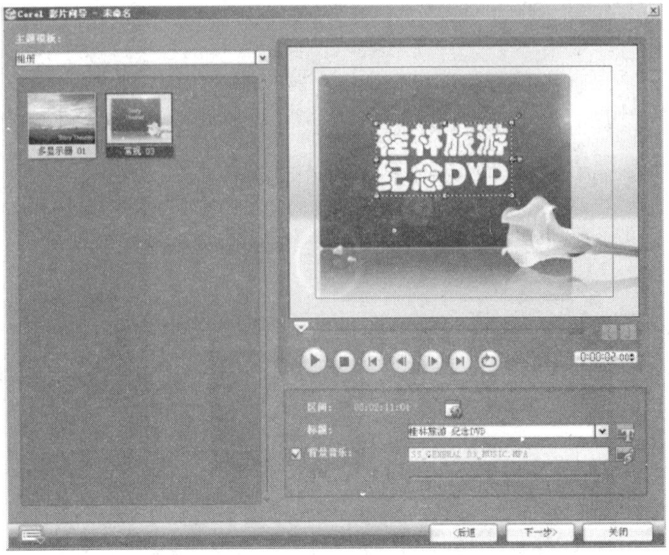

图 1-13-5　预览窗口

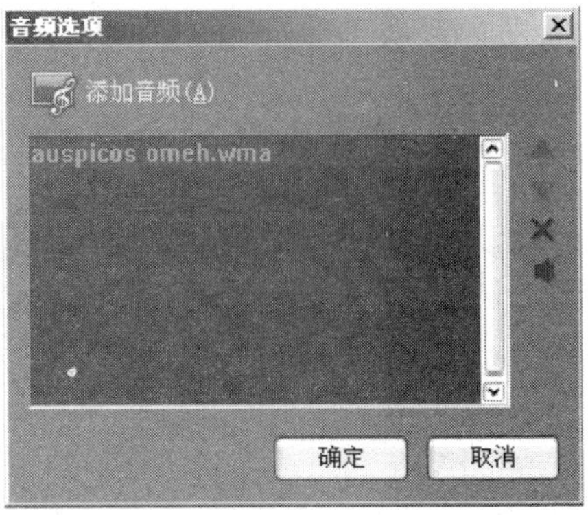

图 1-13-6　音频选项

（2）在“影片向导”窗口，单击“背景音乐”右侧的“加载背景音乐”按钮，在“音频选项”对话框中删除原有音频文件，单击上方的“添加音频”按钮，在“打开音频文件”对话框中选择素材文件夹“活动 13”\“auspicos omeh.wma”文件，单击“打开”按钮，此时所选音频文件出现在“音频选项”对话框的列表中(见图 1-13-6)，单击“确定”按钮，返回“影片向导”窗口，单击“下一步”按钮。

（3）在“影片向导”窗口选择“在 Corel 会声会影编辑器中编辑”，在弹出的对话框中选择“是”，打开“会声会影编辑器”(见图 1-13-7)。

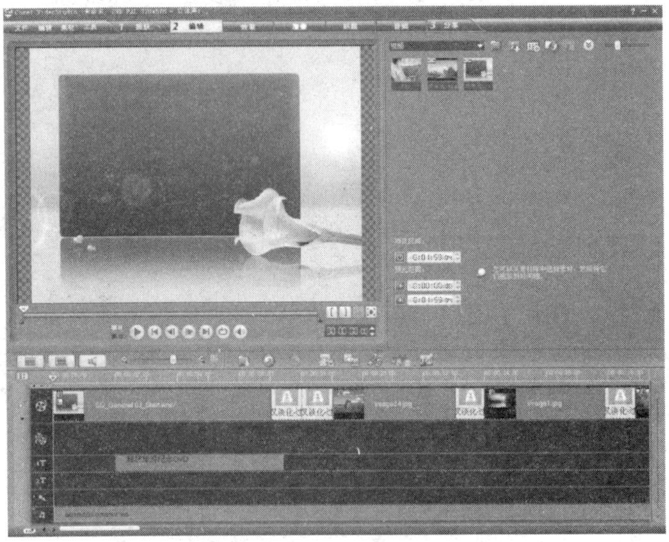

图 1-13-7　会声会影编辑器

4. 声音文件的合成

（1）在会声会影编辑器中，单击预览窗口下方的“将媒体文件插入到时间轴”按钮，在弹出的菜单中选择“插入音频”\“到声音轨”命令，在弹出的“打开音频文件”对话框中选择素材文件夹“活动 13”\“桂林简介. mp3”文件，单击“打开”按钮。此时声音文件会添加到声音轨当中。

（2）单击视频轨上方的“将项目调整到窗口大小”按钮，使所有素材全部显示在视频轨中。

（3）在声音轨上选中声音文件向右拖曳，使其开始处和视频轨中第一张图片开始处对齐(见图 1-13-8)。并在窗口右侧的“音乐和声音”标签中设置“素材音量”为“500”。

图 1-13-8　对齐图片与视频

5. 预览最终效果

(1) 在会声会影编辑器中，单击预览窗口下方的“项目”，进入项目模式，单击“起始”按钮，回到项目起始处，单击“播放修整后的素材”按钮，对当前视频效果进行预览。

(2) 若对图像素材的转场效果不满意，可在预览窗口右侧的下拉式列表选择“转场”中效果项，在下方选择合适的效果，拖曳至视频轨中覆盖原有的转场效果。

6. 创建视频文件或 DVD 光盘

(1) 在会声会影编辑器中，单击“分享”菜单项，在预览窗口右侧选择“创建视频文件”，在弹出的菜单中选择“DVD/VCD/SVCD/MPEG”\“PAL DVD(4：3)”(见图 1－13－9)，在弹出的“创建视频文件”对话框中选择视频文件保存在“我的文档”中，并输入文件名“桂林风光. mpg”，单击“保存”按钮，系统会对当前的项目进行渲染，并将生成的视频文件保存在指定位置。

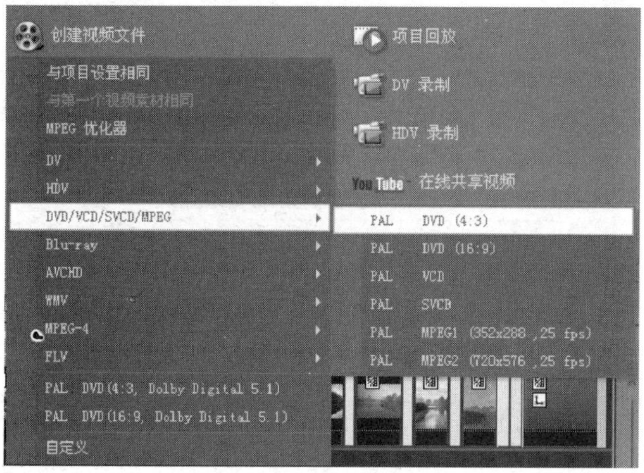

图 1－13－9 创建视频文件

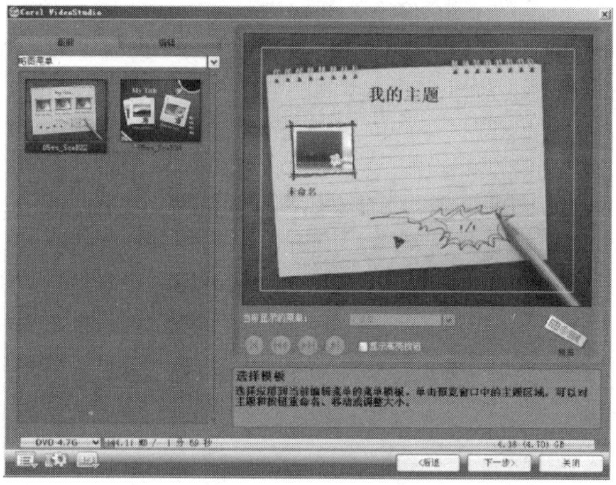

图 1－13－10 创建光盘

(2) 若选择“创建光盘”\“DVD”，可以按照光盘向导的提示，单击“下一步”按钮，选择系统默认的模板(见图 1－13－10)，单击“下一步”按钮，在光盘刻录窗口，单击“刻录”按钮，即可将当前视频刻录至光盘中。

7. 保存项目

选择“文件”菜单项中的“保存”，将当前编辑的项目以“桂林风光. VSP”为名保存在“我的文档”中。

活动 14

演示文稿——数码相机宣传演示文稿的制作

一、活动目的

(1) 掌握演示文稿的制作。

(2) 掌握合适的模板使用。

二、活动任务

使用电子文稿制作软件，采用合适的模板统一格局，制作简单的数码相机多媒体演示文稿，并利用图像处理软件对图片进行简单的效果处理。

参考样张如图 1-14-1 所示。

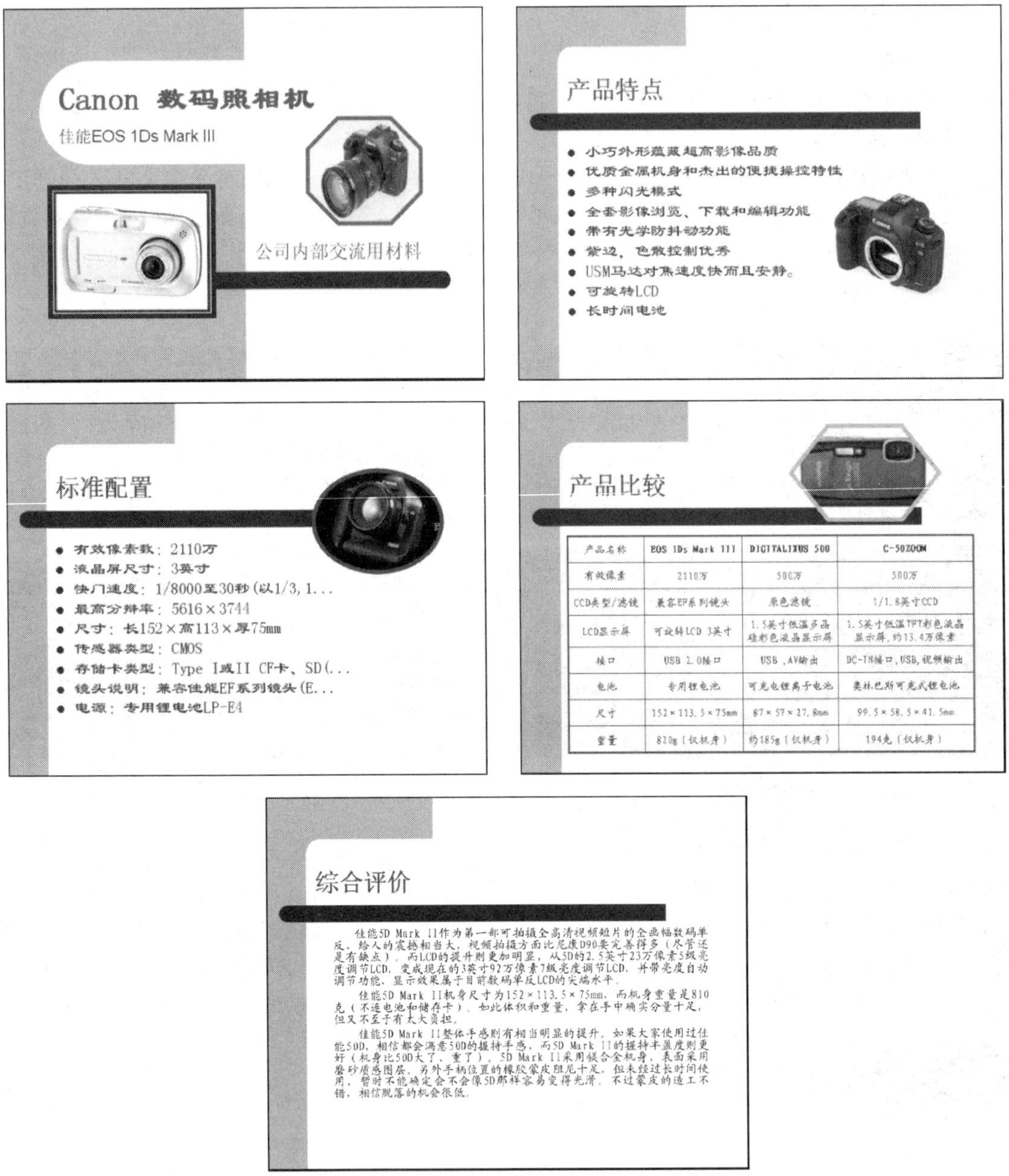
Canon 数码照相机
佳能EOS 1Ds Mark III
公司内部交流用材料
产品特点
小巧外形蕴藏超高影像品质
优质金属机身和杰出的便捷操控特性
多种闪光模式
全套影像浏览、下载和编辑功能
带有光学防抖动功能
紫边、色散控制优秀
USM马达对焦速度快而且安静。
可旋转LCD
长时间电池
标准配置
有效像素数：2110万
液晶屏尺寸：3英寸
快门速度：1/8000至30秒(以1/3, 1...
最高分辨率：5616×3744
尺寸：长152×高113×厚75mm
传感器类型：CMOS
存储卡类型：Type I或II CF卡、SD(...
镜头说明：兼容佳能EF系列镜头(E...
电源：专用锂电池LP-E4
产品比较
产品名称 | EOS 1Ds Mark III | DIGITALIXUS 500 | C-50ZOOM
有效像素 | 2110万 | 500万 | 500万
CCD类型/滤镜 | 兼容EF系列镜头 | 原色滤镜 | 1/1.8英寸CCD
LCD显示屏 | 可旋转LCD 3英寸 | 1.5英寸低温多晶硅彩色液晶显示屏 | 1.5英寸低温TFT彩色液晶显示屏，约13.4万像素
接口 | USB 2.0接口 | USB ,AV输出 | DC-IN接口，USB，视频输出
电池 | 专用锂电池 | 可充电锂离子电池 | 奥林巴斯可充式锂电池
尺寸 | 152×113.5×75mm | 87×57×27.8mm | 99.5×58.5×41.5mm
重量 | 820g（仅机身） | 约185g（仅机身） | 194克（仅机身）
综合评价
佳能5D Mark II作为第一部可拍摄全高清视频短片的全画幅数码单反，给人的震撼相当大，视频拍摄方面比尼康D90要完善得多（尽管还是有缺点）。而LCD的提升则更加明显，从5D的2.5英寸23万像素5级亮度调节LCD，变成现在的3英寸92万像素7级亮度调节LCD，并带亮度自动调节功能，显示效果属于目前数码单反LCD的尖端水平。
佳能5D Mark II机身尺寸为152×113.5×75mm，而机身重量是810克（不连电池和储存卡）。如此体积和重量，拿在手中确实分量十足，但又不至于有太大负担。
佳能5D Mark II整体手感则有相当明显的提升。如果大家使用过佳能50D，相信都会满意50D的握持手感，而5D Mark II的握持丰盈度则更好（机身比50D大了、重了）。5D Mark II采用镁合金机身，表面采用磨砂质感图层。另外手柄位置的橡胶蒙皮阻尼十足，但未经过长时间使用，暂时不能确定会不会像5D那样容易变得光滑。不过蒙皮的造工不错，相信脱落的机会很低。

图 1-14-1 样张

三、参考操作步骤

(1) 新建演示文档：运行 Microsoft PowerPoint，新建一个空白演示文稿，在演示文稿中插入新幻灯片，共 5 张幻灯片。

(2) 设计模板：选择“设计”菜单，右击所选择的设计模板，选择“应用于所有幻灯片”，如图 1-14-2 所示，则将整套幻灯片设置成统一风格的模板。

(3) 输入标题：在第一张幻灯片的标题栏中，输入“Canon 数码照相机 佳能 EOS 1Ds Mark III”，在副标题栏中，输入“公司内部交流用材料”并为字体设置合适的字号、字体、颜色。

在第 2～5 张幻灯片的标题栏中，分别输入产品特点、标准配置、产品比较、综合评价等幻灯片标题。

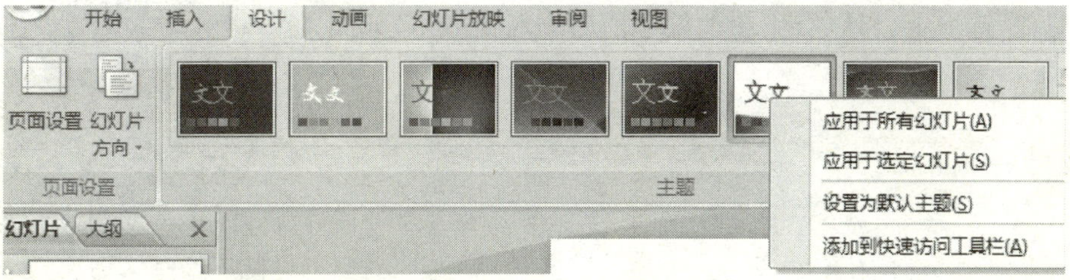

图 1－14－2　设计幻灯片主题

(4) 插入文本框：在第 2 张幻灯片空白处，选择“插入”→“文本框”→“横排文本框”命令，拖拉出一个文本框，然后输入相关内容文字；用同样方法，为第 3、5 张幻灯片，输入相关文字。

(5) 编辑文本：PowerPoint 的对象编辑也应遵循“先选中操作对象，再选择操作方法”；利用快捷菜单或“开始”菜单中的“字体”，可以对输入的文字对象进行格式设置。

(6) 图像处理：现实工作和生活中，许多图片不够理想，经常要对图片依据主题及风格需要，运用图像处理软件，进行效果处理，使之更符合场景要求。

① 微调参数：运行“美图秀秀”软件，打开所需图片“zp11.jpg”，如图 1－14－3 所示。选择“图片处理”选项卡，可以对图片的“亮度”、“对比度”、“饱和度”等参数作微调，如图 1－14－4 所示。

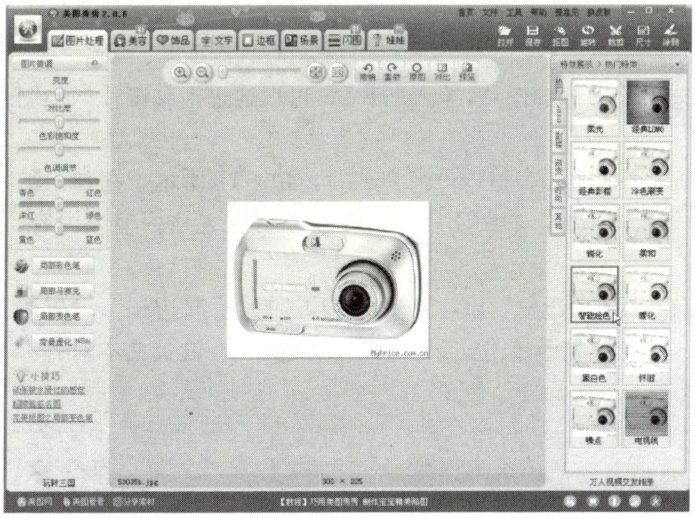

图 1－14－3　打开图片

图 1－14－4　设置图片参数

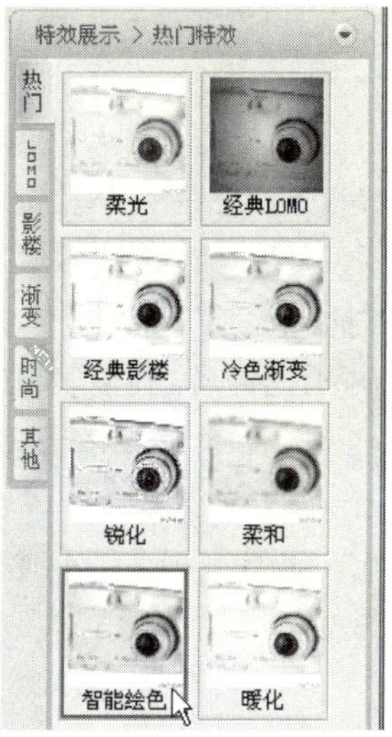

图 1－14－5　热门特效

② 特效处理：选择“特效展示”选项卡，对图片进行“特效”处理，本例选“智能绘色”，如图 1－14－5 所示，给图片适当加了色彩。

③ 擦除文字：选择“涂鸦”选项卡，本例选“白色”，如图 1－14－6 所示，将图片底部的文字用“白色涂鸦笔”擦掉，如图 1－14－7 所示。

④ 添加边框：选择“边框”选项卡，如图 1－14－8 所示，本例选“轻松边框”，给图片添加边框，增添图片的艺术性，如图 1－14－9 所示。

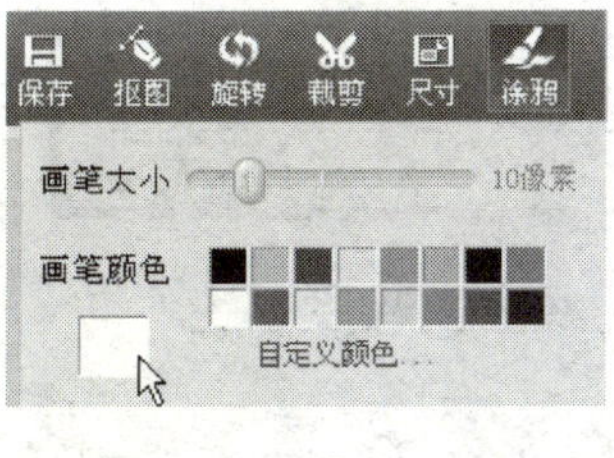

图 1－14－6　涂鸦

图 1－14－7　擦除

图 1－14－8　边框设置

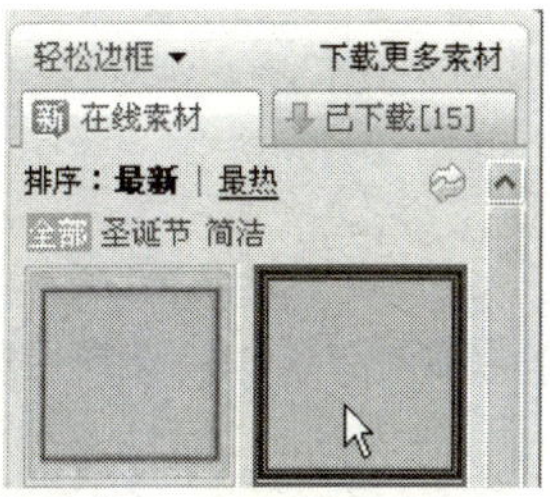

图 1－14－9　添加边框

⑤ 选择“对比”选项卡，可以看到图片处理前后的对比效果，如图 1－14－10 所示。

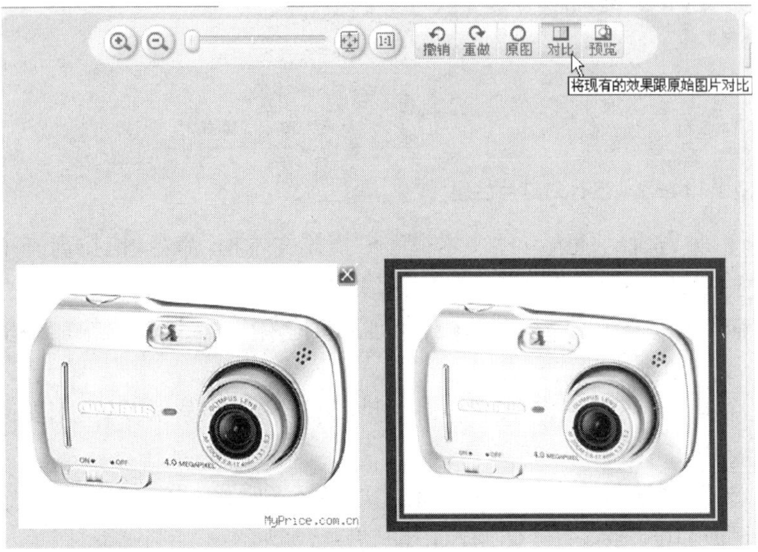

图 1－14－10　处理后的对比效果

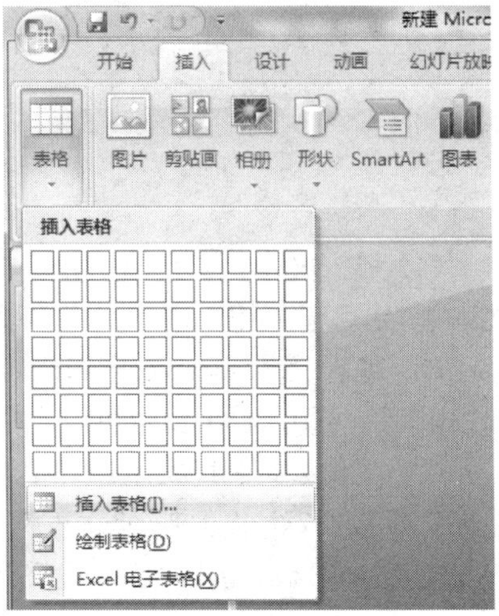

图 1－14－11　插入表格

(7) 插入图片：选择“插入”→“图片”命令，选择处理好的图片，插入图片后，可以通过拖动图片的控制点，改变图片大小及位置。

(8) 插入表格：在第 4 张幻灯片中，选择“插入”→“插入表格”命令，如图 1－14－11 所示。在弹出的“插入表格”对话框中，设置表格的行、列数，单击“确定”按钮，如图 1－14－12 所示。在表格内输入内容，并根据内容，调整表格的行高和列宽。

(9) 设置表格格式：选中表格，点击“设计”菜单下的“边框”，在下拉菜单中，选择“所有边框”，设置表格的边框，如图 1－14－13 所示；选中表格右击，选择“设置形状格式”→“文本框”选项卡，设置文本对齐方式，如图 1－14－14 所示，单击“确定”按钮。

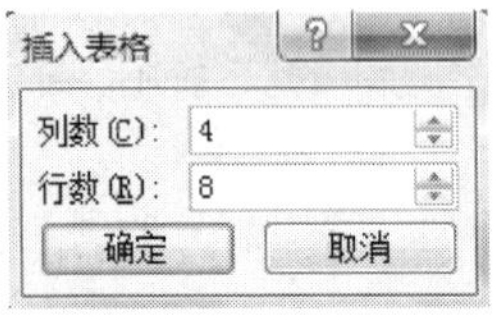

图 1－14－12　选择行列数

图 1－14－13　边框设置

图 1－14－14　设置形状格式

(10) 保存文件：选择“另存为”命令，将完成的作品以“数码照相机.pptx”为文件名，保存在 C 盘根目录下。

活动 15

演示文稿——创建自由规划的产品演示文稿

一、活动目的

(1) 进一步熟悉演示文稿的自由设计。

(2) 掌握艺术字等对象的添加及设置。

(3) 使学生能通过网上邻居实现资源共享。

二、活动任务

创建自由规划的数码照相机多媒体宣传文稿,使用电子文稿制作软件,应用合适的模板统一文稿风格,添加艺术字体等对象,并利用网上邻居实现资源共享。

参考样张如图 1-15-1 所示。

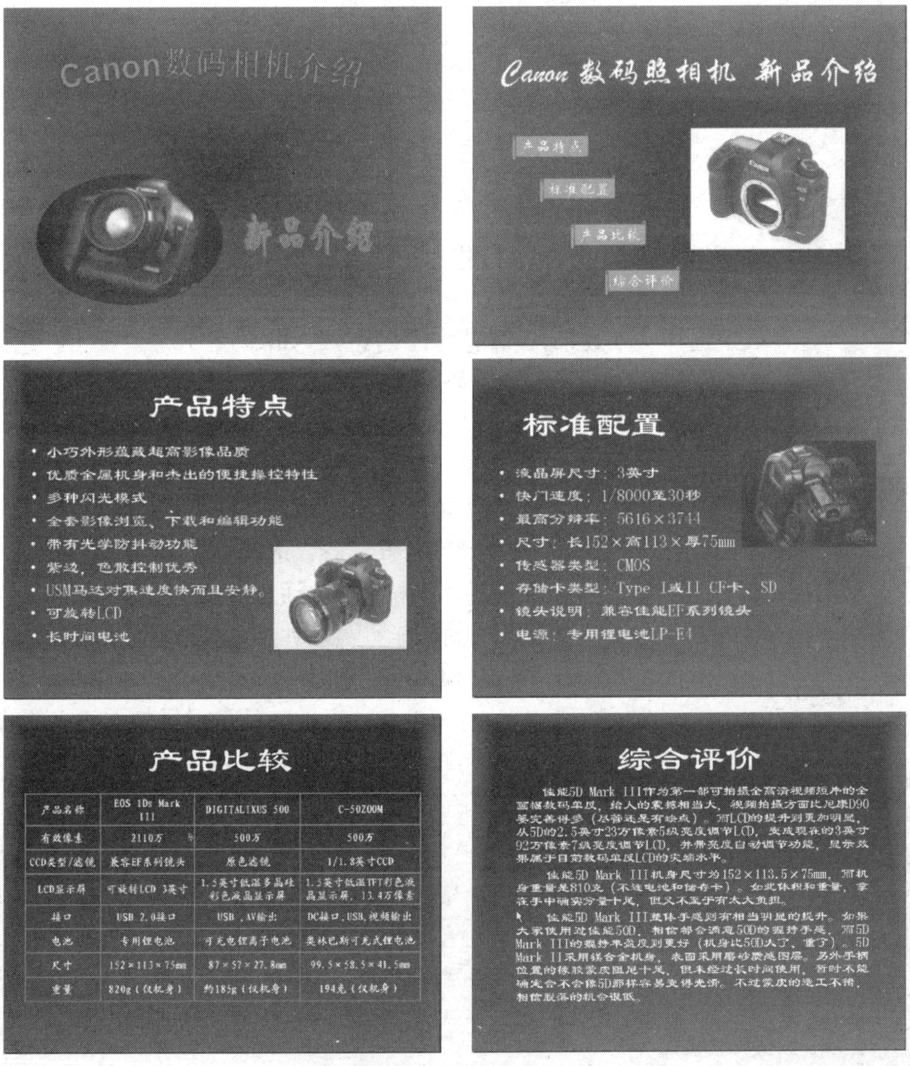
Canon数码相机介绍
新品介绍
Canon 数码照相机 新品介绍
产品特点
标准配置
产品比较
综合评价
产品特点
小巧外形蕴藏超高影像品质
优质金属机身和杰出的便捷操控特性
多种闪光模式
全套影像浏览、下载和编辑功能
带有光学防抖动功能
紫边，色散控制优秀
USM马达对焦速度快而且安静。
可旋转LCD
长时间电池
标准配置
液晶屏尺寸：3英寸
快门速度：1/8000至30秒
最高分辨率：5616×3744
尺寸：长152×高113×厚75mm
传感器类型：CMOS
存储卡类型：Type I或II CF卡、SD
镜头说明：兼容佳能EF系列镜头
电源：专用锂电池LP-E4
产品比较
产品名称 EOS 1Ds Mark III DIGITALIXUS 500 C-50ZOOM
有效像素 2110万 500万 500万
CCD类型/滤镜 兼容EF系列镜头 原色滤镜 1/1.8英寸CCD
LCD显示屏 可旋转LCD 3英寸 1.5英寸低温多晶硅彩色液晶显示屏 1.5英寸低温TFT彩色液晶显示屏，13.4万像素
接口 USB 2.0接口 USB，AV输出 DC接口，USB，视频输出
电池 专用锂电池 可充电锂离子电池 奥林巴斯可充式锂电池
尺寸 152×113×75mm 87×57×27.8mm 99.5×58.5×41.5mm
重量 820g（仅机身） 约185g（仅机身） 194克（仅机身）
综合评价

图 1-15-1 样张

三、参考操作步骤

（1）新建演示文档：运行 Microsoft PowerPoint，新建一个空白演示文稿，在演示文稿中插入新的幻灯片，共 6 张幻灯片。

（2）插入艺术字：选择“插入”→“艺术字”命令，在弹出的“艺术字库”对话框中，选择合适的艺术字样式，如图 1－15－2 所示。

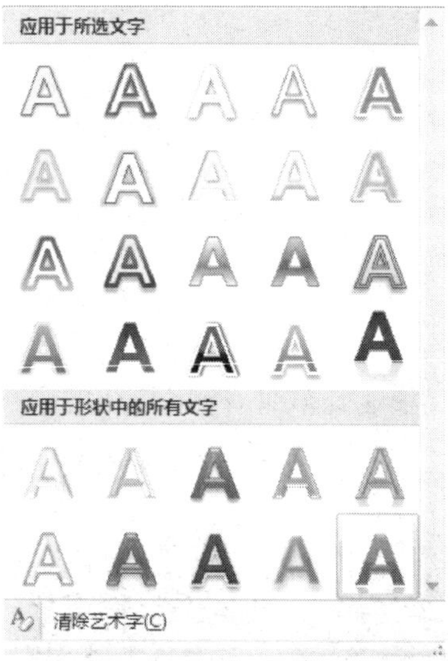

图 1－15－2　插入艺术字

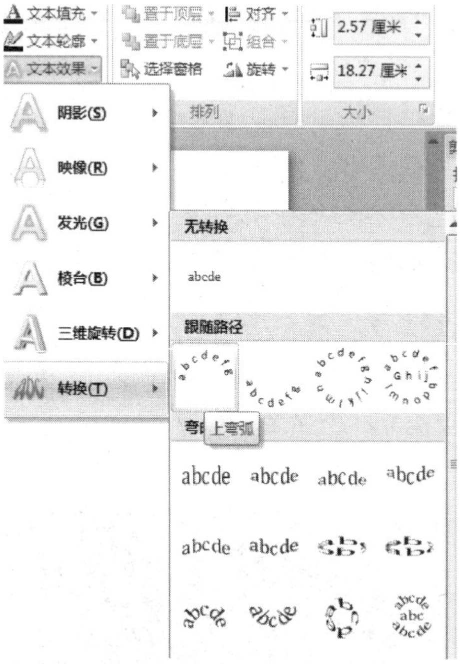

图 1－15－3　设置艺术字效果

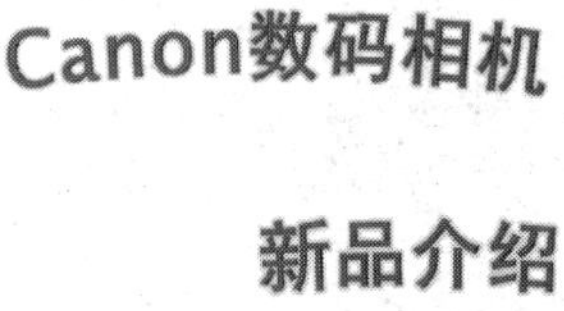

图 1－15－4　结果图

（3）编辑艺术字：在艺术字的文本框中输入文字“Canon 数码照相机”，在“开始”菜单下的字体面板中修改艺术字的大小和颜色。在“格式”菜单艺术字面板中选择文本效果，设置艺术字的特效，如图 1－15－3 所示。用同样方法设置艺术字“新品介绍”。结果如图 1－15－4 所示。

（4）插入图片：选择“插入”→“图片”命令，选择素材提供的图片，插入图片后，可以通过拖动图片的控制点，改变图片大小及位置。

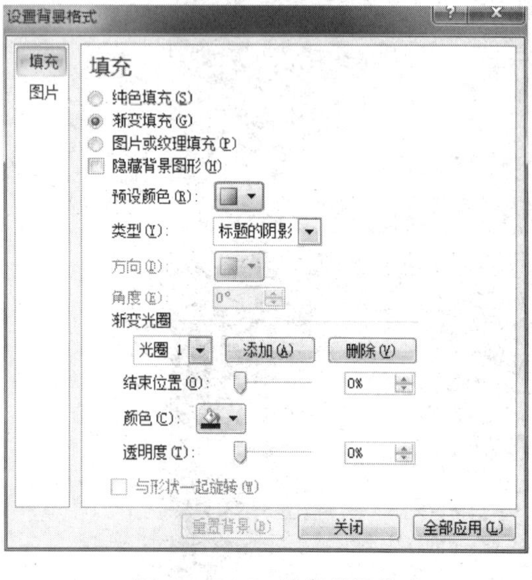

图 1－15－5　设置背景格式

（5）设置背景：选择“设计”→“背景”命令，在弹出的“设置背景格式”对话框中，选择“填充”，如图1－15－5 所示。选择“渐变”选项卡，在“颜色”区域，选择“预设”，任选一款“预设颜色”。

（6）设置共享：在 C 盘根目录下建立新的文件夹“共享 PPT”，将最后完成的作品以“Canon 数码相机. pptx”为文件名，保存在“共享 PPT”文件夹下，如图 1－15－6 所示。

鼠标右键单击“共享 PPT” 文件夹，选择“共享”，如图1－15－7 所示。在出现的“文件共享”对话框中，选择下拉菜单的“Everyone”，依次点击“添加”、“共享”，如图 1－15－8 所示。即能使每个人通过网上邻居实现资源共享。

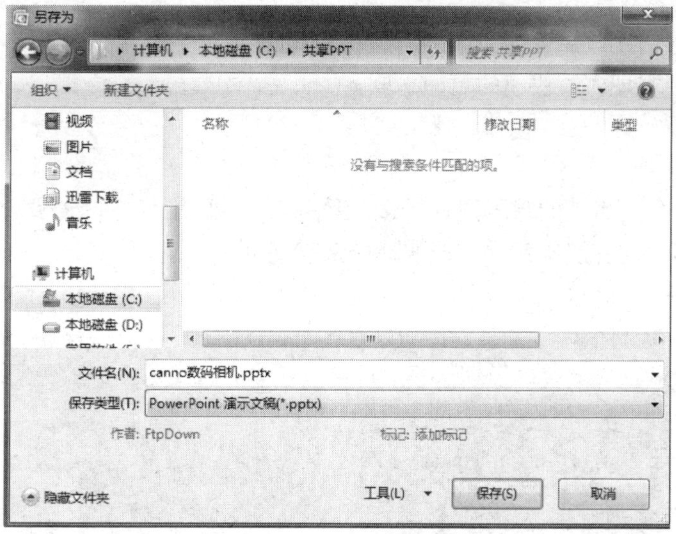

图 1－15－6 保存操作

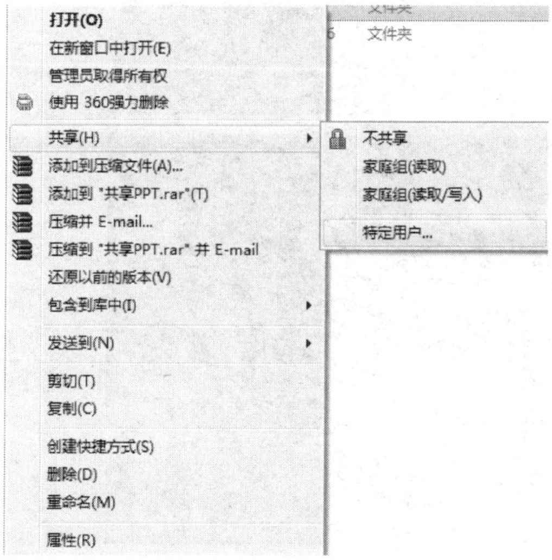

图 1－15－7 共享操作

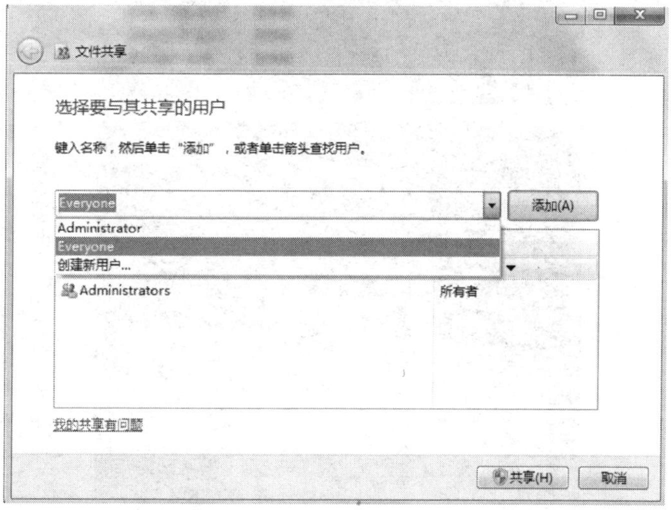

图 1－15－8 文件共享设置

友情提醒：

同学们可以选择自己偏好的艺术字效果，不必拘泥于样张的艺术字效果。

活动 16

演示文稿——
一份更体贴用户、更生动演示文稿的制作

一、活动目的

（1）掌握必要的对象动画设置。

(2) 掌握页面的动态切换效果设置。

(3) 通过建立超链接实现内容快速的定向访问。

二、活动任务

制作一份更体贴用户、更生动的数码照相机多媒体宣传文稿，围绕主题需要，为不同的内容对象建立适当的动画效果，为不同的内容层次建立方便快捷的链接访问。

参考样张如图 1-16-1 所示。

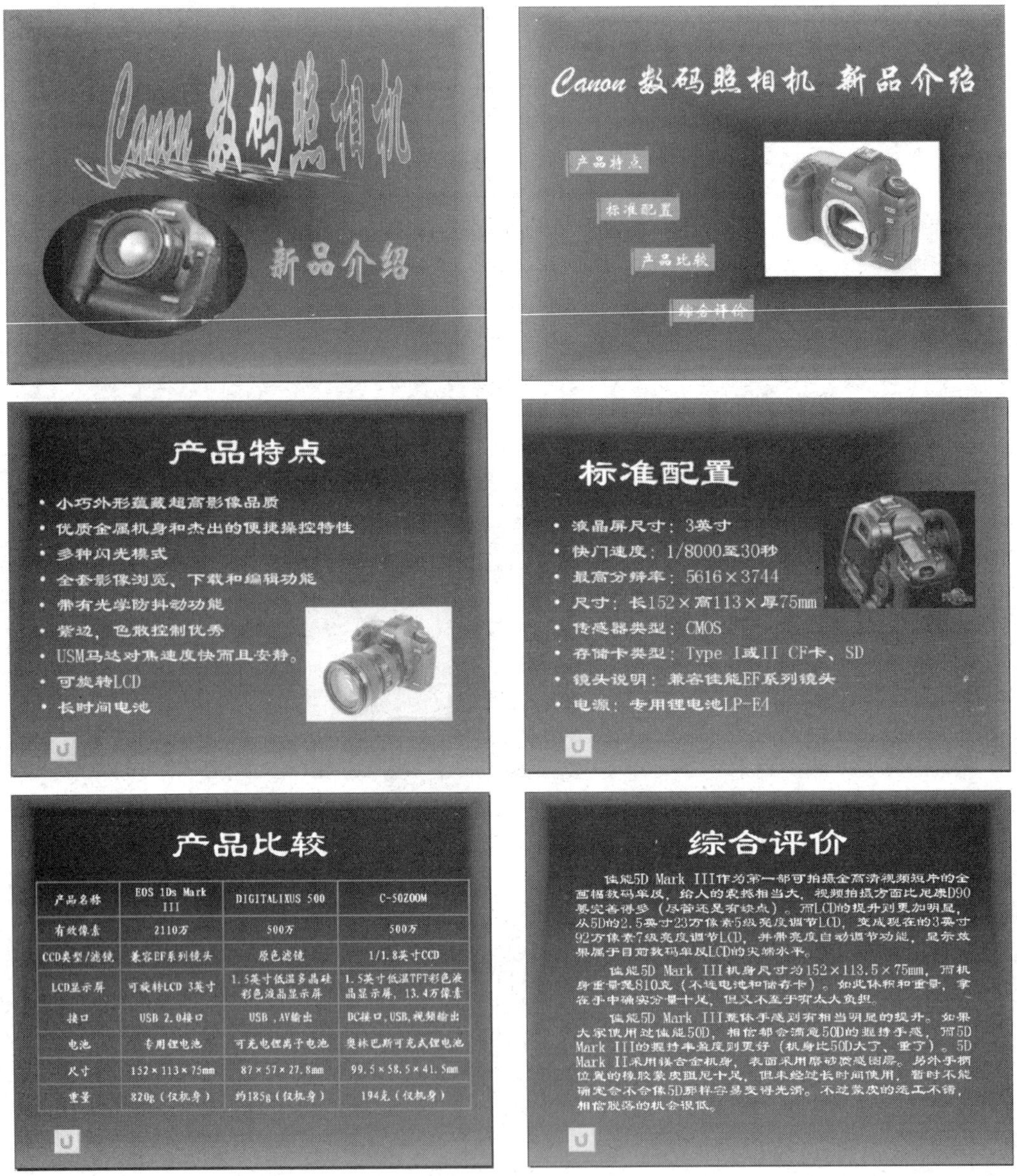
Canon 数码照相机
新品介绍
Canon 数码照相机 新品介绍
产品特点
标准配置
产品比较
综合评价
产品特点
小巧外形蕴藏超高影像品质
优质金属机身和杰出的便捷操控特性
多种闪光模式
全套影像浏览、下载和编辑功能
带有光学防抖动功能
紫边，色散控制优秀
USM马达对焦速度快而且安静。
可旋转LCD
长时间电池
标准配置
液晶屏尺寸：3英寸
快门速度：1/8000至30秒
最高分辨率：5616×3744
尺寸：长152×高113×厚75mm
传感器类型：CMOS
存储卡类型：Type I或II CF卡、SD
镜头说明：兼容佳能EF系列镜头
电源：专用锂电池LP-E4
产品比较
产品名称 EOS 1Ds Mark III DIGITALIXUS 500 C-50ZOOM
有效像素 2110万 500万 500万
CCD类型/滤镜 兼容EF系列镜头 原色滤镜 1/1.8英寸CCD
LCD显示屏 可旋转LCD 3英寸 1.5英寸低温多晶硅彩色液晶显示屏 1.5英寸低温TFT彩色液晶显示屏，13.4万像素
接口 USB 2.0接口 USB，AV输出 DC接口，USB，视频输出
电池 专用锂电池 可充电锂离子电池 奥林巴斯可充式锂电池
尺寸 152×113×75mm 87×57×27.8mm 99.5×58.5×41.5mm
重量 820g（仅机身） 约185g（仅机身） 194克（仅机身）
综合评价
佳能5D Mark III作为第一部可拍摄全高清视频短片的全画幅数码单反，给人的震撼相当大，视频拍摄方面比尼康D90要完善得多（尽管还是有缺点）。而LCD的提升则更加明显，从5D的2.5英寸23万像素5级亮度调节LCD，变成现在的3英寸92万像素7级亮度调节LCD，并带亮度自动调节功能，显示效果属于目前数码单反LCD的尖端水平。
佳能5D Mark III机身尺寸为152×113.5×75mm，而机身重量是810克（不连电池和储存卡）。如此体积和重量，拿在手中确实分量十足，但又不至于有太大负担。
佳能5D Mark III整体手感则有相当明显的提升。如果大家使用过佳能50D，相信都会满意50D的握持手感，而5D Mark III的握持丰盈度则更好（机身比50D大了、重了）。5D Mark II采用镁合金机身，表面采用磨砂质感图层。另外手柄位置的橡胶蒙皮阻尼十足，但未经过长时间使用，暂时不能确定会不会像5D那样容易变得光滑。不过蒙皮的造工不错，相信脱落的机会很低。

图 1-16-1　样张

三、参考操作步骤

(1) 打开文件：运行 Microsoft PowerPoint，选择“打开”命令，打开活动 15 制作的演示文档“数码照相机. pptx”。

(2) 设置超链接：选中第 2 张幻灯片上的自选图形“产品特点”，单击右键，在快捷菜单中，选择“超链接”命令，如图 1-16-2 所示。在弹出的“插入超链接”对话框中选“第 3 张幻灯片”，单击“确定”按钮。如图 1-16-3 所示。

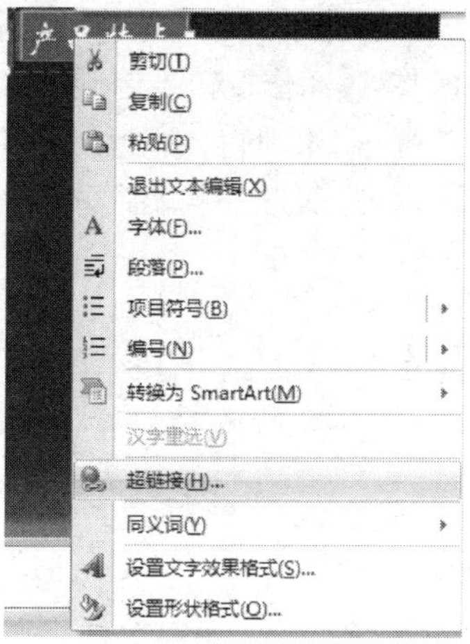

图 1－16－2　超链接

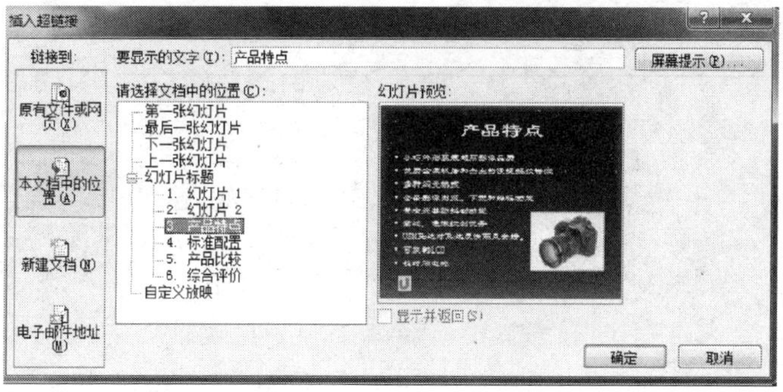

图 1－16－3　插入超链接

用同样方法，将另三个自选图形，根据内容，分别超链接到第 4～6 张幻灯片。

(3) 设置返回按钮：选中第 3 张幻灯片，单击“插入”菜单，选择形状菜单下“动作按钮”中的“上一张”动作按钮，如图 1－16－4 所示。

在第 3 张幻灯片的左下角，用鼠标拉出一个“上一张”动作按钮，点击“插入”→“动作”，在随后弹出的“动作设置”对话框中，选择“超链接到”单选按钮，选“幻灯片”，如图 1－16－5 所示。在弹出的“超链接到”对话框中，选择“第 2 张”幻灯片，如图 1－16－6 所示，单击“确定”按钮，则完成了从第 3 张幻灯片返回到第 2 张幻灯片的动作按钮设置。

图 1－16－4　插入动作按钮

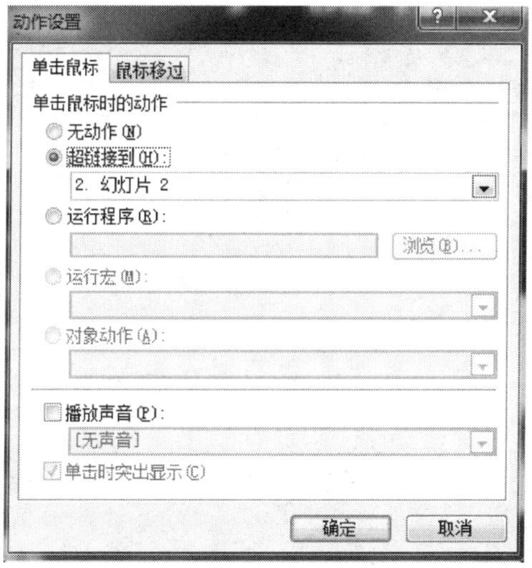

图 1－16－5　设置动作

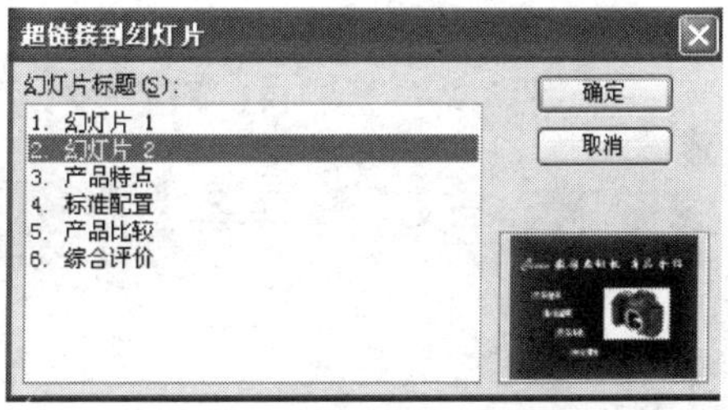

图 1－16－6　超链接到幻灯片

(4) 复制返回按钮：选中第3张幻灯片的“返回”动作按钮，单击右键，在快捷菜单中，选择“复制”命令，将光标切换到第4张幻灯片，单击右键，在快捷菜单中，选择“粘贴”命令，则将该动作按钮复制到第4张幻灯片中。依次类推，可以将该动作按钮，复制到后面的第5～6张幻灯片中，完成全部幻灯片的“返回”按钮设置。

(5) 幻灯片的切换：单击“动画”，在切换到此幻灯片中选择某一动画，确认选中状态后选择“全部应用”，即把整套幻灯片设置成相同的切换方式，如图1-16-7所示。

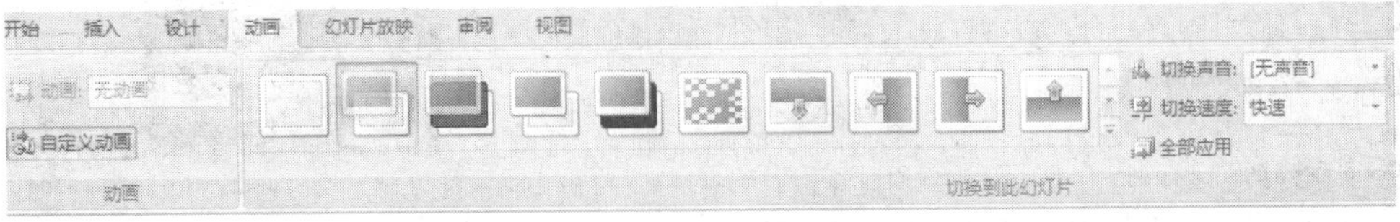

图1-16-7　幻灯片切换方式

(6) 自定义动画：选中第1张幻灯片上的艺术字“Canon 数码照相机”和“新品介绍”，选择“动画”→“自定义动画”命令，在弹出的“自定义动画”对话框中，选择“添加效果”下拉列表框，选“进入”→“其他效果”命令，如图1-16-8所示。在弹出的“添加进入效果”对话框中，选择“基本型”区域的“十字形扩展”，如图1-16-9所示，单击“确定”按钮。

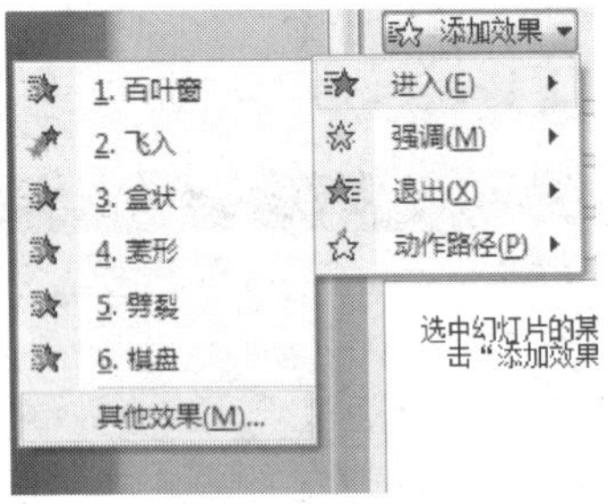

图1-16-8　动画效果选择

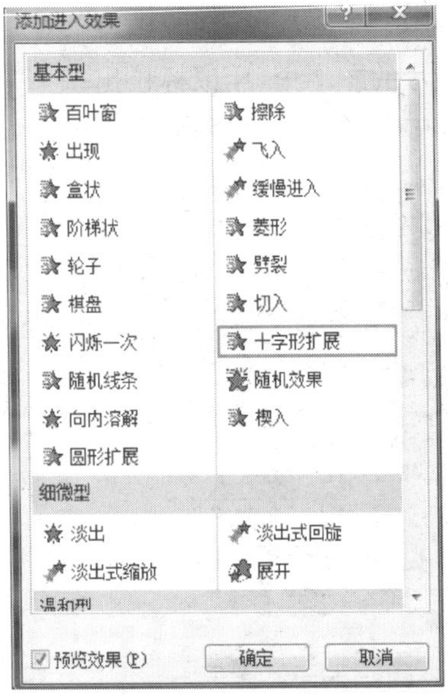

图1-16-9　选择十字形扩展

(7) 保存文件：选择“文件”→“另存为”命令，将完成的作品以“数码照相机介绍.pptx”为文件名，保存在C盘根目录下。

活动17

演示文稿——一份有声有色产品服务宣传文稿的制作

一、活动目的

(1) 掌握母版的设置。

(2) 掌握音乐、视频对象的添加。

(3) 自动播放演示文稿。

二、 活动任务

制作一份“有声有色”的数码照相机产品服务宣传文稿，学生能按需要设置统一的背景，插入并设置声音、视频文件，能自动播放演示文稿。

参考样张如图 1－17－1 所示。

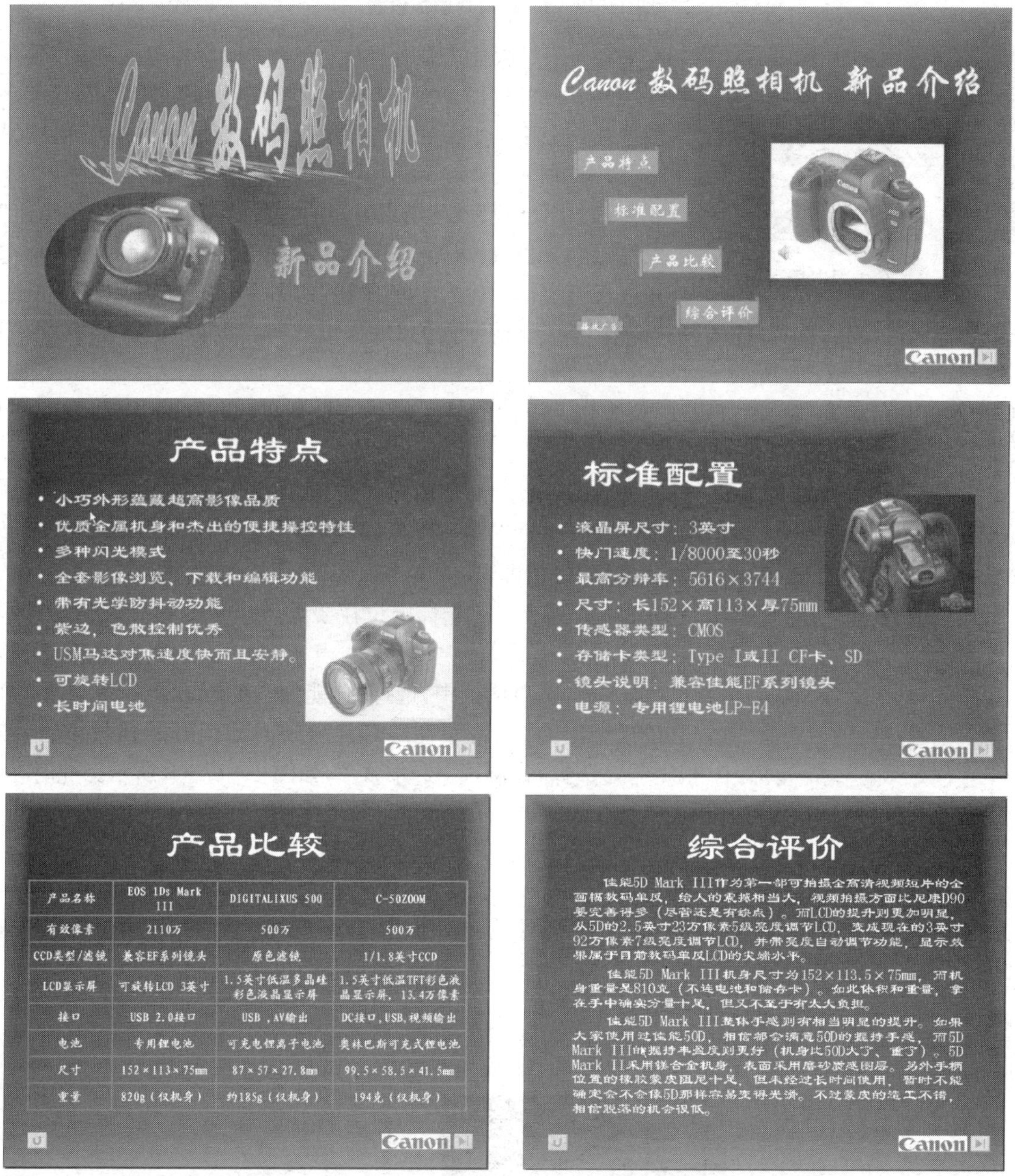
Canon 数码照相机
新品介绍
Canon 数码照相机 新品介绍
产品特点
标准配置
产品比较
综合评价
Canon
产品特点
小巧外形蕴藏超高影像品质
优质全属机身和杰出的便捷操控特性
多种闪光模式
全套影像浏览、下载和编辑功能
带有光学防抖动功能
紫边，色散控制优秀
USM马达对焦速度快而且安静。
可旋转LCD
长时间电池
标准配置
液晶屏尺寸：3英寸
快门速度：1/8000至30秒
最高分辨率：5616×3744
尺寸：长152×高113×厚75mm
传感器类型：CMOS
存储卡类型：Type I或II CF卡、SD
镜头说明：兼容佳能EF系列镜头
电源：专用锂电池LP-E4
产品比较
产品名称 | EOS 1Ds Mark III | DIGITALIXUS 500 | C-50ZOOM
有效像素 | 2110万 | 500万 | 500万
CCD类型/滤镜 | 兼容EF系列镜头 | 原色滤镜 | 1/1.8英寸CCD
LCD显示屏 | 可旋转LCD 3英寸 | 1.5英寸低温多晶硅彩色液晶显示屏 | 1.5英寸低温TFT彩色液晶显示屏，13.4万像素
接口 | USB 2.0接口 | USB，AV输出 | DC接口，USB，视频输出
电池 | 专用锂电池 | 可充电锂离子电池 | 奥林巴斯可充式锂电池
尺寸 | 152×113×75mm | 87×57×27.8mm | 99.5×58.5×41.5mm
重量 | 820g（仅机身） | 约185g（仅机身） | 194克（仅机身）
综合评价
佳能5D Mark III作为第一部可拍摄全高清视频短片的全画幅数码单反，给人的震撼相当大，视频拍摄方面比尼康D90要完善得多（尽管还是有缺点）。而LCD的提升则更加明显，从5D的2.5英寸23万像素5级亮度调节LCD，变成现在的3英寸92万像素7级亮度调节LCD，并带亮度自动调节功能，显示效果属于目前数码单反LCD的尖端水平。
佳能5D Mark III机身尺寸为152×113.5×75mm，而机身重量是810克（不连电池和储存卡）。如此体积和重量，拿在手中确实分量十足，但又不至于有太大负担。
佳能5D Mark III整体手感则有相当明显的提升。如果大家使用过佳能50D，相信都会满意50D的握持手感，而5D Mark III的握持牢靠度则更好（机身比50D大了、重了）。5D Mark II采用镁合金机身，表面采用磨砂质感图层。另外手柄位置的橡胶蒙皮阻尼十足，但未经过长时间使用，暂时不能确定会不会像5D那样容易变得光滑。不过蒙皮的做工不错，相信脱落的机会很低。

图 1－17－1 样张

三、 参考操作步骤

(1) 打开文件：运行 Microsoft PowerPoint，选择 “打开”命令，打开活动 16 制作的演示文档“数码照相机介绍. pptx”。

(2) 设置母版：选择“视图”→“幻灯片母版”命令，进入幻灯片母版的编辑模式，同时在菜单栏中出现

“幻灯片母版”，如图 1－17－2 所示。

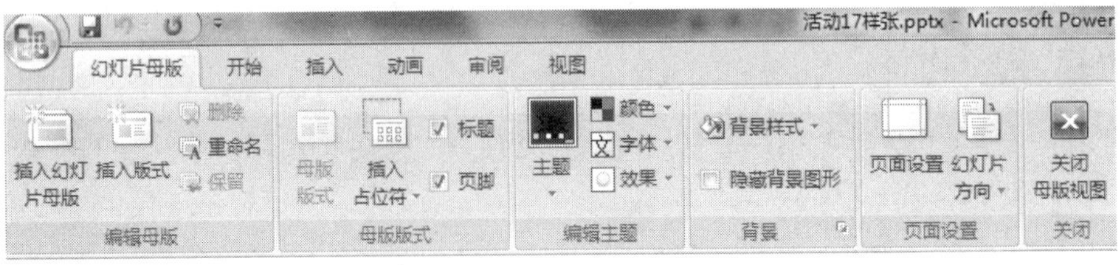

图 1－17－2　幻灯片模板设置

图 1－17－3　在母版中插入图片

(3) 用母版插入图片：从打开的“幻灯片母版视图”预览窗，选择“插入”→“图片”命令，选择素材提供的标志图片(logo.jpg)，插入图片后，适当改变图片大小，并放置在幻灯片的右下角位置，如图 1－17－3 所示。

(4) 用母版设置“结束”按钮：选择“形状”→“动作按钮”→“结束”按钮，如图 1－17－4 所示。在第 2 张幻灯片的右下角空白处，用鼠标拖曳出一个“结束”按钮，如图 1－17－5 所示。

选中所插入的按钮，选择“插入”→“动作”命令，在弹出的“动作设置”对话框中，选“结束放映”，单击“确定”按钮，如图 1－17－6 所示。

单击“幻灯片母版”→“关闭母版视图”按钮。返回幻灯片的普通视图页面。这时，可以看到整套幻灯片每张都有标志图片(logo.jpg)和“结束”按钮。

(5) 取消第一张幻灯片的标志图片(logo.jpg)和按钮：选中第一张幻灯片，选择“设计”→“背景”命令，将“隐藏背景图形”前，单选按钮的“√”选中，单击“应用”按钮即可。

(6) 插入声音文件：光标定位在要插入声音的第 2 张幻灯片中，单击“插入”菜单栏的“声音”→“文件中的声音”命令，如图 1－17－7 所示。在弹出的“插入声音”对话框中，选择“佳能广告曲.mp3”文件，单击“确定”按钮。在随后弹出的“您希望在幻灯片放映时如何开始播放声音?”对话框中，根据需要选择，本例选“自动(A)”，如图 1－17－8 所示。此时在该幻灯片中间出现声音图标“小喇叭”。当演示文稿放映到该幻灯片时，则声音文件会同时自动播放。

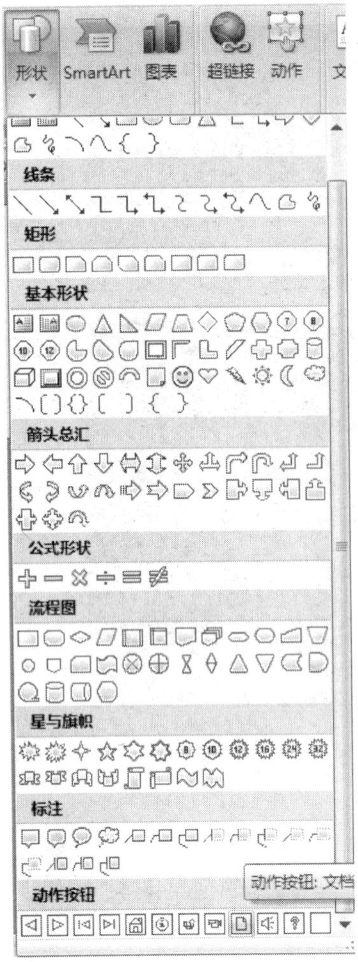

图 1－17－4　插入动作按钮

图 1－17－5　插入的按钮效果

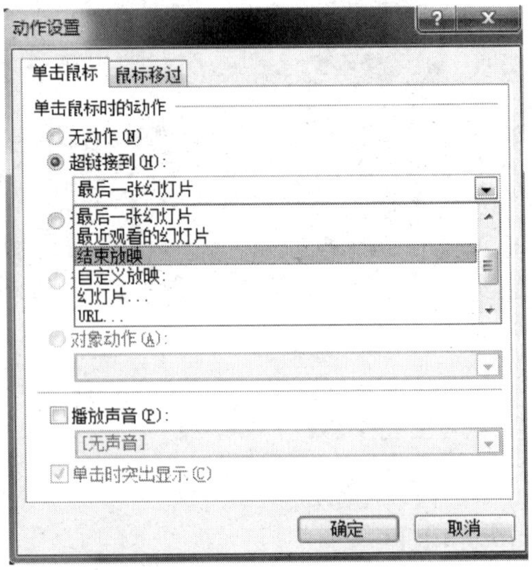

图 1－17－6　添加按钮动作

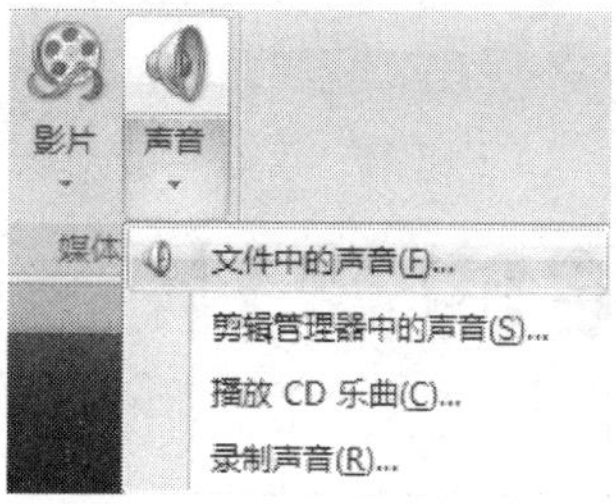

图 1－17－7　插入音频

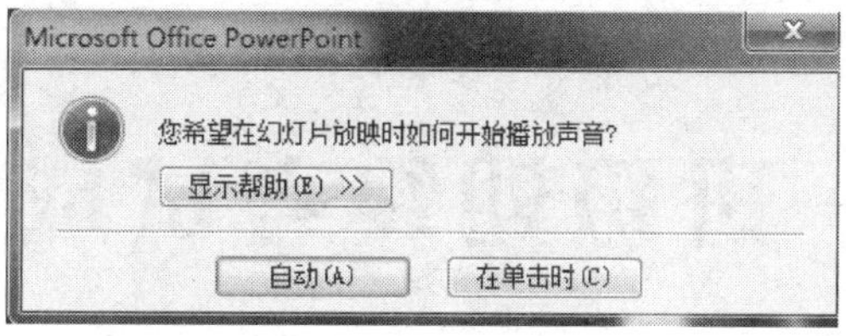

图 1－17－8　音频播放设置

图 1－17－9　超链接

(7) 超链接视频文件：在第 2 张幻灯片左下角空白处，用“自选图形”设置“播放广告”图形，选中 “播放广告”图形，单击右键，在快捷菜单中，选择“超链接”命令，如图 1－17－9 所示。在弹出的“插入超链接”对话框中，选择相应的视频文件“佳能广告. flv”，单击“确定”按钮。如图 1－17－10 所示。

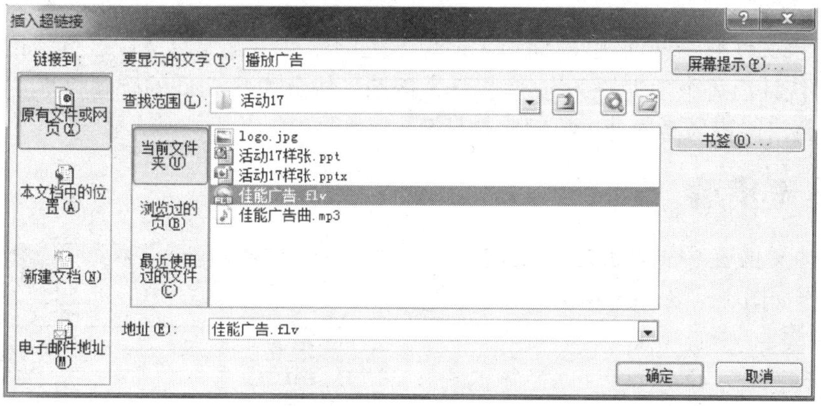

图 1－17－10　插入超链接

(8) 自动播放文稿：如果要让演示文稿自动播放，则必须要进行排练计时。

① 选中第一张幻灯片，单击“幻灯片放映”菜单的“排练计时”命令，如图 1－17－11 所示，进入“排练计时”状态。

② 单张幻灯片放映所耗用的时间(中间)和文稿放映所耗用的总时间(右侧)显示在“预演”对话框中，如图 1－17－12 所示。

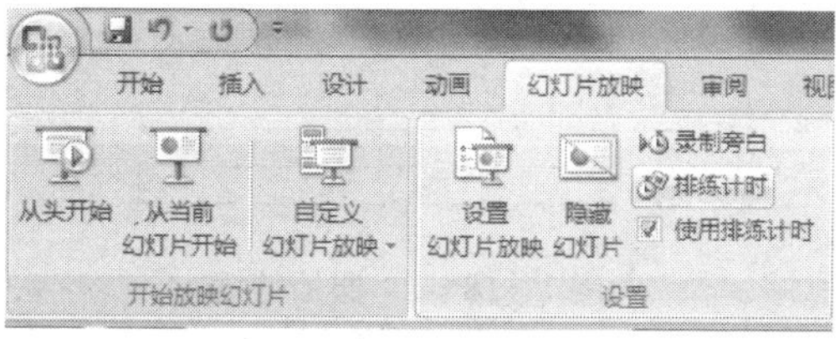

图 1－17－11　排练计时

图 1－17－12　计时后提示

③ 利用“预演”对话框中的“暂停”和“下一项”等按钮(见图 1－17－13)，手动播放一遍文稿，控制排练计时过程，以获得最佳的播放时间。

图 1－17－13　预演

④ 播放结束后，系统会弹出一个提示“是否保存计时结果”的对话框，单击其中的“是”按钮即可。

(9) 保存文件：选择 “另存为”命令，将完成的作品以“数码照相机新品介绍. pptx”为文件名，保存在 C 盘根目录下。

活动 18

电子表格——班级期终考试成绩的统计

一、活动目的

(1) 掌握电子表格中数据的输入与编辑。

(2) 掌握公式与函数的使用。

二、活动任务

现有某个班级的学生语文、数学、外语三门课程的期终考试成绩,保存在素材文件夹中的“期终考试成绩.xlsx”文件中。该文件有一些问题,即漏掉了两位学生的数据。首先对文件进行修正,接下来对这些成绩进行统计分析:统计出每个学生的平均分,将学生按照平均分由高到低的顺序排序,写上每个学生的名次;并计算出全班每门课程的平均分、最高分、最低分。

三、参考操作步骤

(1) 打开素材文件夹中的“期终考试成绩.xlsx”文件,内容如图 1-18-1 所示。

	A	B	C	D	E	F	G
1	学号	姓名	语文	数学	外语	平均分	等第
2	6801	林林	74	94	88		
3	6802	赵春民	82	75	82		
4	6803	李忠品	64	67	48		
5	6804	王捷非	86	84	78		
6	6805	胡红玲	82	71	80		
7	6806	乐一	76	80	66		
8	6808	陈强	69	82	78		
9	6809	支将炜	92	78	89		
10	6810	陈琦	78	81	69		
11	6811	贾琦	54	62	34		
12	6812	刘玮瑜	71	88	83		
13	6813	朱红	85	71	82		
14	6815	潘丽蓉	89	100	98		
15	6816	沈庆	94	76	89		
16	6817	丁慧茹	83	65	77		
17	6818	陈莉	64	91	81		
18	6819	王维	59	83	75		
19	6820	朱琪	83	79	85		
20	平均分						
21	最高分						
22	最低分						
23							
24	漏掉的学生:						
25	6807	章万培	80	83	72		
26	6814	姚素英	55	86	74		

图 1-18-1 原始数据

(2) 编辑数据表。

插入行、删除行。

问题 1:在电子表格中,漏掉了学号为 6807 和 6814 的学生,要分别在表格的第 8 行和第 14 行之前增加一行。

鼠标右击行号 8,选择“插入”,即可插入一行;选择数据区域 A26 到 E26,选择菜单“开始”→“复制”;选定单元格 A8,选择菜单“开始”→“粘贴”。

鼠标右击行号 15,选择“插入”;选择数据区域 A28 到 E28,选择菜单“开始”→“复制”;选定单元格 A15,选择菜单“开始”→“粘贴”。

问题 2:将原来漏掉的学号为 6807 和 6814 的学生的信息删除。

鼠标右击行号 26、27、28,选择“删除”,即可把这些信息删除。

编辑后的数据表如图 1-18-2 所示。

(3) 计算全班每门课的平均分、最高分、最低分。

① 计算每门课的平均分。

计算语文课的平均分:选定单元格 C22,选择菜单“公式”→“插入函数”,在弹出的“插入函数”对话框中,选择“AVERAGE”,单击“确定”,如图 1-18-3 所示。选择数据区域为 C2 到 C21,此时在单元格 C22 内会出现“=AVERAGE(C2:C21)”,单击“确定”即可求出语文课的平均分。

用同样的方法求出数学、英语课的平均分,或者选中单元格 C22,将鼠标放在右下角,直到出现自动填

	A	B	C	D	E	F	G
1	学号	姓名	语文	数学	外语	平均分	等第
2	6801	林林	74	94	88		
3	6802	赵春民	82	75	82		
4	6803	李忠品	64	67	48		
5	6804	王捷非	86	84	78		
6	6805	胡红玲	82	71	80		
7	6806	乐一	76	80	66		
8	6807	章万培	80	83	72		
9	6808	陈强	69	82	78		
10	6809	支将炜	92	78	89		
11	6810	陈琦	78	81	69		
12	6811	贾琦	54	62	34		
13	6812	刘玮瑜	71	88	83		
14	6813	朱红	85	71	82		
15	6814	姚素英	55	86	74		
16	6815	潘丽蓉	89	100	98		
17	6816	沈庆	94	76	89		
18	6817	丁慧茹	83	65	77		
19	6818	陈莉	64	91	81		
20	6819	王维	59	83	75		
21	6820	朱琪	83	79	85		
22	平均分						
23	最高分						
24	最低分						

图 1－18－2 删除、插入后的表

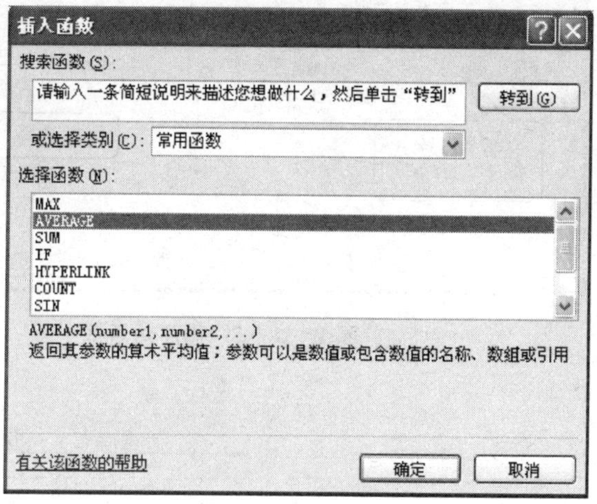

图 1－18－3 插入函数对话框

充柄(黑色十字)，按住鼠标左键将其拖曳到单元格 D22 和 E22 即可完成平均分的计算。

② 计算每门课的最高分和最低分。计算最大值的函数为 MAX 函数，计算最小值的函数为 MIN 函数。

计算语文课的最高分：选定单元格 C23，选择菜单“公式”→“插入函数”命令，在弹出的“插入函数”对话框中，选择“MAX”，单击“确定”。选择数据区域为 C2 到 C21，此时在单元格 C23 内会出现“＝MAX(C2：C21)”，单击“确定”即可求出班级语文课的最高分。

计算语文课的最低分：选定单元格 C24，选择菜单“公式”→“插入函数”命令，在弹出的“插入函数”对话框中，选择“MIN”(如无此函数，则首先选择类别为“全部”，然后在下拉列表中选择函数 MIN)，单击“确定”。选择数据区域为 C2 到 C21，此时在单元格 C24 内会出现“＝MIN(C2：C21)”，单击“确定”即可求出班级语文课的最低分。

用同样的方法或使用自动填充柄计算出数学、英语课的最高分和最低分。

(4) 计算每个学生的平均分。选定单元格 F2，选择菜单“公式”→“插入函数”命令，在弹出的“插入函数”对话框中，选择“AVERAGE”，单击“确定”。选择数据区域为 C2 到 E2，此时在单元格 F2 内会出现“＝AVERAGE(C2：E2)”单击“确定”即可。

使用自动填充柄完成其他学生平均分的计算。计算结果如图 1－18－4 所示。

	A	B	C	D	E	F	G
1	学号	姓名	语文	数学	外语	平均分	等第
2	6801	林林	74	94	88	85	
3	6802	赵春民	82	75	82	80	
4	6803	李忠品	64	67	48	60	
5	6804	王捷非	86	84	78	83	
6	6805	胡红玲	82	71	80	78	
7	6806	乐一	76	80	66	74	
8	6807	章万培	80	83	72	78	
9	6808	陈强	69	82	78	76	
10	6809	支将炜	92	78	89	86	
11	6810	陈琦	78	81	69	76	
12	6811	贾琦	54	62	34	50	
13	6812	刘玮瑜	71	88	83	81	
14	6813	朱红	85	71	82	79	
15	6814	姚素英	55	86	74	72	
16	6815	潘丽蓉	89	100	98	96	
17	6816	沈庆	94	76	89	86	
18	6817	丁慧茹	83	65	77	75	
19	6818	陈莉	64	91	81	79	
20	6819	王维	59	83	75	72	
21	6820	朱琪	83	79	85	82	
22	平均分		76	80	76		
23	最高分		94	100	98		
24	最低分		54	62	34		

图 1－18－4 平均分与最高分、最低分

(5) 按照平均分进行排序。选定数据区域 A1 到 F21，选择菜单“数据”→“排序”命令，按图 1－18－5 设定“排序”对话框。

(6) 输入学生的等第。在单元格 G2 中输入 1，选择菜单“开始”→“填充”→“序列”命令，在弹出的“序列”对话框中进行设置，如图 1－18－6 所示。

(7) 保存并关闭“期终考试成绩. xlsx”文件，结果如图 1－18－7 所示。

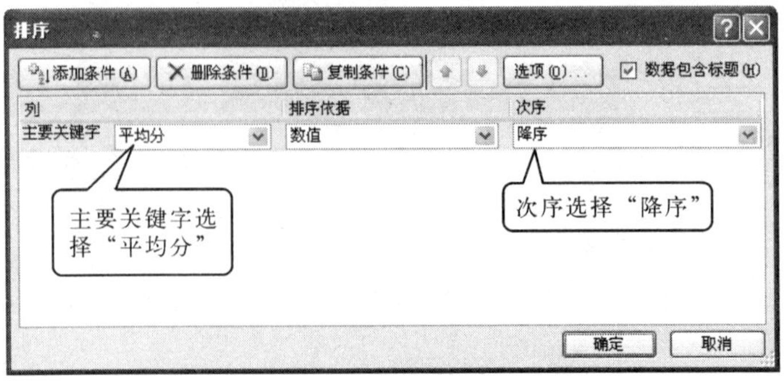

图 1－18－5　排序对话框

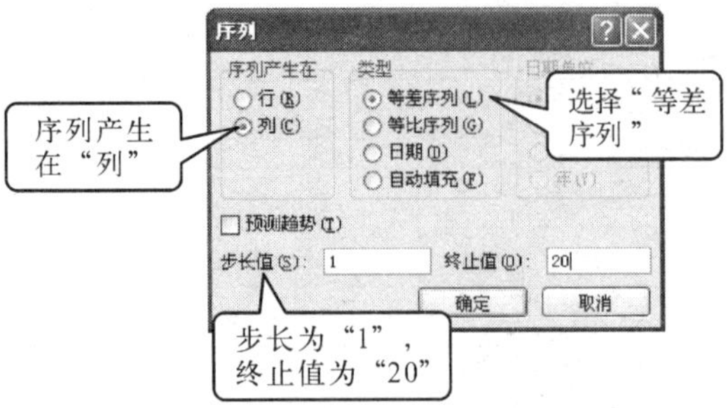

图 1－18－6　序列对话框

	A	B	C	D	E	F	G
1	学号	姓名	语文	数学	外语	平均分	等第
2	6815	潘丽蓉	89	100	98	96	1
3	6809	支将炜	92	78	89	86	2
4	6816	沈庆	94	76	89	86	3
5	6801	林林	74	94	88	85	4
6	6804	王捷非	86	84	78	83	5
7	6820	朱琪	83	79	85	82	6
8	6812	刘玮瑜	71	88	83	81	7
9	6802	赵春民	82	75	82	80	8
10	6813	朱红	85	71	82	79	9
11	6818	陈莉	64	91	81	79	10
12	6807	章万培	80	83	72	78	11
13	6805	胡红玲	82	71	80	78	12
14	6808	陈强	69	82	78	76	13
15	6810	陈琦	78	81	69	76	14
16	6817	丁慧茹	83	65	77	75	15
17	6806	乐一	76	80	66	74	16
18	6819	王维	59	83	75	72	17
19	6814	姚素英	55	86	74	72	18
20	6803	李忠品	64	67	48	60	19
21	6811	贾琦	54	62	34	50	20
22	平均分		76	80	76		
23	最高分		94	100	98		
24	最低分		54	62	34		
25							

图 1－18－7　活动 18 结果图

活动 19

电子表格——
中等职业学校发展趋势的统计与分析

一、活动目的

（1）掌握电子表格的格式设置。
（2）掌握数据图表的创建与编辑。

二、活动任务

根据素材文件夹中的“各级各类学校数.docx”、“各级各类学校在校学生数.docx”、“各级各类学校专任教师数.docx”三个文件，设计统计表“职业学校的发展趋势统计表.xlsx”，表格中应该包含 1990、1995、

2000、2005、2010 年职业学校的学校数、专任教师数、在校学生数，利用公式计算这 5 年职业学校专任教师与学生人数的师生比，并创建相应的统计图来反映在校学生数量的发展变化趋势。

三、 参考操作步骤

(1) 设计电子表格：根据活动任务要求，设计"职业学校的发展趋势统计表"，表格内容如图 1-19-1 所示。

	A	B	C	D	E	F
1	职业学校的发展趋势统计表					
2	指标	1990年	1995年	2000年	2005年	2010年
3	学校数（单位：所）					
4	专任教师数（单位：万人）					
5	在校学生数（单位：万人）					
6	师生比					
7						

图 1-19-1　职业学校发展趋势统计表原始数据

(2) 电子表格中数据的输入与编辑：依次打开"各级各类学校数. docx"、"各级各类学校在校学生数. docx"、"各级各类学校专任教师数. docx"3 个文件，从文件中将相应的数据筛选出来，输入到"职业学校的发展趋势统计表"中，如图 1-19-2 所示。

	A	B	C	D	E	F
1	职业学校的发展趋势统计表					
2	指标	1990年	1995年	2000年	2005年	2010年
3	学校数（单位：，	9164	10147	8849	6423	5273
4	专任教师数（单·	22.4	29.2	32	30.3	30.9
5	在校学生数（单·	295	448.3	503.2	625.6	729.8
6	师生比					
7						

图 1-19-2　输入数据

(3) 使用公式计算师生比。

① 在 B6 单元格中输入："=B4/B5"，计算出 1990 年职业学校的师生比。

② 将该公式复制到 C6 到 F6 单元格，计算出其他年份职业学校的师生比。

计算结果如图 1-19-3 所示。

	A	B	C	D	E	F
1	职业学校的发展趋势统计表					
2	指标	1990年	1995年	2000年	2005年	2010年
3	学校数（单位：，	9164	10147	8849	6423	5273
4	专任教师数（单·	22.4	29.2	32	30.3	30.9
5	在校学生数（单·	295	448.3	503.2	625.6	729.8
6	师生比	0.075932	0.065135	0.063593	0.048434	0.04234
7						

图 1-19-3　师生比计算结果

(4) 对电子表格进行格式设置。

① 设置表格标题的对齐方式。选中单元格 A1 到 F1，选择菜单"开始"→"合并后居中"命令。

② 设置表格内容的对齐方式。选择单元格 A2 到 A6，选择菜单"开始"→"自动换行"命令。

③ 设置数据的显示方式。选择单元格 B6 到 F6，右击选择"设置单元格格式"命令，在弹出"设置单元格格式"的对话框中，将数字的格式改为"百分比"，只显示 1 位小数位数。

④ 设置行高、列宽。拖动行号之间的分隔线以及列标之间的分隔线，调整行高、列宽至合适的大小。

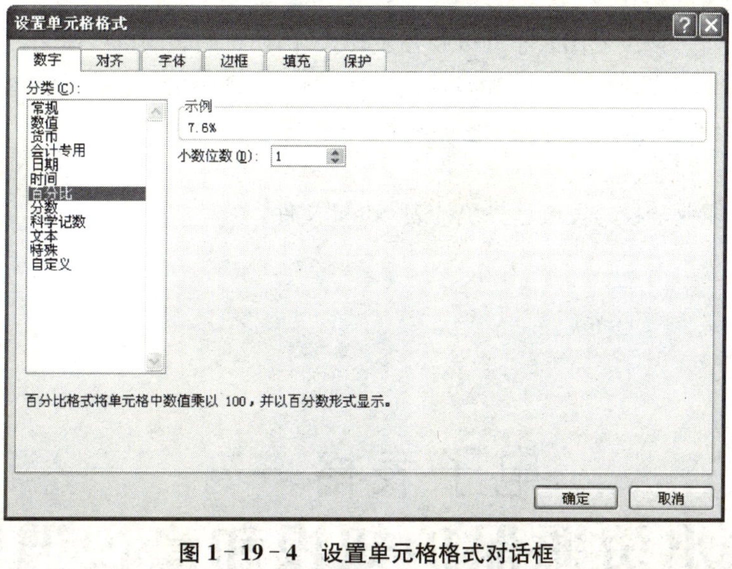

图 1-19-4　设置单元格格式对话框

⑤ 设置表格数据的字体、表格边框等。选择需要修改格式的数据区域，右击，选择"设置单元格格式"命令，在弹出的"设置单元格格式"对话框中，修改数据内容的对齐方式、字体、边框和填充色等。

格式设置结果如图 1-19-5 所示。

(5) 创建统计图，分析职业学校在校学生数量的发展趋势。

职业学校的发展趋势统计表					
指标	1990年	1995年	2000年	2005年	2010年
学校数（单位：所）	9164	10147	8849	6423	5273
专任教师数（单位：万人）	22.4	29.2	32	30.3	30.9
在校学生数（单位：万人）	295	448.3	503.2	625.6	729.8
师生比	7.6%	6.5%	6.4%	4.8%	4.2%

图 1-19-5　设置格式结果

在电子表格软件中，可以创建各种类型的图表。其中折线统计图能清晰地表达事物的变化趋势，因此可以创建折线统计图来反映职业学校在校学生数量的发展趋势。

① 创建统计图。选定单元格 A2 到 F2，按住 Ctrl 键，选定单元格 A5 到 F5。

选择菜单“插入”→“折线图”命令，选择一个二维折线图，默认生成的折线图如图 1-19-6 所示。

② 修改统计图的内容。双击统计图的标题，将标题内容修改为“职业学校在校学生数量的发展趋势图”。右击标题，在弹出的快捷菜单中选择“字体”，在弹出的“字体”对话框中，修改标题字体格式。选择右边的图例“在校学生数（单位：万人）”，按 Delete 键，将其删除。右击折线，在弹出的快捷菜单中，选择“添加数据标签”命令。

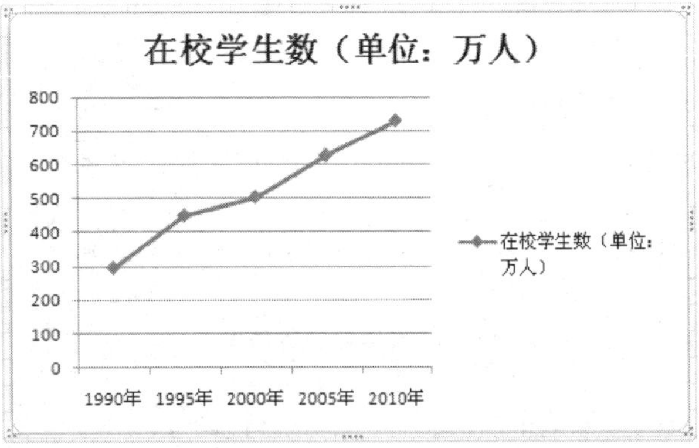

图 1-19-6　二维折线统计图

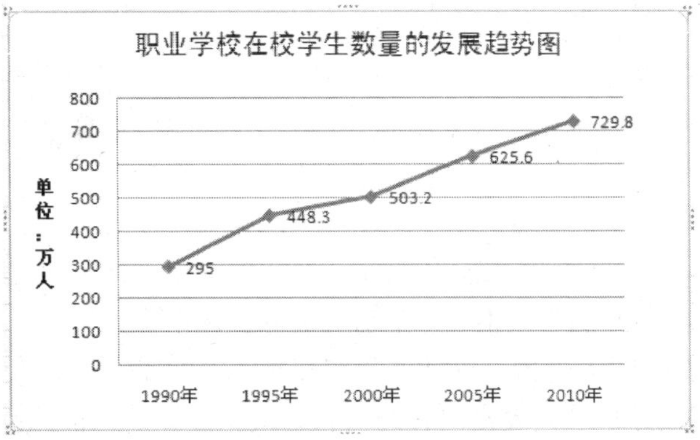

图 1-19-7　设置后的折线统计图

③ 设置统计图各部分的格式。双击统计图的任何部分，菜单栏上会出现“图表工具”菜单，进入图表修改状态，可以改变图表的格式。

选择“设计”选项卡，可以改变图表布局以及图表样式，例如将图表的折线改为“红色”。

选择“布局”选项卡，可以改变图表的标签及坐标轴，例如将图表的“主要纵坐标轴标题”改为“竖排标题”，标题内容改为“单位：万人”。

结果如图 1-19-7 所示。

(6) 保存并关闭“职业学校的发展趋势统计表.xlsx”文件。

活动 20

电子表格——中学生水资源保护知识和意识调查分析

一、活动目的

掌握数据的分类汇总。

二、活动任务

“中学生水资源保护知识和意识”研究小组开展了中学生水资源保护意识的调查，调查的初步结果保存在素材中的“水资源保护知识和意识. xlsx”文件中。本活动需要对初步的调查结果作进一步的处理：统计出各个班级的水资源保护知识和水资源保护意识的平均分；统计出不同性别的学生水资源保护知识和水资源保护意识的平均分；统计出学生家长的水资源保护知识和水资源保护意识的平均分。通过统计，分析学生水资源保护知识和水资源保护意识是否与学生的性别、年龄、家长的学历等有着一定的关联。

三、参考操作步骤

（1）打开某中学学生水资源保护知识和意识的电子表格“水资源保护知识和意识. xlsx”文件，内容如图 1－20－1 所示。

（2）按班级分类统计出每个年级、每个班级学生水资源保护知识和意识的平均分。

① 选定单元格 A2 到 F98。

② 要按班级分类统计，首先要按班级进行排序。

选择菜单“数据”→“排序”命令，在弹出的“排序”对话框中，“主要关键字”选择“班级”，“排序依据”选择“数值”，“次序”选择“升序”，单击“确定”按钮。

③ 选择菜单“数据”→“分类汇总”命令，对弹出的“分类汇总”对话框进行设置，如图 1－20－2 所示。

	A	B	C	D	E	F
1	水资源保护意识统计表					
2	姓名	性别	班级	家长学历	水资源保护知识	水资源保护意识
3	马祥云	男	初一1班	本科	97.00	92.00
4	马宇洋	男	初一1班	本科	97.00	92.00
5	毛莲菁	女	初预2班	大专	91.00	77.00
6	徐怡鸣	女	初预2班	大专	90.00	83.00
7	朱晓清	女	初一2班	高中	60.00	80.00
8	李敏华	女	初一2班	初中	60.00	77.00
9	姜韬	女	初一2班	高中	74.00	75.00
10	钟汶君	女	初预2班	大专	92.00	84.00
11	肖玢	女	初预2班	本科	94.00	77.00
12	张瑶静	女	初预2班	本科	97.00	86.00
13	李乾	男	初一1班	初中	55.00	77.00
14	刘俊骏	男	初一1班	初中	66.00	75.00
15	严振超	男	初一1班	大专	69.00	79.00
16	张小弟	男	初预2班	初中	56.00	76.00
17	朱晟斌	男	初预2班	初中	48.00	74.00
18	吴彬	男	初预2班	大专	89.00	75.00
19	陈毅强	男	初预2班	本科	99.00	81.00
20	倪昉君	女	初预2班	高中	81.00	85.00
21	孙杨	男	初一1班	本科	85.00	74.00

图 1－20－1　原始数据

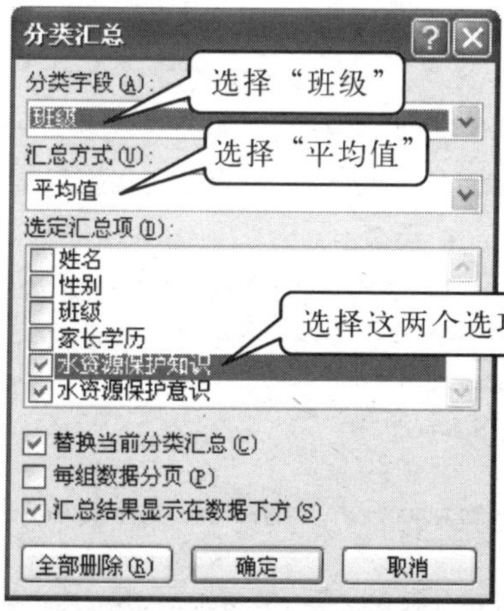

图 1－20－2　分类汇总对话框设置

	A	B	C	D	E	F
1	水资源保护意识统计表					
2	姓名	性别	班级	家长学历	水资源保护知识	水资源保护意识
28			初一1班 平均值		73.36	78.80
52			初一2班 平均值		76.70	78.87
79			初预1班 平均值		91.92	80.50
102			初预2班 平均值		85.59	82.09
103			总计平均值		81.99	80.03

图 1－20－3　统计结果

单击“确定”按钮后，分类汇总结果如下：

在列表的左侧增加了一列大纲级别，该列顶部的按钮“2”为大纲级别按钮，它们用来设置数据的不同显示方式。

④ 单击大纲级别按钮“2”，只显示该表中的各个班级的水资源保护知识和水资源保护意识的平均值。如图 1－20－3 所示。

（3）按性别分类统计出男、女不同性别学生水资源保护知识和意识的平均分。

① 选择菜单“数据”→“分类汇总”命令，单击“全部删除”按钮，取消前面的分类汇总。

② 要按性别分类统计，必要先按“性别”进行排序。选择菜单“数据”→“排序”命令，在弹出的“排序”对话框中，“主要关键字”选择“性别”，“排序依据”选择“数值”，“次序”选择“升序”，单击“确定”按钮。

③ 选择菜单“数据”→“分类汇总”命令，“分类字段”为“性别”，“汇总方式”为“平均值”，选定汇总项为“水资源保护知识”和“水资源保护意识”。

水资源保护知识，男生平均值为：________________，

女生平均值为：________________。

水资源保护意识，男生平均值为：________________，

女生平均值为：________________。

(4) 按家长学历分类统计出家长学历不同的学生水资源保护知识和意识的平均分。方法同(3)。样张参见光盘。

活动 21

网页设计与制作——毕业生个人简历的制作（一）

一、活动目的

(1) 掌握 SharePoint Designer 中内容的输入与编辑。

(2) 掌握 SharePoint Designer 中字幕效果与背景的使用。

二、活动任务

毕业生个人简历往往是招聘单位了解你的第一个途径。一份好的简历，可以在众多的求职简历中脱颖而出，给招聘人员留下深刻的印象，是你应聘成功的敲门砖。

利用 SharePoint Designer 网页制作软件，设计制作一张自己的毕业生个人简历的网页，如图 1-21-1。能使浏览者了解你的各方面情况，包括：个人基本信息、英语水平、计算机水平、教育背景、获奖情况、实习经历等。

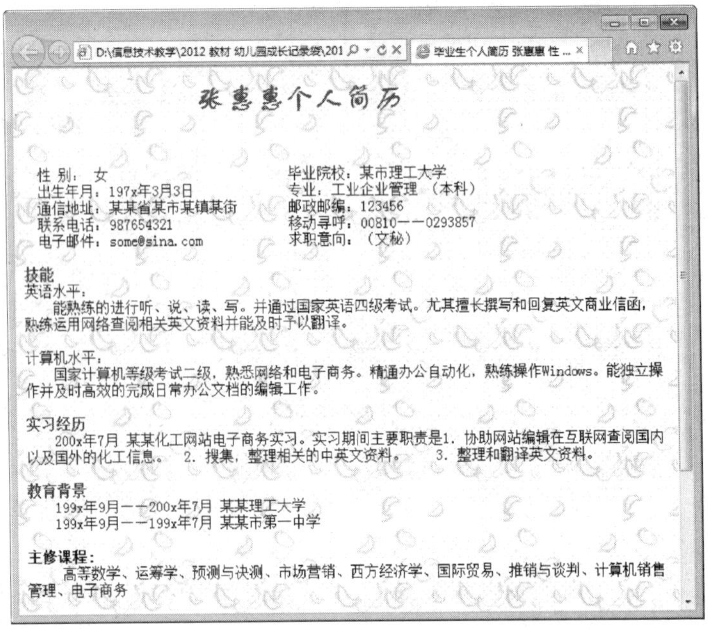
D:\信息技术教学\2012 教材 幼儿园成长记录袋\201
毕业生个人简历 张惠惠 性 ...
张惠惠个人简历
性 别： 女
出生年月：197x年3月3日
通信地址：某某省某市某镇某街
联系电话：987654321
电子邮件：some@sina.com
毕业院校：某市理工大学
专业：工业企业管理 （本科）
邮政邮编：123456
移动寻呼：00810——0293857
求职意向：（文秘）
技能
英语水平：
能熟练的进行听、说、读、写。并通过国家英语四级考试。尤其擅长撰写和回复英文商业信函，熟练运用网络查阅相关英文资料并能及时予以翻译。
计算机水平：
国家计算机等级考试二级，熟悉网络和电子商务。精通办公自动化，熟练操作Windows。能独立操作并及时高效的完成日常办公文档的编辑工作。
实习经历
200x年7月 某某化工网站电子商务实习。实习期间主要职责是1. 协助网站编辑在互联网查阅国内以及国外的化工信息。 2. 搜集，整理相关的中英文资料。 3. 整理和翻译英文资料。
教育背景
199x年9月——200x年7月 某某理工大学
199x年9月——199x年7月 某某市第一中学
主修课程：
高等数学、运筹学、预测与决测、市场营销、西方经济学、国际贸易、推销与谈判、计算机销售管理、电子商务

图 1-21-1 样张

三、参考操作步骤

1. 输入标题，并设定标题的格式

(1) 启动 SharePoint Designer 新建网页，在编辑状态下输入个人简历的各项信息，并保存为“index.htm”。

（2）选中标题文字“张惠惠个人简历”，选择菜单“格式”→“字体”命令，弹出“字体”对话框，如图1-21-2。

选择字体“华文行楷”，并设置字体大小为24磅，选择颜色为“红色”，单击“确定”按钮。

（3）选中标题文字，选择菜单“插入”→“Web组件”→“动态效果”→“字幕”命令，弹出“字幕属性”对话框，如图1-21-3所示。

选择表现方式“滚动条”，单击“确定”按钮。

2. 设定网页属性

选择菜单“格式”→“背景”命令，弹出“网页属性”对话框，如图1-21-4。

选择“背景图片”，单击“浏览”按钮选择本地磁盘中的背景图片，单击“确定”按钮。

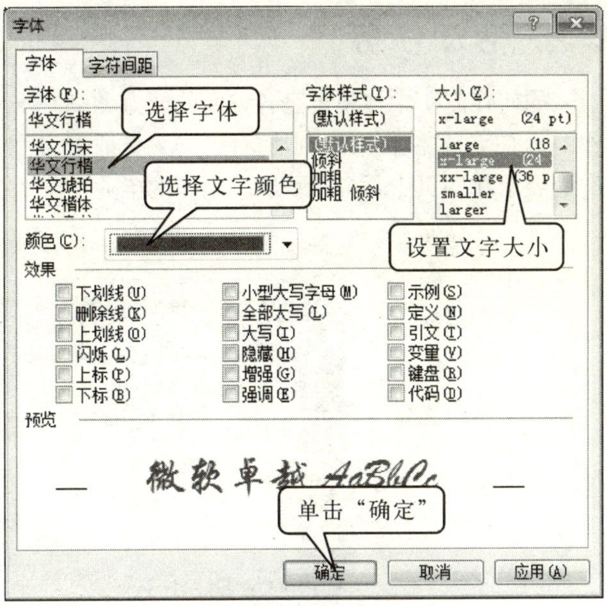

图1-21-2 字体对话框

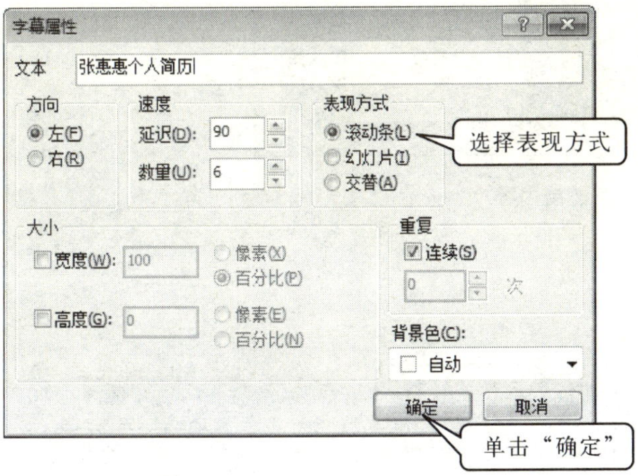

图1-21-3 字幕属性对话框

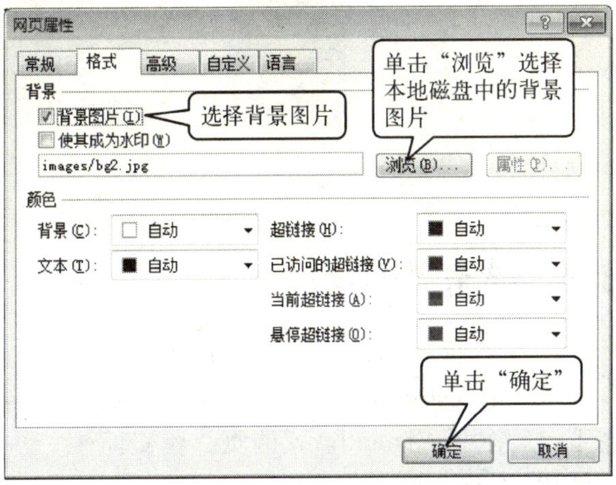

图1-21-4 网页属性对话框

活动22

网页设计与制作——毕业生个人简历的制作（二）

一、活动目的

（1）掌握SharePoint Designer中表格的创建和编辑。

（2）掌握SharePoint Designer中插入图片和创建超链接。

二、活动任务

如何在简历中体现自己各方面的能力和真实水平呢？只通过文字的表述是不能吸引招聘单位的。制作一页获奖、技能证书网页，将自己的荣誉证书、技能认证等一系列能够证明自己真实水平的证书分门别类地展示在网页中，并与活动 21 制作的毕业生个人简历创建超链接，如图 1－22－1 所示。

图 1－22－1　超链接内容

三、参考操作步骤

1. 插入布局表格

(1) 在 SharePoint Designer 的编辑状态下，新建"huojiang. htm"网页。获奖证书图片在"images"文件夹下。

(2) 插入布局表格，选择菜单"表格"→"插入"→"表格"命令，弹出"插入表格"对话框，如图 1－22－2 所示。

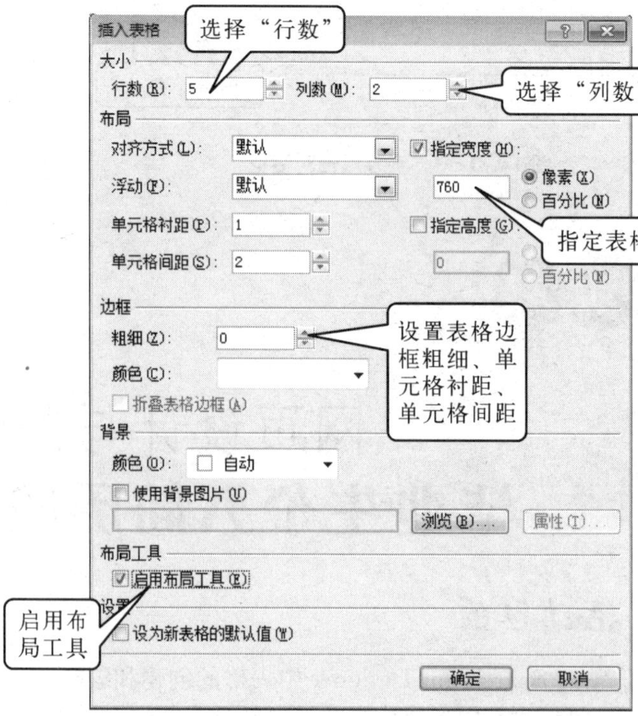

图 1－22－2　插入表格对话框

设置行数为"5"，列数为"2"，边框粗细、单元格边距、单元格间距均为"0"，指定宽度为"760 像素"，最后单击"确定"按钮。

(3) 合并单元格，选中表格第一行，选择菜单"表格"→"修改"→"合并单元格"命令。

2. 在表格中输入文本

(1) 在第一行中输入"返回"、"获奖、技能证书"。选中文字，选择菜单"格式"→"字体"命令，设置字体为"华文行楷"，大小为"6(24 磅)"，颜色为"黄色"。

(2) 光标移至表格第二行左单元格，

选择“表格” →“属性” →“单元格”命令，弹出“单元格属性”对话框，如图 1-22-3 所示。

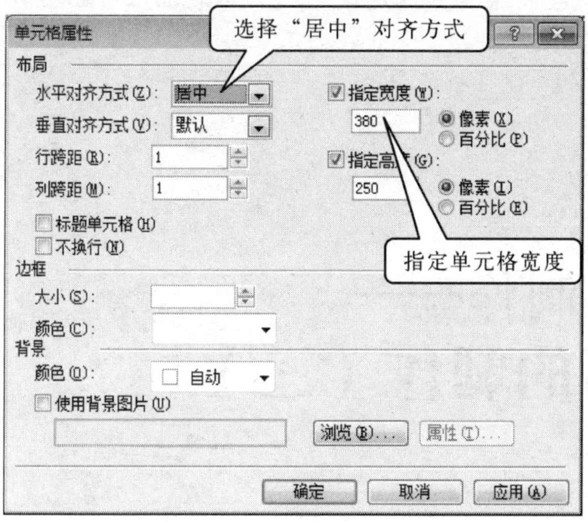

图 1-22-3　单元格属性对话框

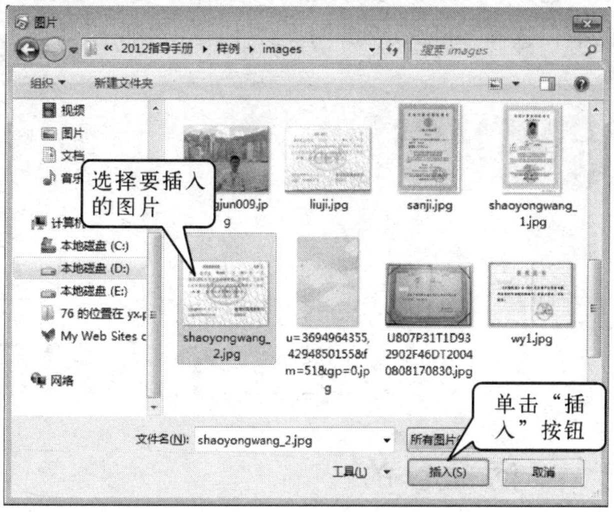

图 1-22-4　图片对话框

选择水平对齐方式为“居中”，指定宽度为“380 像素”，单击“确定”按钮。

3. 在表格中插入图片

插入图片，光标移至表格第二行左单元格，选择“插入” →“图片” →“来自文件”命令，弹出“图片”对话框，如图 1-22-4 所示。

在选择文件对话框中，选择要插入的图片，单击“插入”按钮。

选中图片，选择“格式” →“属性”命令，弹出“图片属性”对话框，选择“外观”选项卡，选择指定大小、保持纵横比，设置宽度为“300 像素”，如图 1-22-5 所示。

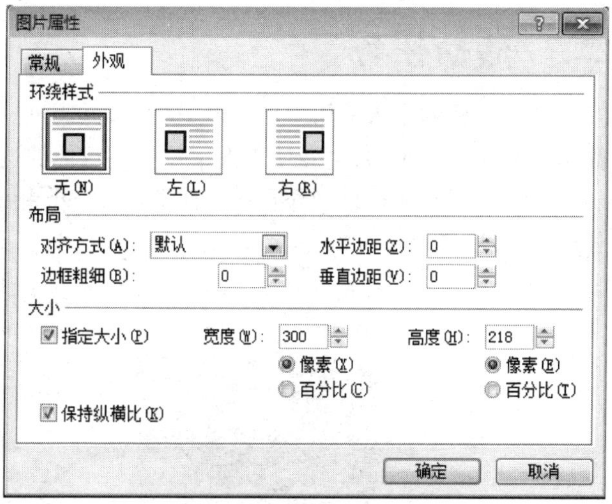

图 1-22-5　图片属性对话框

重复这一步骤，完成所有获奖、技能证书图片的插入。

4. 设定超链接

(1) 打开活动 21 制作的“index. htm”网页，选中文字“获奖技能证书”，选择“插入” →“超链接”命令，弹出“插入超链接”对话框，如图 1-22-6 所示。

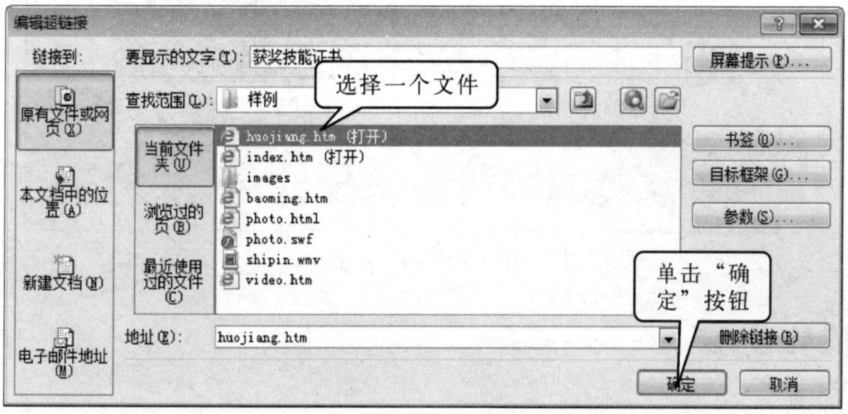

图 1-22-6　编辑超链接对话框

(2) 选择“huojiang. htm”网页文件,单击“确定”按钮。

(3) 打开“huojiang. htm”网页,选中文字“返回”,选择“插入”→“超链接”命令,弹出“插入超链接”对话框。选择“index. htm”网页文件,单击“确定”按钮。

活动 23

网页设计与制作——毕业生个人简历的制作(三)

一、活动目的

(1) 掌握利用电子相册软件将照片制作成 Flash 相册。

(2) 掌握利用 SharePoint Designer 在网页中插入 Flash 动画。

二、活动任务

如果在你的个人简历中增加电子相册,再通过一些不同的网页呈现效果进行展示,这样你的这份个人简历就更加鲜活了,肯定会使用人单位更注意你的这份简历。

利用电子相册软件制作自己生活照的 Flash 相册,并与活动 21 制作的毕业生个人简历创建超链接,如图 1-23-1 所示。

图 1-23-1 样张

三、参考操作步骤

1. 制作电子相册

(1) 打开 Flash Slideshow Maker 软件,在“文件浏览器”窗格中选择“照片”文件夹,选中需要的照片,单击“添加”按钮将照片添加到电子相册，如图 1－23－2 所示。

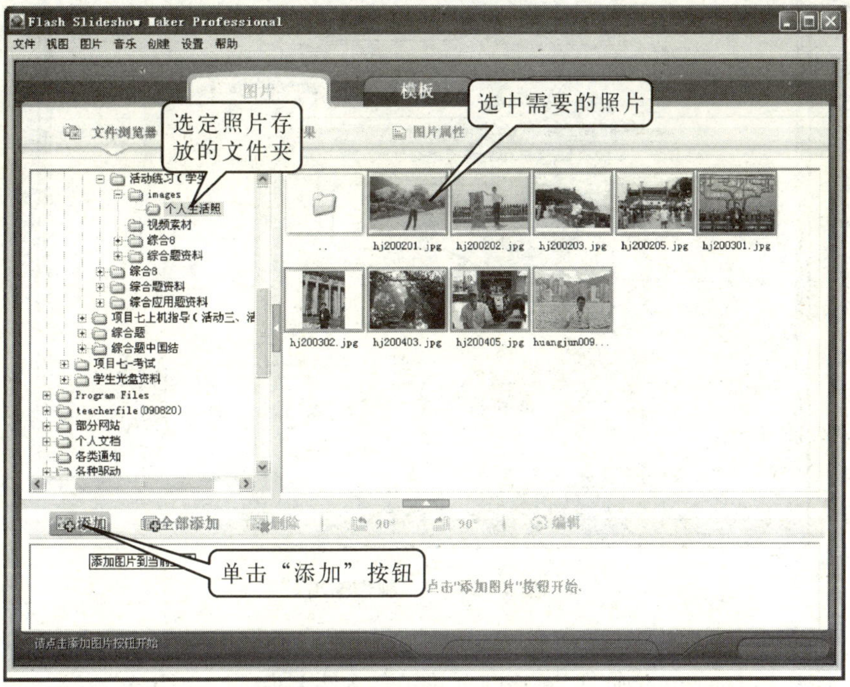

图 1－23－2 选择文件

(2) 选择模版：单击“模板”，打开“模板”窗口。在模板窗格区，选中自己喜欢的相册模板，如图 1－23－3 所示。

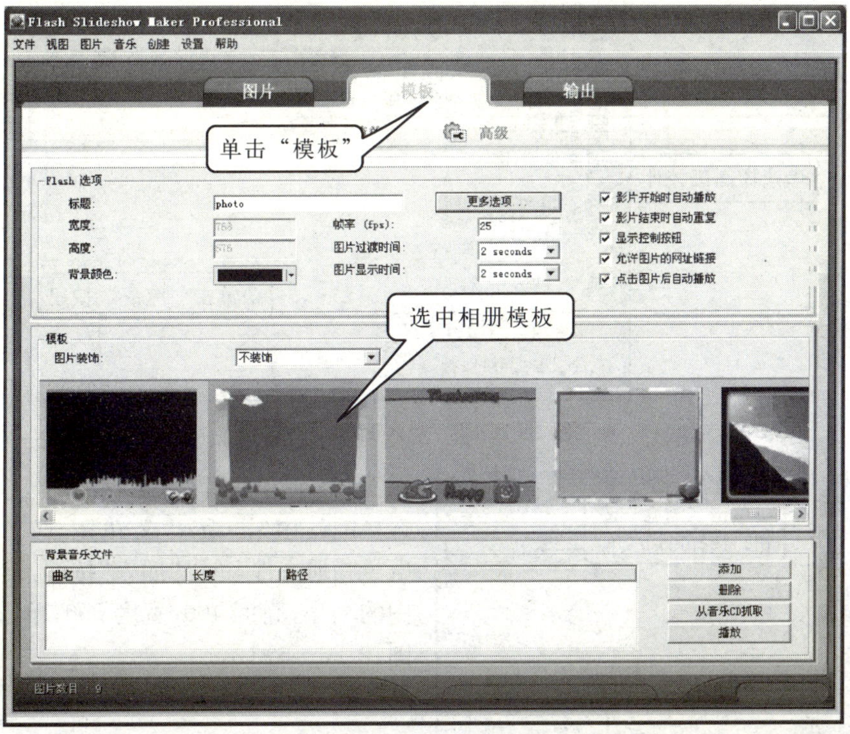

图 1－23－3 选择模板

(3) 制作输出：单击“输出”，打开“输出”窗口。设置“输出目录”和 Flash 文件名，单击“制作输出”按钮。软件自动生成电子相册的 Flash 文件和网页文件，如图 1－23－4 所示。

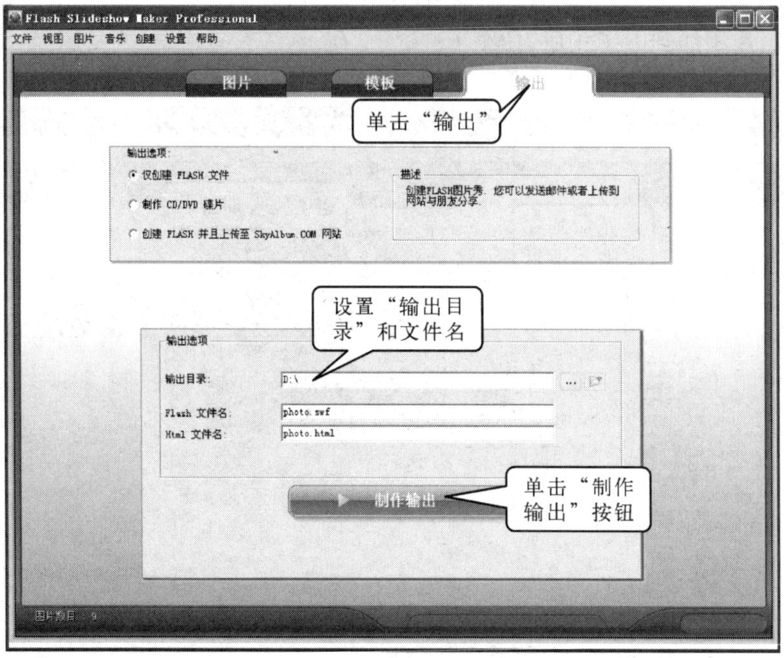

图 1-23-4 制作输出

2. 插入 Flash 动画

(1) 打开 SharePoint Designer 软件,新建网页并保存文件名为“photo. htm”。

(2) 将插入点放置到要插入 Flash 的位置,选择菜单“插入”→“web 组件”命令,弹出“插入 web 组件”对话框,选择“高级控件”→“插件”选项,单击“完成”按钮,如图 1-23-5 所示。

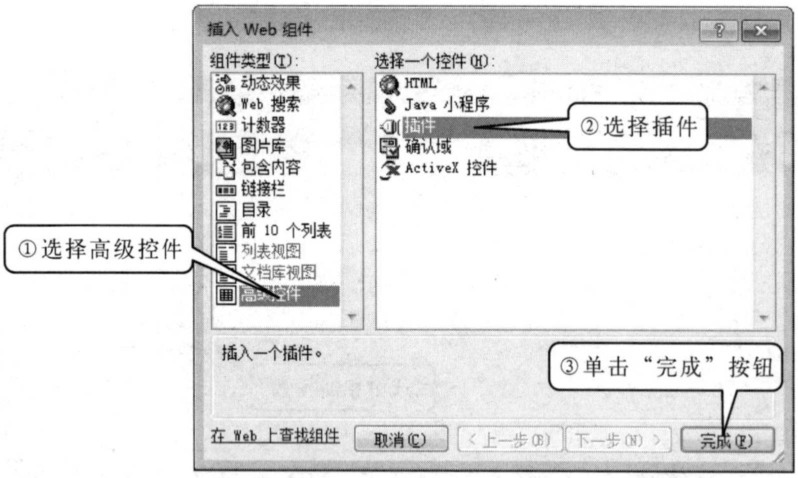

图 1-23-5 插入 Flash 插件

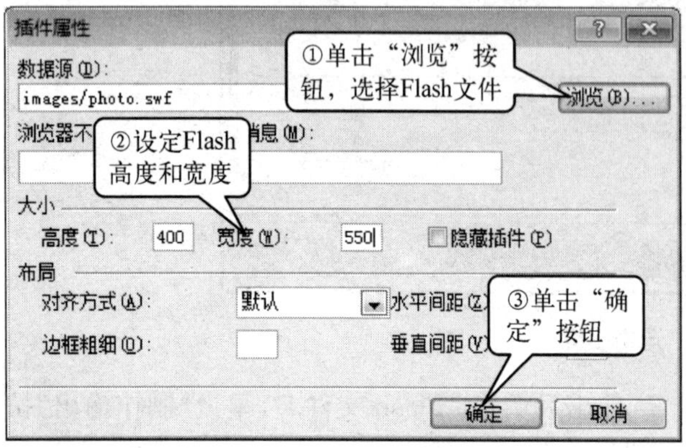

图 1-23-6 插件属性对话框

(3) 弹出“插件属性”对话框,单击“浏览”按钮,选择网站中“images”文件夹,选中制作好的 Flash 电子相册文件,单击“插入”按钮,设置 Flash 在网页中的大小,高度 400,宽度 550,单击“确定”按钮,如图1-23-6 所示。

活动 24

网页设计与制作——在线报名表的制作

一、 活动目的

(1) 掌握 SharePoint Designer 中表单的使用。

(2) 掌握 SharePoint Designer 中插入单行文本框、下拉菜单、单选按钮、复选框等。

二、 活动任务

学校进行秋季运动会,首次使用网上在线报名的方式,利用 SharePoint Designer 软件,设计制作一个在线报名表,如图 1-24-1 所示。

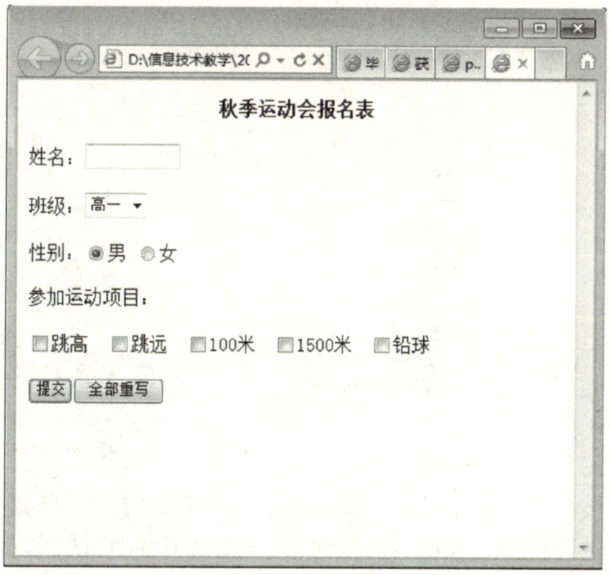

图 1-24-1 样张

三、 参考操作步骤

(1) 打开 SharePoint Designer 软件,新建网页并保存文件名为"baoming. htm"。

(2) 插入表单:光标定位在页面,双击"工具栏"任务窗格"表单控件"中"表单"选项,插入一个表单标签。

(3) 输入页面内容:光标移至表单内,输入标题"秋季运动会报名表",再分别输入"姓名:"、"班级:"、"性别:"、"参加运动项目:",如图 1-24-2 所示。

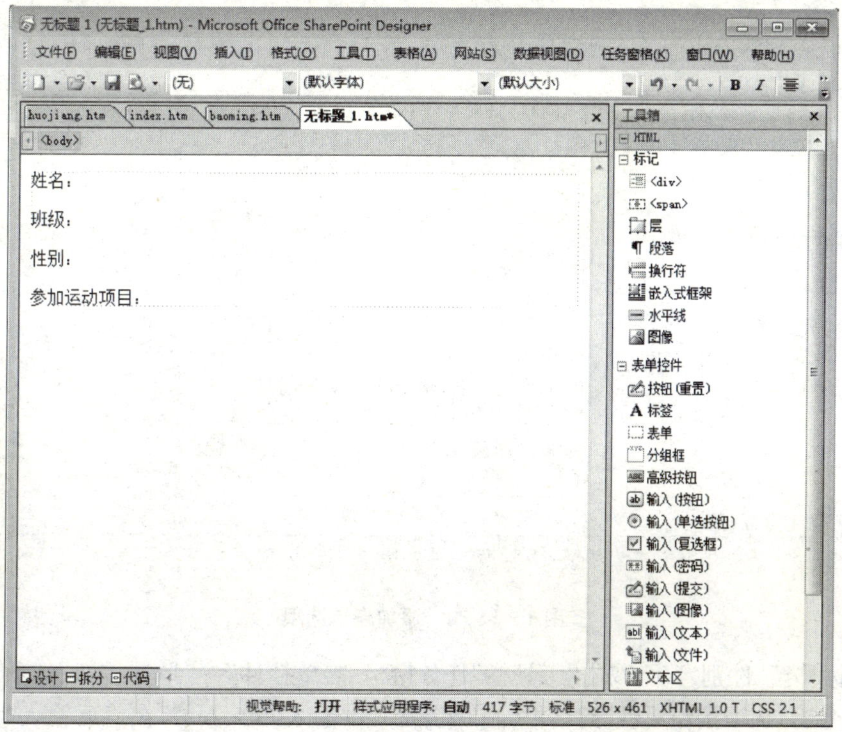

图 1-24-2 输入表单

(4) 光标移至"姓名:"后,双击"工具栏"任务窗格"表单控件"中"输入(文本)"选项,插入一个单行文本框。鼠标双击"文本框"控件,弹出"文本框属性"对话框,设置"名称"为"xingming","宽度"为"10",单击"确定",效果如图 1-24-3 所示。

图 1-24-3 设置表单

(5) 光标移至"班级:"后,双击"工具栏"任务窗格"表单控件"中"下拉框"选项。出现了"下拉框"控件,双击"下拉框"控件,弹出"下拉框属性"对话框,设置"名称"为"banji"。单击对话框中的"添加"按钮,弹出如图 1-24-4 所示的对话框,在选项输入框中分别选项"高一"、"高二"、"高三",单击"确定"按钮。

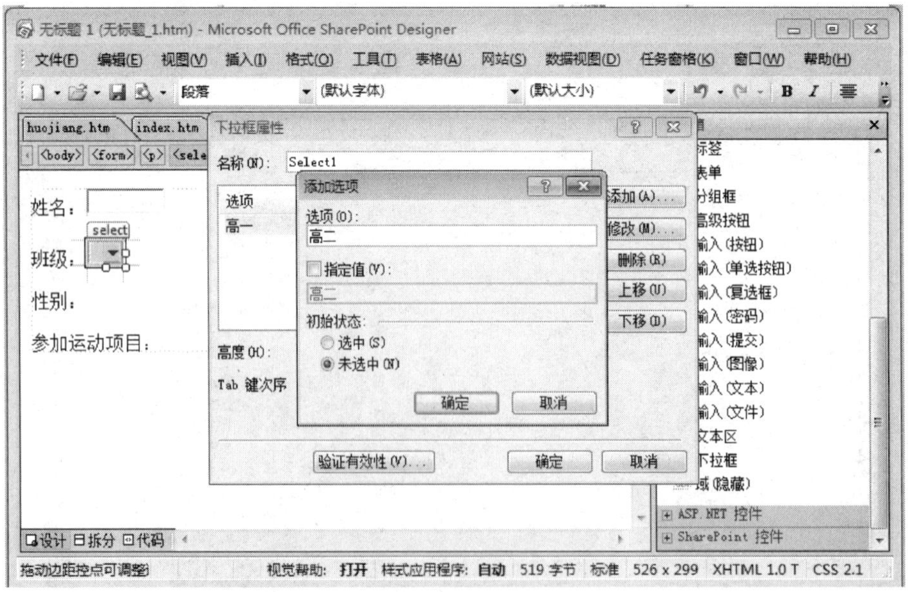

图 1-24-4 添加表单选项

(6) 光标移至"性别:"后,双击"工具栏"任务窗格"表单控件"中"单选按钮"选项,插入单选按钮。双击"选项按钮"弹出"选项按钮属性"对话框,在"组名称"中输入"xingbie",在值后输入"男",单击"确定"按钮。如图 1-24-5 所示。

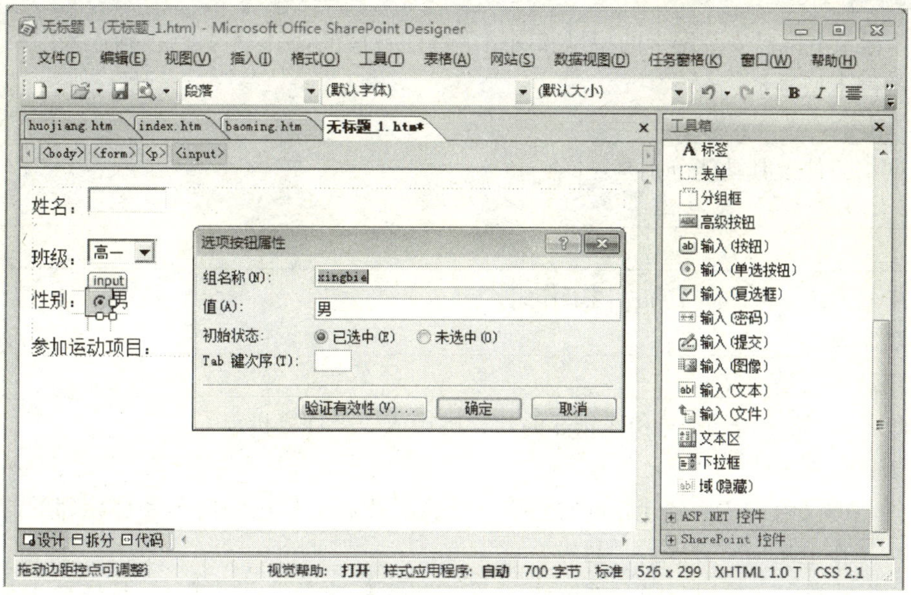

图 1－24－5　设置按钮属性

再双击“单选按钮”选项，双击“单选按钮”控件，设置“组名称”为“xingbie”，在值后输入“女”，单击“确定”按钮。

(7) 光标移至“参加运动项目：”后，双击“工具栏”任务窗格“表单控件”中“复选框”选项，出现“复选框”控件。双击“复选框”，弹出“复选框属性”对话框，在“名称”中输入“xiangmu”，在值后输入“跳高”，再重复插入“复选框”输入运动项目，直至完成。

活动 25

网络初步——学校机房计算机的互联

一、活动目的

(1) 了解计算机网络的基本概念和作用，掌握建立对等网络的基本条件。

(2) 了解网卡、网线、集线器等相关网络设备的作用。

(3) 了解“即插即用”和 Windows 7 的硬件兼容表(HCL)的概念。

(4) 掌握网卡的安装，了解当网卡安装完毕后 Windows 7 自动安装和配置的网络组件及其作用。

(5) 掌握给计算机命名，创建工作组并加入工作组的相关操作。

(6) 掌握计算机用户的定义和共享资源访问权限分配(提供共享资源并实现安全的访问)的基本方法和步骤，并清楚地了解共享资源、用户、用户权限三者之间的关系。对系统内置用户 guest 的作用应有清楚的认识。

(7) 掌握通过“网上邻居”查找并使用共享资源。

二、活动任务

利用学校机房已有的网络环境，以物理位置相邻的两台计算机构成一个工作组，(最简单的对等网形式)完成下面的工作。

(1) 查看并记录本机已安装网卡的型号和网络组件配置情况,确保本机已正确连入网络。

你所使用的网卡型号是:

____

已安装的网络组件及其功能分别是:

____

____

(2) 查看并记录计算机的名字和所属工作组。

计算机的名字是:______________________________________

所属工作组的名字是:__________________________________

(3) 重新命名计算机的名字,并和你相邻的计算机构成一个计算机组。

具体命名规则如下:

使用自己姓名的汉语拼音命名计算机的名字。计算机所属工作组的组名和你相邻的同学约定(两台计算机构成一个工作组)。

(4) 启用本机缺省定义的用户账号 Guest,并在本机上定义两个用户账号,具体要求如表 1-25-1 所示。

表 1-25-1 用户名及账号

用 户 名	密 码	描 述
teacher	无	老师登录本机的用户账号
student	12345678	同学登录本机的用户账号

(5) 在本机上创建一个文件夹“作业”,(可在该文件夹中放置几个文件,如文本文件)并将该文件夹设置为简单共享。

(6) 使用“网上邻居”访问共享文件夹“作业”。

提示:当以 teacher 用户账号成功访问该共享文件夹后,如希望从本机再以 student 或 guest 用户账号访问该文件夹,需注销当前登录本机的用户账号,重新登录或重启计算机。

三、参考操作步骤

(1) 在桌面上右击“网络”,在快捷菜单中单击“属性”;在打开的窗口中选择左边“更改适配器设置”,右击“本地连接”,在快捷菜单中单击“属性”。在打开的“本地连接属性”窗口中可以看到所安装网卡的型号和网络组件。在“此连接使用下列选定的组件”列表框中单击某一组件,系统将给出该组件的功能描述。

(2) 在桌面上右击“计算机”,在快捷菜单中单击“属性”。在打开的窗口中选择“计算机名称、域和工作组设置”标题下面的“更改设置”,如图 1-25-1 所示。弹出窗口如图 1-25-2 所示。

(3) 在前一操作的基础上,单击“更改”按钮。在“计算机名称更改”对话框中输入新的计算机名和工作组名,单击“确定”,如图 1-25-3 所示。系统将提示重新启动计算机,单击“确定”。当计算机重新启动完毕,则所做更改得以生效。

(4) 相关操作。

① 启用本机缺省的用户账号 Guest(缺省无密码):

在桌面上右击“计算机”,在快捷菜单中选择“管理”,在打开的“计算机管理”窗口的右边窗格中展开“本地用户和组”,单击“用户” 文件夹。在右边窗格的用户列表中右击 Guest 用户账号,在快捷菜单中单击“属性”,在 Guest 属性窗口中取消“账户已停用”,再单击“确定”按钮即可。

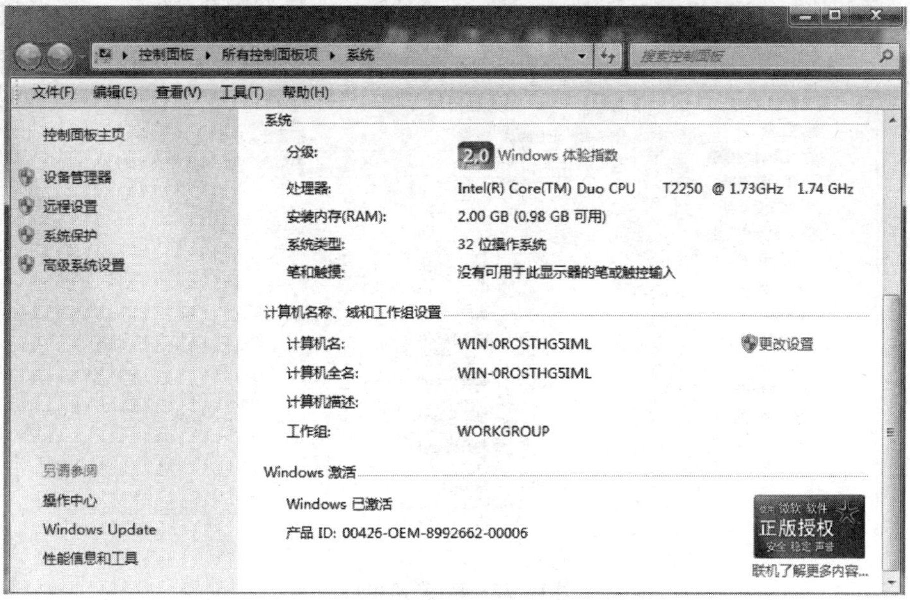

图 1-25-1 更改设置

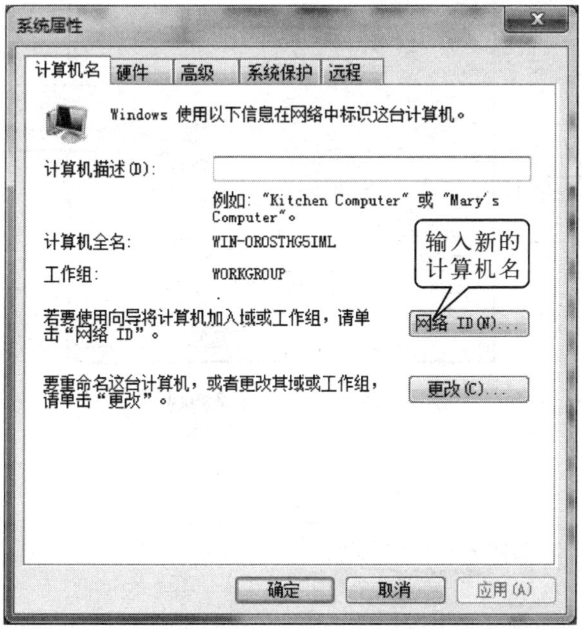

图 1-25-2 输入计算机名

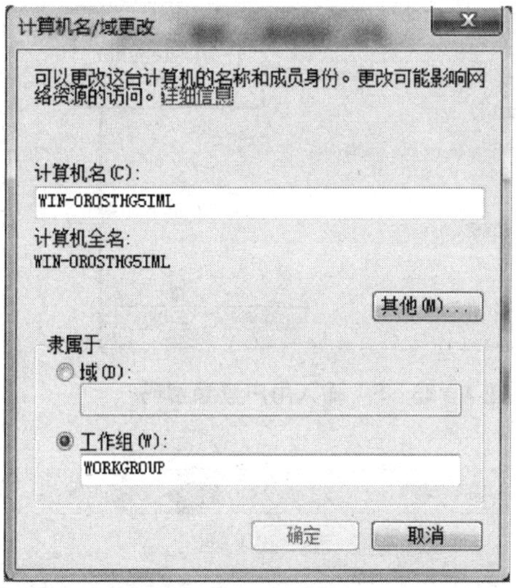

图 1-25-3 修改计算机工作组名

② 定义两个用户账号：

在“计算机管理”窗口的右边窗格中展开“本地用户和组”，单击“用户”文件夹。在右边窗格的空白处右击，在快捷菜单中单击“新用户”，如图 1-25-4 所示；在打开的“新用户”对话框中，分别做如图 1-25-5、图 1-25-6 所示的设置。

(5) 单击“开始”→“控制面板”命令，在控制面板中单击“外观和个性化”，然后单击“文件夹选项”；在打开的“文件夹选项”窗口中单击“查看”选项卡，确保选中“使用共享向导(推荐)”，如图 1-25-7 所示，单击“确定”。

(6) 在“资源管理器”中创建一个文件夹“作业”(可在该文件夹中放置几个文件，如文本文件)，然后右击该文件夹，在弹出的快捷菜单中单击“共享”，如图 1-25-8 所示。在出现的“文件共享”对话框中，选择

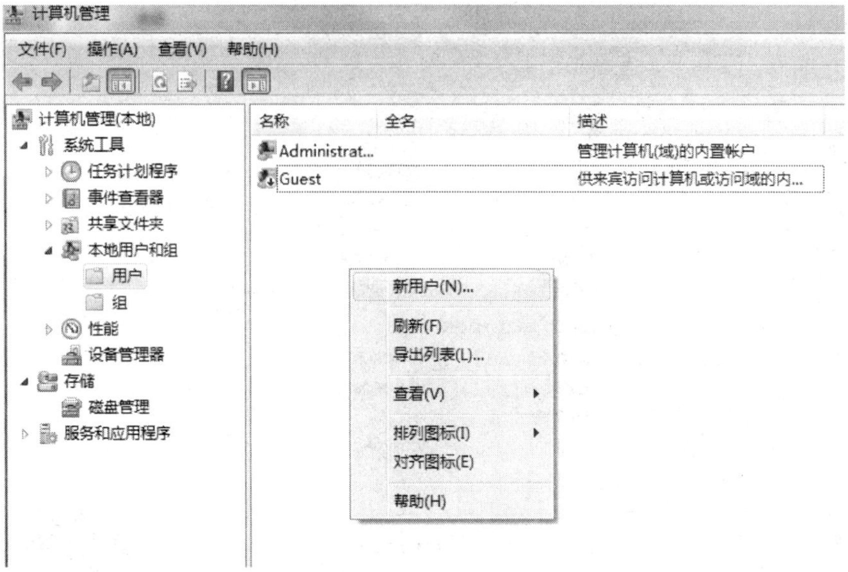

图 1－25－4　新建用户

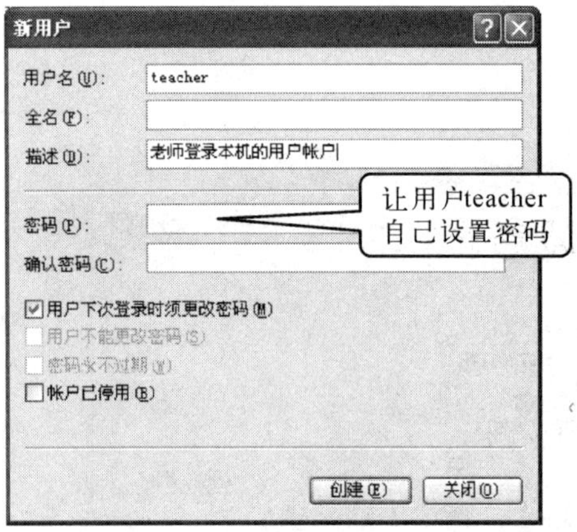

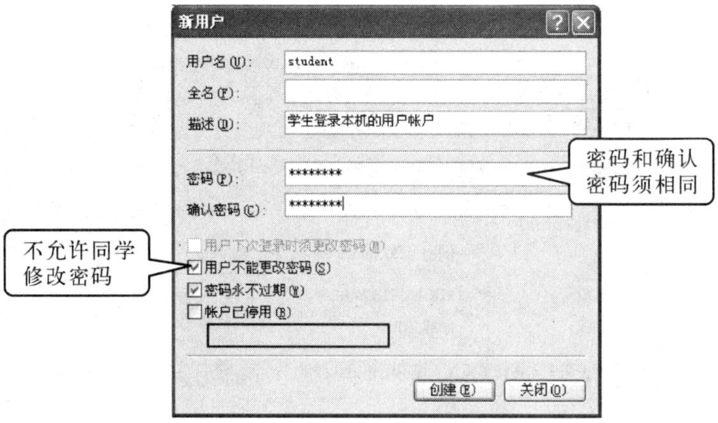

图 1－25－5　输入用户登录密码　　　　图 1－25－6　输入登录密码

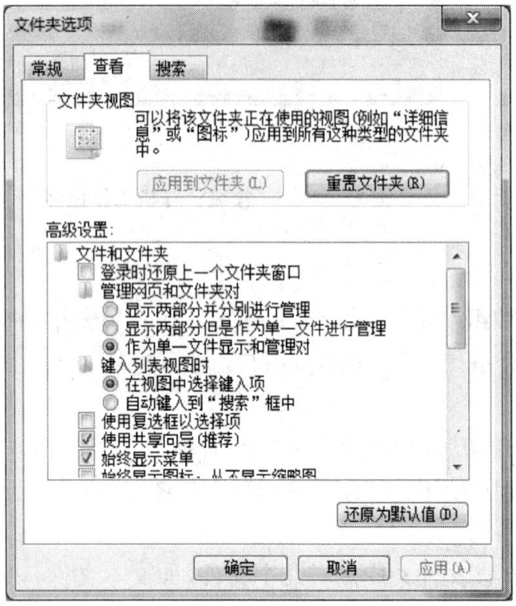

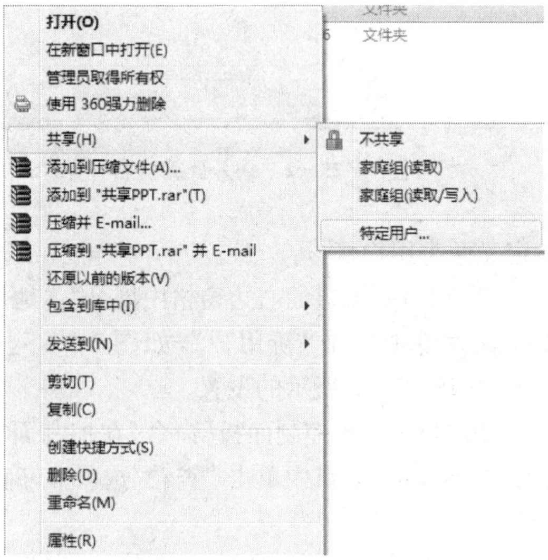

图 1－25－7　设置使用共享向导　　　　图 1－25－8　设置共享操作

下拉菜单的“Everyone”，依次点击“添加”、“共享”。

(7) 依次点击“计算机”→“网络”，在右边窗格中即可看到所有在此计算机上共享的文件夹和打印机。

如希望从本机再以其他用户账号访问该文件夹，需注销当前登录本机的用户账号或切换到其他用户账号。

(8) 注销或切换当前登录本机用户账号的方法如下：

单击“开始”→“注销”，在打开的“注销 Windows”窗口中单击“切换用户”或“注销”，如图 1-25-9 所示。

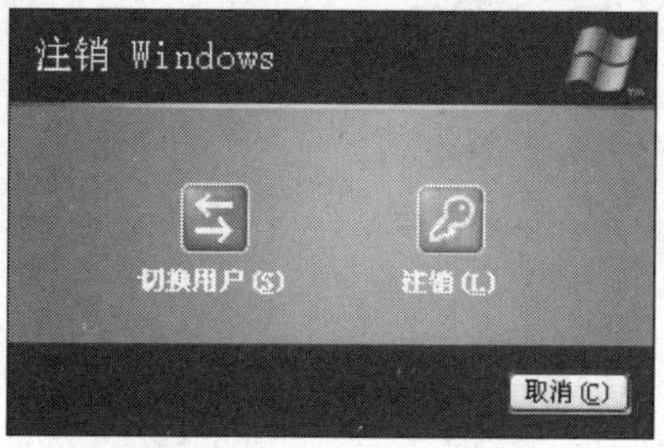

图 1-25-9 注销操作

第二部分

综合测试

综合测试 1

信息技术初步——“计算机发展史课件”文件夹的整理

一、项目背景

为完成创新集团下属电脑公司制作电子计算机发展史课件的任务，电脑公司技术员李芬已经搜集了一大批素材，并存放在“C：\计算机发展史课件”的文件夹中。该素材包含有介绍计算机发展各个时代的视频文件、图片文件、音乐文件、Web 页和有关的文档文件。

二、项目任务

对在“C：\计算机发展史课件”文件夹中的若干文件进行整理，将需要的文件按其类型分别存放在相应的文件夹中，最后存放在“D：\资料整理”中。

三、设计要求

1. 设计 4 个文件夹，按要求将文件存入相应的文件夹中。
2. 每个文件夹中只能有指定类别的文件。

四、制作要求

1. 在“D：\资料整理”目录下建立名为“视频”、“图片”、“Web 页”、“文本”4 个文件夹。
2. 将所有的视频文件存放在“视频”文件夹中，图片文件存放在“图片“文件夹中。网页存放在“Web 页”文件夹中，文本文件存放在“文本”文件夹中。未提及的文件不要复制过去。

五、参考操作步骤

1. 项目任务分析。

这是一个有关文件和文件夹操作的任务。首先浏览有关素材，可以发现有各种类型的文件，有视频文件，文件扩展名为. avi；有图片文件，文件扩展名为. jpg；有声音文件，文件扩展名为. mid；有网页，文件扩展名为. htm；有 Word 文档，文件扩展名为. docx；有文本文件，文件扩展名为. txt。

然后通过新建文件夹操作，将 4 个文件夹建好。最后只要将同一类型文件通过复制、粘贴等操作，存放到相应的文件夹中即完成。

2. 双击桌面的“计算机”，选中“本地磁盘(D:)”，单击鼠标右键，则弹出如图 2-1-1 所示的“新建”快捷菜单。

3. 在“新建”窗口中单击“文件夹”，输入文件夹的名称“资料整理”。双击“资料整理”，进入该文件夹。

4. 右击鼠标，同上操作依次新建文件夹，文件夹名称依次为“视频”、“图片”、“Web 页”、“文本”。结果如图 2-1-2 所示。

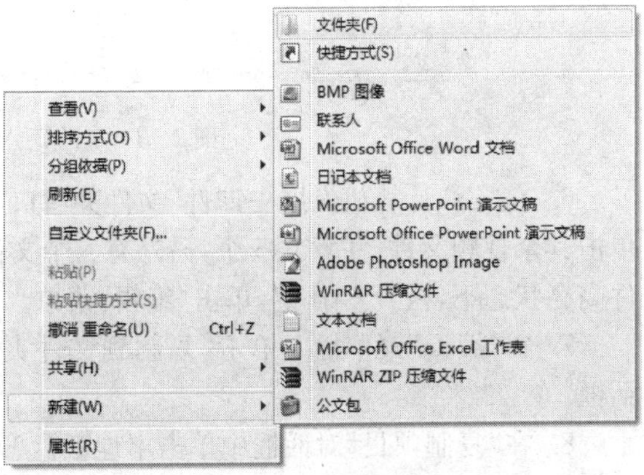

图 2-1-1 新建窗口

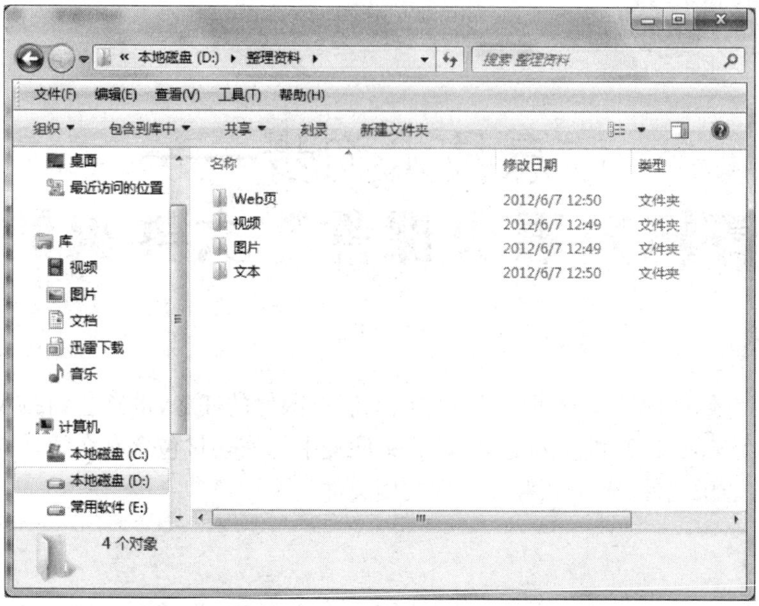

图 2－1－2　新建 4 个文件夹

5. 选中“本地磁盘(C:)”，双击“计算机发展史课件”，见图 2－1－3 所示的“C: \计算机发展史课件”文件夹窗口。

图 2－1－3　“C: \计算机发展史课件”文件夹窗口

6. 在“C:\计算机发展史课件”文件夹窗口，单击第一个视频文件(ENIA. avi)，按住 Ctrl 键后，一个个单击其余视频文件(注意共 5 个，另外有一个文件很相像，但不是视频文件，而是声音文件)，在所有视频文件高亮状态下，松开 Ctrl 键，单击“编辑”菜单。见图 2－1－4 所示的复制对话框。

7. 在“编辑”菜单栏上单击“复制到文件夹(F)…”命令，则弹出如图 2－1－5 所示的“复制项目”对话框。

8. 在“复制项目”对话框中单击本地磁盘 D: \资料整理下“视频”文件夹，然后单击“复制”按钮，即完成将“C: \计算机发展史课件”文件夹中的所有视频文件复制到“D: \资料整理\视频”文件夹中的任务。见图2－1－6所示的视频文件夹。

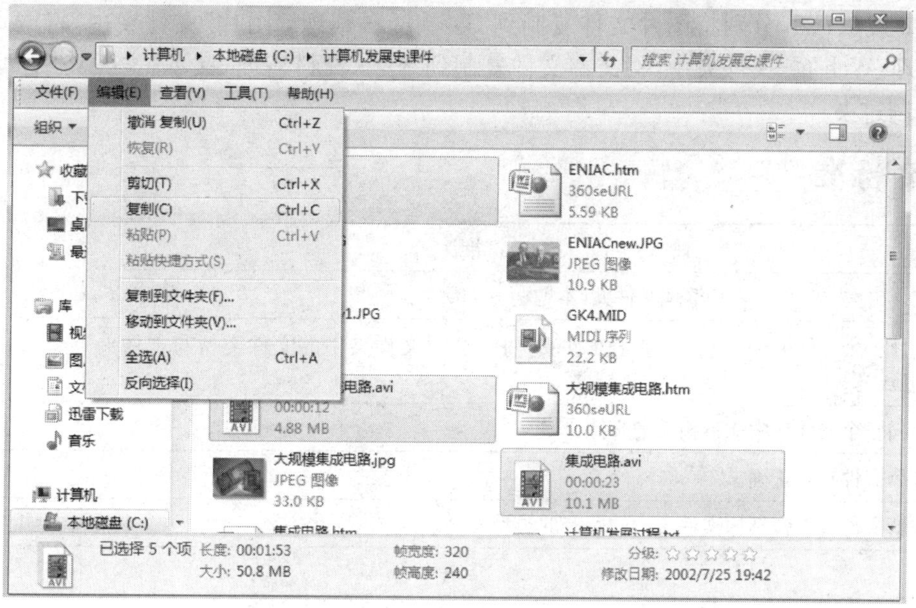

图 2－1－4　复制对话框

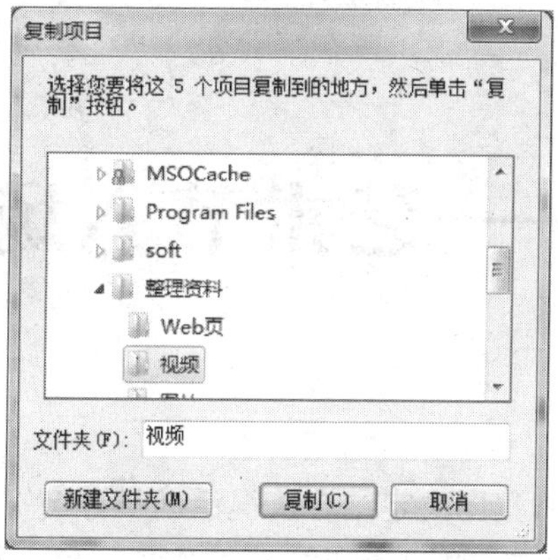

图 2－1－5　复制项目对话框

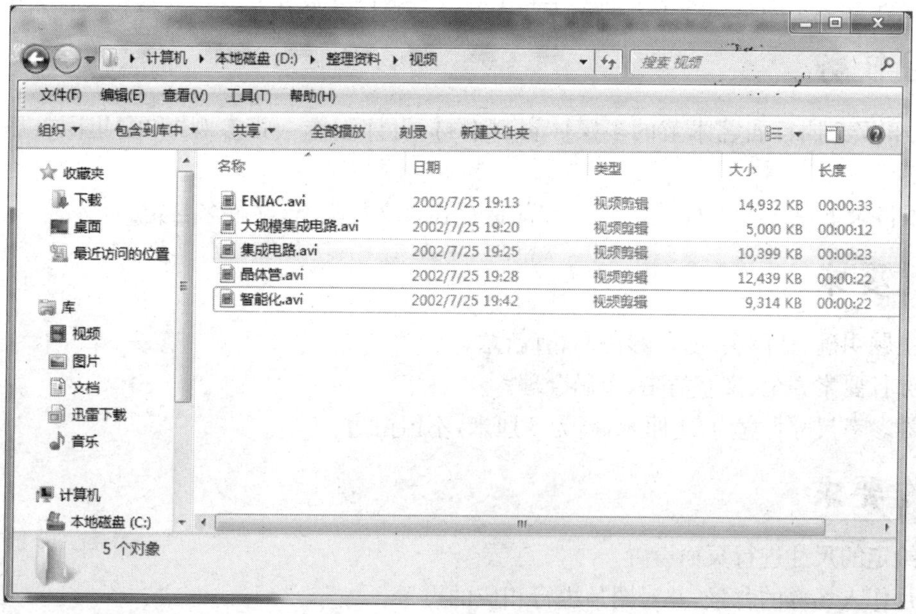

图 2－1－6　视频文件夹

9. 参考步骤6、7、8，分别将图片文件复制到“D：\资料整理\ 图片”文件夹中，将网页文件复制到“D：\资料整理\Web页”文件夹中，将文本文件复制到“D：\资料整理\文本”文件夹中。注意：不要将Word文件复制过去。

六、评价标准

评　价　标　准		权重	分值
整理文件夹(本题满分20)			5～0
设计1	设计一个文件夹，其中有4个子文件夹，每一个子文件夹中的文件类型与文件夹相应。	1	
设计2	在同一个文件夹中无不相关的文件。	1	
制作1	各个文件夹名正确。	1	
制作2	在新文件夹中包括原文件夹中的所有此类型文件。	1	
得分			

综合测试2

文字处理——艺术节入场券的制作

一、项目背景

2012年是和安集团成立十周年，集团决定结合庆祝活动举办“首届艺术节”。你是和安集团宣传部的一名职员，为了做好参观“首届艺术节”的接待和管理工作，设计制作参观“首届艺术节”入场券是首要任务。

有关2012年和安集团首届艺术节的文字和图片等资料已存放在光盘相关素材文件夹中。

二、项目任务

请你浏览和安集团首届艺术节的多媒体资料素材，设计制作一张参观“和安集团首届艺术节”的入场券。

在D盘根目录下建立“入场券”文件夹，作品保存在该文件夹下，文件名自定。

三、设计要求

1. 券面主题明确、整体美观、色彩协调、有新意。
2. 入场券各要素齐全、文字清晰、布局合理。
3. 入场券参考尺寸：宽为21厘米，高为8厘米，不留白边。

四、制作要求

1. 根据给定的尺寸进行页面设置。
2. 用图片作入场券的背景，并对图片进行相应的设置。
3. 用艺术字体展示入场券的主题。

4. 用文本框的方式输入入场券的其他信息，并对输入内容进行相应的设置。

五、参考操作步骤

1. 项目任务分析。从结构来看，入场券分有正券和副券两部分，并多以图片为背景；从要素来看，应有主题、价钱、时间、地点和联系电话等；从技术层面来看，要使用图片、艺术字和文本框等技术来实现。

2. 文档创建及页面设置。

(1) 打开 Word，新建一个空白文档。

(2) 选择“页面布局”→“页面设置”命令。

(3) 在弹出的“页面设置”对话框中单击“纸张”选项卡。

(4) 在纸张大小选项区选择自定义选项，设置宽度为 21 厘米、高度为 8 厘米。如图 2-2-1 所示。

(5) 单击“页边距”选项卡，设置上、下、左、右均为 0 厘米，方向为横向。

(6) 单击“确定”按钮。

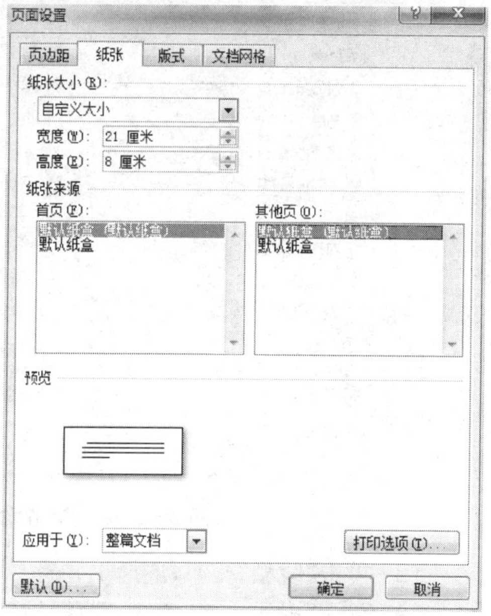

图 2-2-1 页面设置对话框

3. 图片的插入及设置。

(1) 选择“插入”→“图片”命令。

(2) 在出现的“插入图片”对话框中，在指定的文件夹中选择 photo1—4 图片，单击“插入”按钮。在“设置图片格式”中，调整图片亮度为“57%”，对比度为“76%”。

(3) 单击“格式”菜单下的“大小”，取消“锁定纵横比”和“相对于图片的原始尺寸”选项，在“尺寸和旋转”选项区中，设置高度为 8 厘米、宽度为 21 厘米。如图 2-2-2 所示。

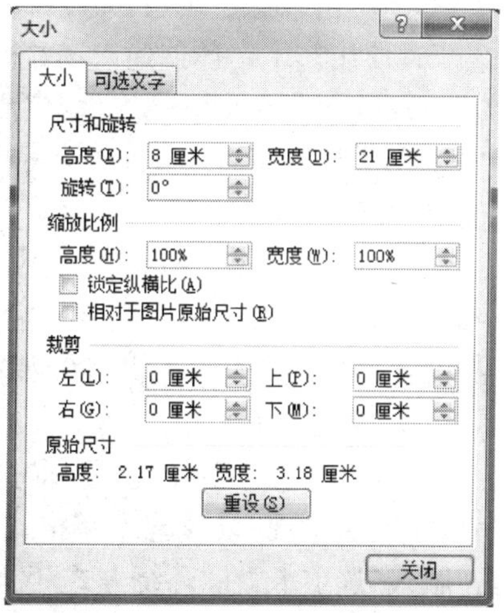

图 2-2-2 大小设置对话框

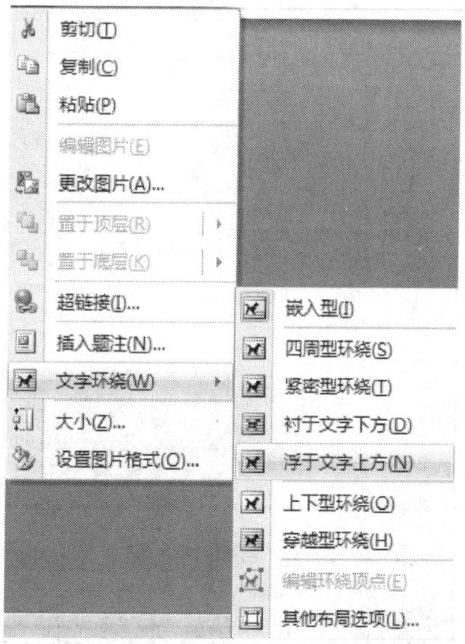

图 2-2-3 设置文字环绕

(4) 选中图片，点击鼠标右键，选择“文字环绕”下拉菜单的“衬于文字上方项”，单击“其他布局选项”按钮，如图 2-2-3 所示。

(5) 在出现的“其他布局选项”对话框中，单击“图片位置”选项卡，在选项区域取消对象随文字移动项，如图 2-2-4 所示，单击“确定”按钮。

4. 入场券版面的划分及绘图工具的使用。

(1) 选择“插入”→“形状”中的“直线”按钮，在距左边距大约 17 厘米处绘制一条竖线作为主券与副券的分界线。

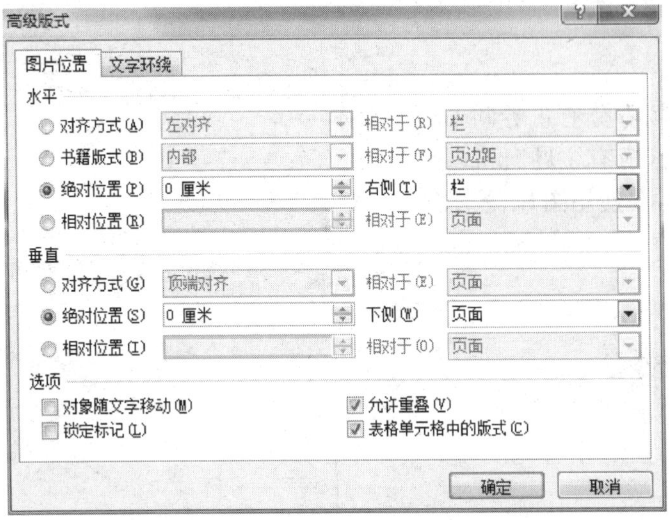

图 2-2-4　高级版式对话框

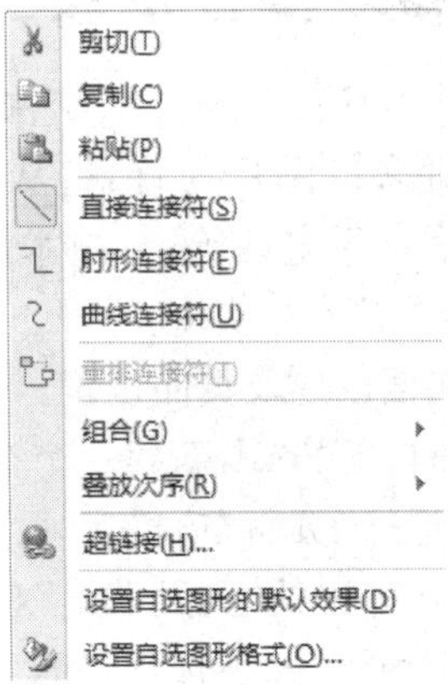

图 2-2-5　设置自选图形格式

(2) 单击“线型”按钮，选择 1.5 磅。

(3) 单击“虚线线型”按钮，选择“短划线”。

(4) 右击线条，在出现的快捷菜单中单击“设置自选图形格式”命令，如图 2-2-5 所示。在出现的“设置自选图形格式”对话框中，单击“版式”选项卡，在环绕方式区域选中“衬于文字下方项”，单击“高级”按钮。

(5) 在出现的“高级”对话框中，单击“图片位置”选项卡，在选项区域取消“对象随文字移动”项；在水平对齐区域设置绝对位置页边距 16.8 厘米。

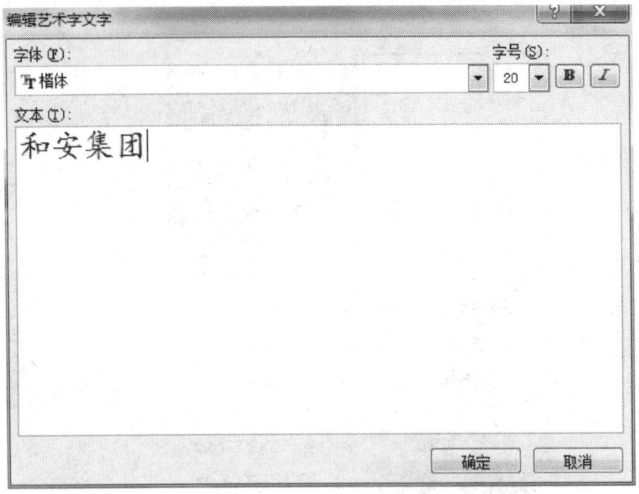

图 2-2-6　编辑艺术字

(6) 单击“确定”按钮，返回“设置自选图形格式”对话框。

(7) 单击“确定”按钮。

5. 使用艺术字体创建入场券标题。

(1) 选择“插入”→“艺术字”命令，在出现的“‘艺术字’库”对话框中，选中第一排第一个，单击“确定”按钮。

(2) 出现“编辑‘艺术字’文字”对话框，在文字区域输入“和安集团”，文字间输入 4 个空格间隔，设置字体：楷体、字号：20，如图 2-2-6 所示，单击“确定”按钮。

(3) 选中艺术字，右击鼠标，选择“设置艺术字格式”，在出现“设置艺术字格式”对话框中，单击“版式”选项卡，在“环绕方式”区域选择四周型；单击“大小”选项卡，在“尺寸和旋转”区域选设置高度为 0.7 厘米、宽度为 7.4 厘米，如图 2-2-7 所示，单击“确定”按钮。

(4) 移动该艺术字位置至主券顶部中央。

(5) 选择“插入”→“艺术字”命令，在出现的“‘艺术字’库”对话框中，选中第二排第三个，单击“确定”按钮。

(6) 出现“编辑‘艺术字’文字”对话框，在文字区域输入“首届艺术节”，文字间输入 4 个空格间隔，设置字体：华文形楷、字号：24，单击“确定”按钮。

(7) 选中艺术字，右击鼠标，选择“设置艺术字格式”，单击“大小”选项卡，在“尺寸和旋转”区域选设置高度为 0.8 厘米、宽度为 10 厘米，单击“确定”按钮。在“版式”选项卡设环绕方式为“四周型”。

(8) 移动其位置至艺术字“和安集团”正下方。

6. 使用文本框建立入场券副标题。

(1) 单击“插入”菜单栏中的“文本框”按钮，当鼠标指针变成十字形，在艺术字“首届艺术节”正下方拖动鼠标绘制一个文本框。

(2) 在该文本框中输入“The First Art Day of HeAn”。

(3) 选中“The First Art Day of HeAn”，在常用格式栏中设置字体为“Times New Roman”、字号小二，单击“加粗”、“倾斜”、“居中”按钮。

(4) 选中文本框，右击鼠标，在弹出的“设置文本框格式”对话框中，单击“颜色与线条”选项卡，在“填充”选项区中设置颜色为无填充颜色，在“线条”选项区中设置颜色为无线条，单击“确定”按钮。

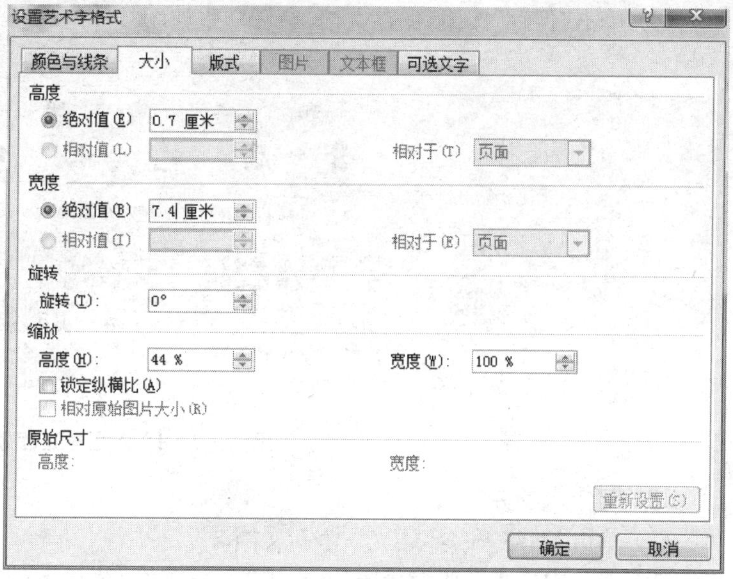

图 2-2-7 设置艺术字格式

7. 使用文本框输入相关信息。

(1) 参照入场券副标题的制作方法在副标题下方再绘制一个大文本框。

(2) 设置该文本框。

(3) 在该文本框中输入时间、地址等相关信息，并设置其字体为宋体、字号小四。

8. 使用竖排文本框输入票价。

(1) 单击“插入”菜单栏中的“竖排文本框”按钮，当鼠标指针变成十字形，在券面左侧拖动鼠标绘制一个文本框。

(2) 设置该文本框。

(3) 在该文本框中输入“票价：贰拾元”，并设置为字体“宋体”、字号二号、红色、居中。

(4) 选中“贰拾”，在常用格式栏中设置字体为“宋体”、字号一号、颜色为红色，单击“加粗”、“居中”按钮。

9. 使用竖排文本框健全券面元素。

(1) 单击“插入”菜单栏中的“竖排文本框”按钮，当鼠标指针变成十字形，在分割线上绘制一个竖排文本框。

(2) 设置该文本框。

(3) 在该文本框中输入“撕下作废”，字间用两个空格间隔，并设置为字体为宋体、字号小四。

10. 使用文本框建立副券标题。

(1) 参照入场券副标题的制作方法在副券部分上方中部绘制一个文本框并对其设置。

(2) 输入“副券”，并设置为字体为宋体、字号二号、居中。

11. 使用竖排文本框完善副券元素。

(1) 单击“插入”菜单栏中的“竖排文本框”按钮，当鼠标指针变成十字形，在副券标题下方绘制一个竖排文本框并设置。

(2) 输入“贰拾元”，并设置为字体为宋体、字号小二、居中。

12. 文档的保存。

(1) 在D盘根目录下，新建一个“入场券”文件夹。

(2) 单击“另存为”命令。

(3) 在出现的“另存为”对话框中，选择保存位置及类型，输入自定的文件名。

(4) 单击“保存”按钮,保存文档,参考样张如图 2-2-8 所示。

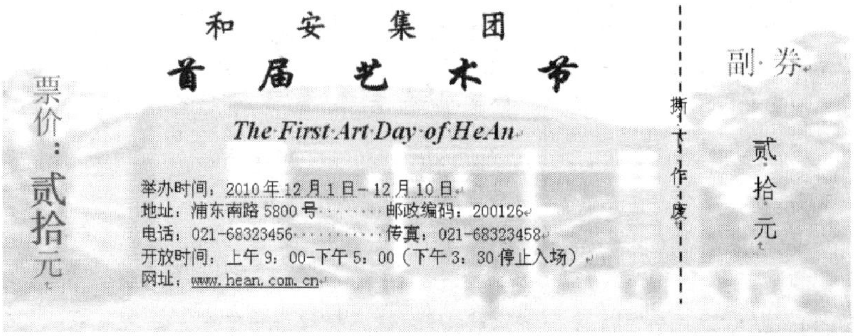

图 2-2-8 入场券正面效果

13. 制作入场券背面。

(1) 单击“新建”命令,建立一个新文档。

(2) 在其中插入一张背景图片,点击“页面布局”菜单下的“水印”,选择“自定义水印”,在“图片水印”中选择背面的背景图片“photo1-5.jpg”,钩选“冲蚀”。

(3) 插入表格并输入相应内容。

(4) 插入艺术字和文本框等元素,完成背面制作。

14. 文档的保存。

(1) 单击“另存为”命令。

(2) 在出现的“另存为”对话框中,将文档保存在 D 盘根目录下“入场券”文件夹中,输入自定的文件名。

(3) 单击“保存”按钮,保存文档。效果正面如图 2-2-8 所示,背面如图 2-2-9 所示。

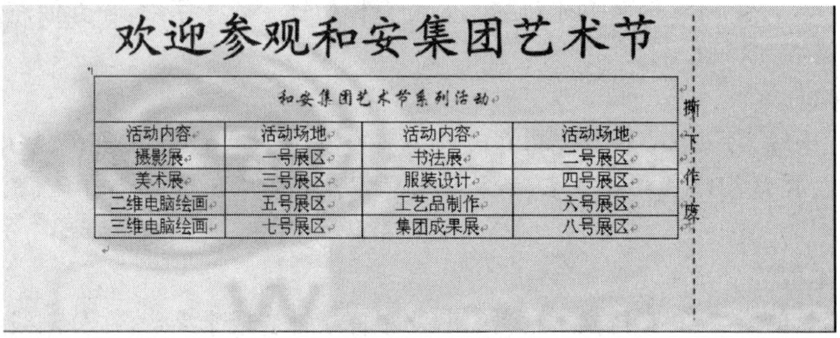

图 2-2-9 入场券背面效果

六、评价标准

评价指标(满分 30 分)		权重	分值 5~0
设计 1	券面主题明确、整体美观、布局合理、色彩协调	1	
设计 2	入场券各要素齐全、文字清晰	1	
制作 1	能正确设置入场券的页面	1	
制作 2	能对图片进行正确设置	1	
制作 3	能正确使用艺术字修饰主题	1	
制作 4	能正确使用文本框并输入相应信息	1	
得分			

综合测试 3

文字处理——月历的制作

一、项目背景

现今社会，生活的节奏越来越快，强化了人们“时间管理”的概念，月历不仅是生活的必备品，美观的月历也是一件艺术品，它可以给你带来美的享受，也唤起你美好的回忆。作为一名中职校学生的你将于2010年6月毕业，走向工作岗位，为了记住这有意义的一个月，希望你为这个月制作一个精美的月历。

有关制作2010年6月月历的文字和图片等资料已存放在光盘素材文件夹中。

二、项目任务

请你浏览有关制作2010年6月月历的多媒体资料素材，制作一张精美的2010年6月的月历。

在D盘根目录下建立“月历”文件夹，作品保存在该文件夹下文件名自定。

三、设计要求

1. 制作月历要布局合理、整体美观、颜色协调。
2. 月历各要素齐全、表达简洁清晰。
3. 月历制作要立意新颖、有独创性。

四、制作要求

1. 根据给定的月历素材进行正确的页面设置。
2. 正确设置标题及相关内容。
3. 使用文本框和表格进行合理布局，并进行相关设置。
4. 使用边框和底纹对版面进行美化。
5. 绘制或插入图片，并进行适当的设置。

五、参考操作步骤

1. 项目任务分析。

(1) 从结构来看，月历含有年、月和日期，以及修饰的图片，日期多以表格方式来描述。

(2) 从要素来看应有主题、日期，日期以星期为单位等。

(3) 从技术层面来看要使用文本框、表格、图片和页面及文字设置等技术来实现。

(4) 制作设想：运用Word的表格功能制作，为增强艺术效果，在月历的两个边角处加上图片，并以艺术字注明年份和月份，制作标志提升创新意识。

2. 制作月历标志。

(1) 打开Word建立一个新文档。

(2) 单击“插入”菜单栏上的“文本框”按钮，绘制一个文本框，右击鼠标，在快捷菜单中单击“设置文本框格式”命令，在“颜色和线条”标签中，设置“填充”颜色为“无填充颜色”，“线条”颜色为“无线条颜色”。

(3) 在文本框中输入月历的英文单词“Menology”，将其“字体”设为“Book Antiqua”；并设定字头“M”的字号为“初号”，“字形”为“加粗”；“enology”的字号为“三号”。

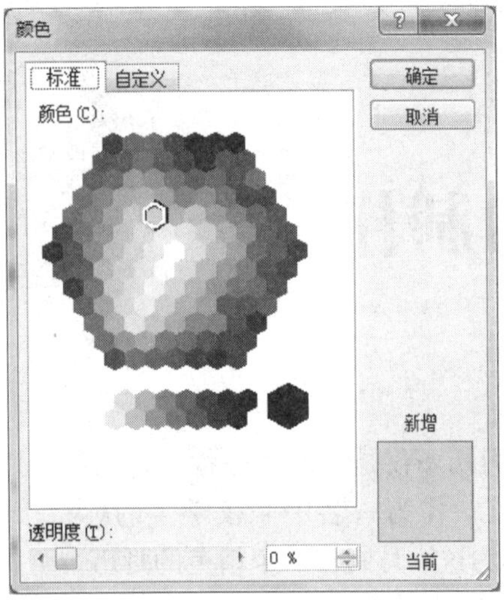

图 2-3-1　选择颜色

(4) 单击“插入”菜单栏上的“形状”，选择“直线”，绘制三条直线，调整它们的长短与角度，并将它们组合在一起。选中直线，单击“格式”菜单栏上的“形状轮廓”按钮，在下拉菜单中单击“其他线条颜色”按钮，在出现的“颜色”对话框中，选择一种颜色，如图 2-3-1 所示，单击“确定”按钮。

(5) 单击“插入”工具栏上的“形状”，在“星与旗帜”中选择 “五角星”，绘制一个五角星。选中五角星右击鼠标，在快捷菜单中单击“设置自选图形格式”命令。在“设置自选图形格式”对话框中，在“大小”选项卡中，将其“高度”和“宽度”都设置为 0.4 厘米，如图 2-3-2 所示；在“颜色和线条”选项卡中，将线条“颜色”设为“无线条颜色”，单击填充“颜色”下拉列表框右边的向下箭头，选择“蓝色”。

(6) 再打开该颜色列表，单击“填充效果”命令，在“填充效果”对话框中，选择“渐变”选项卡，在“颜色”选区，选“单色”，调整滑块向“浅”的一端移动，以使蓝色向白色过渡；在“底纹式样”项，选“中心辐射”项，如图 2-3-3 所示，单击“确定”按钮。

图 2-3-2　设置图形格式

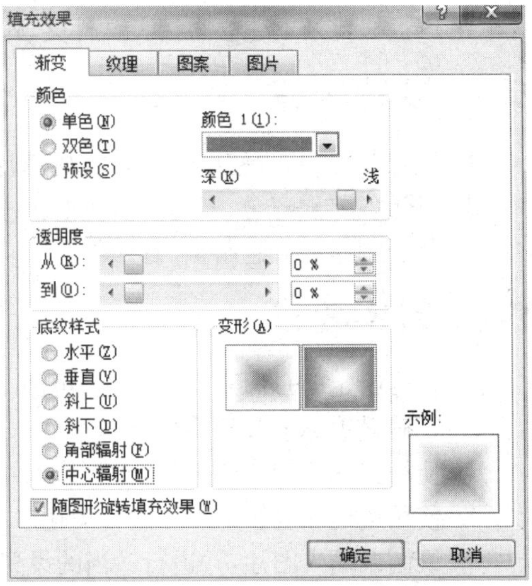

图 2-3-3　填充效果

(7) 重复步骤(5)、(6)操作，绘制另外 3 个“五角星”，它们的“高度”和“宽度”分别为 0.65 厘米、0.9 厘米和 1.2 厘米；颜色分别为浅蓝、深蓝和青色，并调整它们的位置。

(8) 选中所有的对象，把它们组合在一起，并保存。效果如图 2-3-4 所示，预示一颗新星即将升起。

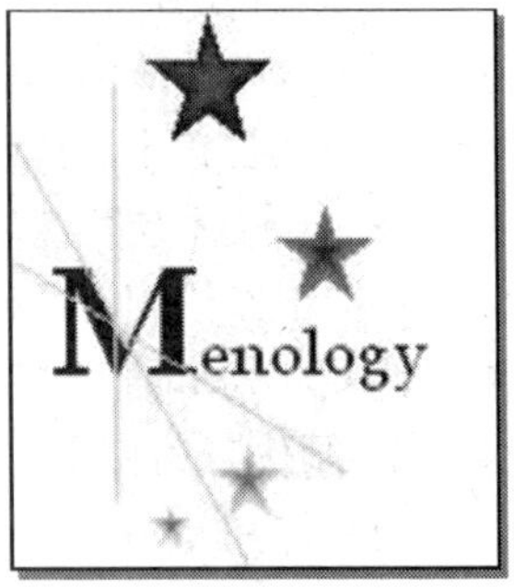

图 2-3-4　组合效果

3. 插入文本框。

(1) 再新建一个空白文档，单击“插入”菜单栏上的“文本框”按钮，绘制一个文本框。

(2) 选中该文本框，右击鼠标选择“设置文本框格式”，在出现的“设置文本框格式”对话框中，选“大小”选项卡，设置高度和宽度分别为 12 厘米和 13.5 厘米；单击“颜色和线条”选项卡，在颜色列表中选择淡紫，粗细设置为 3 磅。

4. 绘制表格。

(1) 将光标置于文本框中，选择“插入”→“表格”命令，绘制一个六行七列的表格。

（2）选中表格，右击鼠标，选择单元格对齐方式为“居中”☰按钮，使表格居中；选中文本框，将光标移到表格的右下角，调整行高与列宽；选中表格的所有单元格，右击，选择“单元格对齐方式”→“中部居中”命令，如图2－3－5所示。

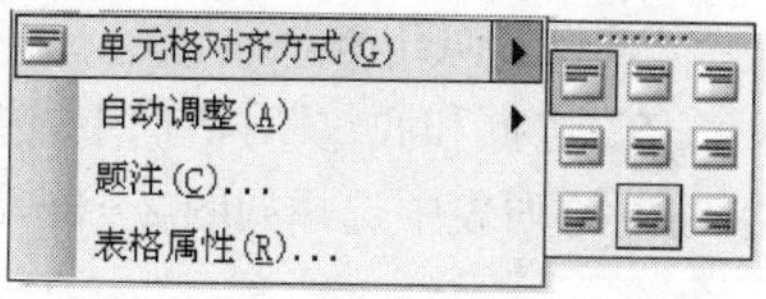

图2－3－5　设置单元格对齐方式图

（3）在表格中输入2010年6月的日期内容。选中表格，设置字体为“黑体”，字号为“四号”，字形为“加粗”，将星期六和星期日两列的字体颜色设为红色，其他日期设为蓝色。

（4）选中表格，单击“格式”菜单栏上“形状轮廓”按钮，在弹出的菜单中选择“无轮廓”命令。如图2－3－6所示。

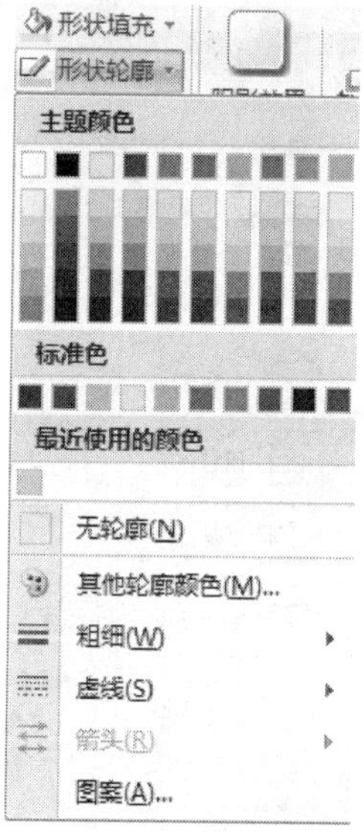

图2－3－6　设置无轮廓

5. 制作年份艺术字。

（1）单击“插入”工具栏上的“艺术字”按钮，在出现的“艺术字”库对话框中，选择最末行右数第二种式样，单击“确定”按钮。在“编辑艺术字文字”对话框中，输入“2010”，并将其字体设置为“Century Gothic”；字形为“倾斜”，单击“确定”按钮。

（2）选中艺术字，右击鼠标，选择“设置艺术字格式”，在颜色和线条中单击“填充效果”命令。在“填充效果”对话框中，选择“预设颜色”为“金色年华Ⅱ”；底纹为“水平”，单击“确定”按钮。

（3）单击“格式”菜单栏上的“更改形状”按钮，在其列表项中选择“槽形”；再单击“格式”菜单栏左侧的“等高”按钮。

（4）选中艺术字，单击“格式”菜单栏上的“阴影效果”按钮，在弹出的列表中选择“阴影样式13”。

（5）调整艺术字大小，并拖动到文本框上方中间位置。

6. 插入图片和标志。

（1）选择“插入”→“图片”命令。在文档中插入枫叶、蝶形飘带、小伞和标志图片。

（2）分别选中这4个图片，右击选择“设置图片格式”，在“设置图片格式”对话框中，单击“版式”选项卡，将“环绕方式”设置为“浮于文字上方”，单击“确定”按钮。

（3）调整图片大小，并拖动它们到适当的位置。

7. 制作月份艺术字。

（1）单击“插入”菜单栏上的“艺术字”按钮，在出现的“艺术字”库对话框中，选择左数第一列第三个式样，单击“确定”按钮。

（2）在“编辑艺术字文字”对话框中，输入“6”，并将其字体设置为“Arial Black”，单击“确定”按钮。

（3）在“设置艺术字格式”对话框中，单击“版式”选项卡，选择“环绕方式”为“衬于文字下方”，单击“确定”按钮。

（4）调整艺术字的大小，并将其拖动到文本框内，按住Shift键，同时选中文本框，单击“格式”→“对齐”，选择“水平居中”或“垂直居中”命令。

8. 设置文本框的透明效果。

选中文本框，在“设置文本框格式”对话框中，单击“颜色和线条”选项卡，在“填充”栏中，将“透明度”设置为50%，如图2－3－7所示，单击“确定”按钮。

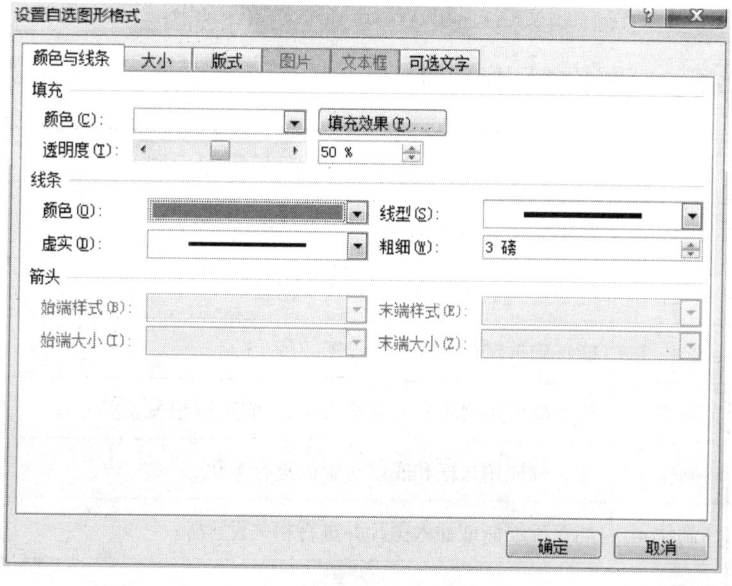

图2－3－7　设置线条颜色与填充效果

9. 设置页边框。

在"边框和底纹"对话框中，选择"页面边框"选项卡，单击"艺术型"下拉列表框右侧的向下箭头，在弹出的下拉列表中选择如图 2－3－8 所示的边框图案，单击"确定"按钮。

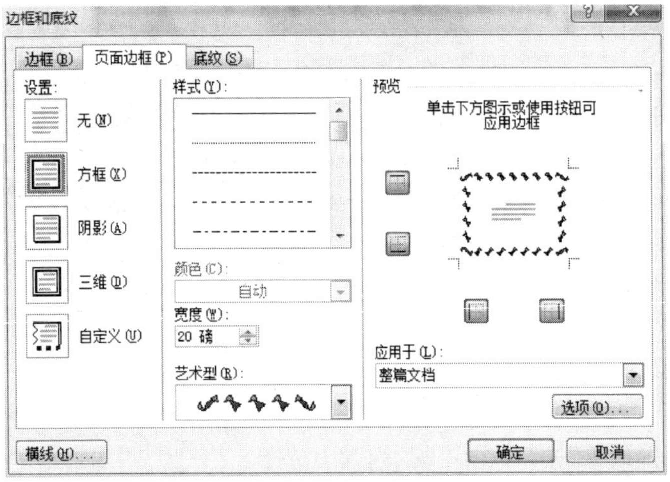

图 2－3－8　设置页边框

图 2－3－9　样张

10. 保存作品。

(1) 单击"另存为"命令。

(2) 在出现的"另存为"对话框中，选择保存位置及类型，输入文件名为"月历"，单击"保存"按钮。

(3) 保存该文档，退出 Word 程序。效果如图 2－3－9 所示。

六、评价标准

评价指标(满分 30 分)		权重	分值 5～0
设计 1	整体美观、布局合理	1	
设计 2	各要素齐全、表达简洁清晰、有创意	1	
制作 1	能正确选定标题并进行设置	1	
制作 2	能正确使用文本框和表格布局，并能进行相关设置	1	
制作 3	能正确使用边框和底纹对版面进行美化	1	
制作 4	能正确绘制或插入图片并进行相关设置	1	
得分			

综合测试4

因特网应用——“嫦娥工程”宣传板报的制作

一、项目背景

为了弘扬祖国60年来的伟大成就，学校要求每班每人都参与到这个宣传活动中，主题、形式不限。

某班讨论后决定，以“嫦娥工程”为主题，每人从因特网上搜取素材，以Word文件格式建立一张宣传板报，并通过因特网在班级中分享各自的作品。

二、项目任务

运用因特网上实际搜索到的素材，制作以“嫦娥工程”为主题的宣传板报，并分享给班级其他同学。

在D盘根目录上建立“因特网应用”文件夹，作品保存在该文件夹中，文件名自定。

三、设计要求

1. 能安全地获取因特网素材。
2. 主题明确，能合理搜索、运用素材。
3. 板报的版面清新，图文并茂。

四、制作要求

1. 板报的主题鲜明，素材皆是来自因特网的安全素材，使用艺术字标题。
2. 版面分为5～6个区域，每个区域为一个分题，图文并茂，美化每个分题。
3. 版面分布合理、活泼、抢眼。
4. 利用E-mail在班级中分享各自的板报。

五、参考操作步骤

1. 项目任务分析。

(1) 要安全地获取因特网信息，必须养成安装“防火墙”与“杀毒软件”的好习惯。商业化的“防火墙”与“杀毒软件”可以购买获得；对承诺多少时间(如半年等)内免费使用的商业化“防火墙”与“杀毒软件”，可以从它们的官方网站获得；若能找到号称永久免费的“防火墙”与“杀毒软件”，那更可以做到一劳永逸，如“360”等。

(2) 利用因特网强大的搜索功能，可以很方便地找出海量的可用信息(如文字、图片等)，从中选出符合任务要求的信息是使用因特网必备的技能。

(3) 将符合任务要求的信息整合利用，则是使用因特网必备的又一项技能。利用信息的载体很多，本项目则借助于“Word”工具来实现。用户只有在非常熟悉处理信息工具的前提下，才能更好地使用信息。

(4) 分享信息，也是因特网主要作用之一。可以实现分享信息的方式也是各有千秋，本项目选择“E-mail”方式来分享信息。

2. 杀毒软件的获得与安装。

(1) 打开浏览器，在地址栏中输入“http://www.360.cn/”，显示出图2-4-1。根据需要下载免费的360系列软件，一般起码下载“360安全卫士”和“360杀毒”两个软件。点击图中“免费下载”按钮或点击相关“超链”进入相应的下载页面进行下载。

图 2-4-1　360 官方网站

(2) 下载后双击“360sd_se. exe”和“360 安全卫士 6. 1. 5 正式版. exe”图标，分别进行“360 杀毒软件”和“360 安全卫士软件”的安装。安装后在任务栏的通知区域会显示两个图标：(杀毒软件)和(安全卫士)，表示它们正在工作，单击它们启动软件，右击它们进行设置操作。

3. 获取“嫦娥工程”的相关素材。

打开浏览器，在地址栏输入“http：//www. baidu. com”，显示“百度”搜索引擎页面，在搜索栏中输入“嫦娥工程”关键字，按下“百度一下”按钮，显示找到的相关网页链接的页面，见图 2-4-2。从中找出需要的文字与图片等信息，如果需要相对集中地找图片信息，点击图 2-4-2 中的“图片”链接，得到相关图片链接的页面，见图 2-4-3。从这两个页面中，通过细致的查找，得到制作宣传板报所需的所有资源。

图 2-4-2　有关“嫦娥工程”的网页链接页面

图 2-4-3　有关“嫦娥工程”的图片链接页面

4. “嫦娥工程”宣传板报制作。

(1) 参考图 2-4-4 的样张制作“嫦娥工程”宣传板报。

图 2-4-4　“嫦娥工程”宣传板报样张

(2) 板报背景使用“水印”方式制作。设置页面方向为“横向”、页边距为“零”，执行“插入-页眉/页脚”命令，插入“文本框”，拖动“文本框”至整个页面大小，插入背景图片，适当调整“亮度”与“对比度”，使其有朦胧的效果，将图片亦拖至整个页面大小。

(3) 板报标题使用“艺术字”。

(4) 文字皆用“文本框”给出，与图片、表格等元素都设置为混排效果。

(5) 合理使用元素“组合”功能，使制作过程方便、快捷。

5. 板报分享。

(1) 通过浏览器，在因特网上申请免费 E-mail 邮箱账户，如新浪网的。

(2) 启动“Outlook”，添加与设置申请好的邮箱账户。

(3) 按“Outlook”窗口的“创建”按钮，创建“新邮件”，见图 2-4-5。

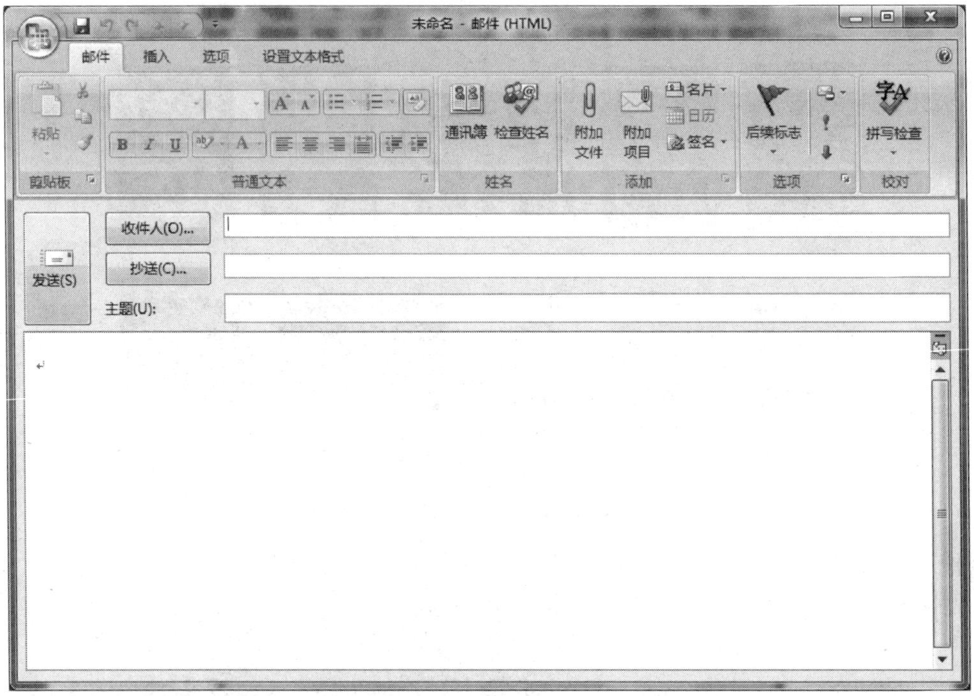

图 2-4-5 “新邮件”窗口

(4) 如果在“通信(地址)簿”中已建立有收信人地址，可以按图 2-4-5 中的“收件人”按钮来选择“收件人”，如图 2-4-6。选中“收件人”，按下“收件人”按钮，单击“确定”。

图 2-4-6 选择收件人

(5) 输入主题：“嫦娥工程”宣传板报分享。

(6) 按图 2-4-5 中的“附件文件”按钮，添加“‘嫦娥工程’宣传板报”附件。

(7) 创建好的新邮件，如图 2－4－7 所示。

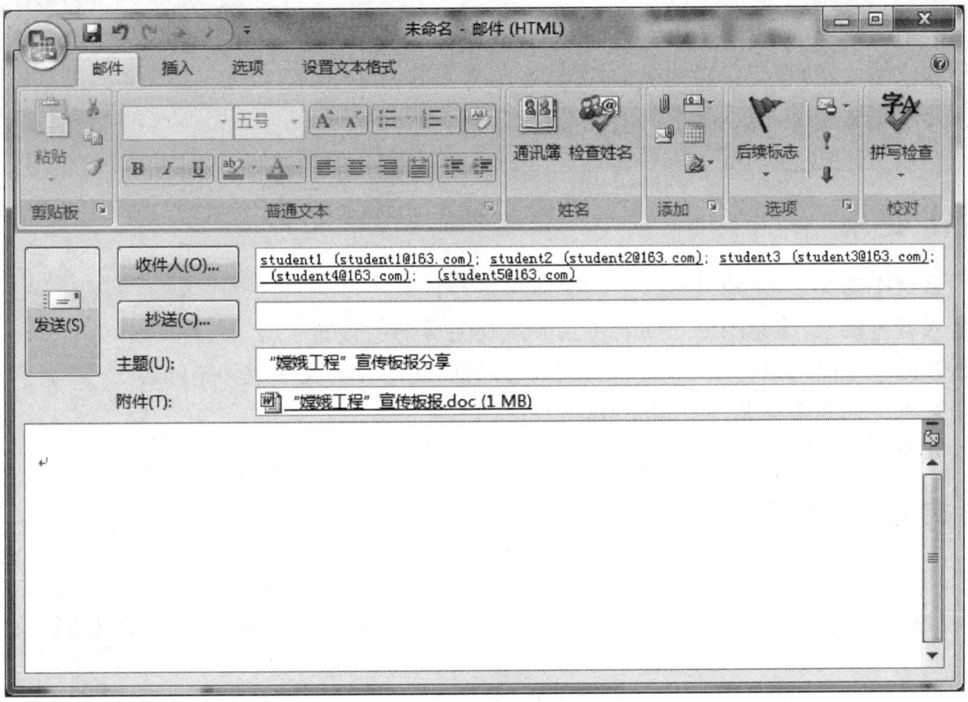

图 2－4－7　创建好的新邮件

(8) 点击图 2－4－7 中的“发送”按钮，将新邮件发送出去。

六、评价标准

略。

综合测试 5

多媒体信息处理——建国 60 周年国庆宣传展板的制作

一、项目背景

在祖国 60 周年华诞的日子里，举国欢庆，我们自豪，我们骄傲，我们为有一个坚强的祖国而歌唱。60 年，在历史的长河中只是一个涟漪，但对于一个国家来说，这 60 年却是一部伟大的崛起发展的历史，在经历走过来的数次磨砺后，祖国以其坚强不屈的脊梁高高屹立在世界的东方。为了这样一个值得纪念的节日，我们班级的同学准备开展一次“迎国庆，爱祖国”的活动。同学们首先想要制作一块展板来宣传祖国国庆节的历史，让更多的同学来了解国庆节的由来、意义及其他相关知识。

二、项目任务

运用所给的素材，用文字处理软件制作一块宣传祖国国庆节的历史的展板。在 C 盘根目录下建立“国庆宣传展板”文件夹，作品文件保存在该文件夹下，文件名自定。

三、设计要求

1. 以国庆节为主题，展示国庆历史，作品中的各种元素都要求围绕主题。
2. 作品要求结构新颖，有良好的视觉效果，运用喜庆的大红色调。
3. 画面要求图文并茂，表达要求简洁清晰。
4. 立意新颖，有独创性。

四、制作要求

1. 利用素材中的文字，正确设置文字的字体与字号。
2. 添加入各种图形，注意图形之间的位置关系及图形中色彩的运用。
3. 在适当的位置插入素材图片，并加以编辑与修饰，使图片与文字成为整体。
4. 运用艺术字体制作标题，使标题醒目美观。
5. 添加几个星形装饰，进一步美化板面。

五、参考操作步骤

1. 项目任务分析。

(1) 作品的主题是宣传国庆节，所以作品的所有元素都应该围绕主题，包括主副标题、文字、图片、色彩等。

(2) 展板样张中有两张图片都需要在文字处理软件中适当地加以编辑，标题运用艺术字体制作，文字也进行了设置。

(3) 样张中应用了大量的图形编辑技术与技巧，使版面的整体结构更加统一新颖，突出了喜庆的气氛。

(4) 制作时特别应该注意各图层之间的上下关系，做好相应的版式设置。

2. 制作展板正文文字。

(1) 新建一个 Word 文件，并以“国庆”为文件名保存文件。

(2) 打开“多媒体素材”文件夹中的文字材料，复制正文文字。

(3) 在文字前插入八个空白行(插入八个回车)。

(4) 设置所有文字字体为宋体，大小为小五号。

(5) 设置所有文字段落，左缩进 2.5 字符，右缩进 0.5 字符，首行缩进 2 字符，如图 2-5-1 所示。

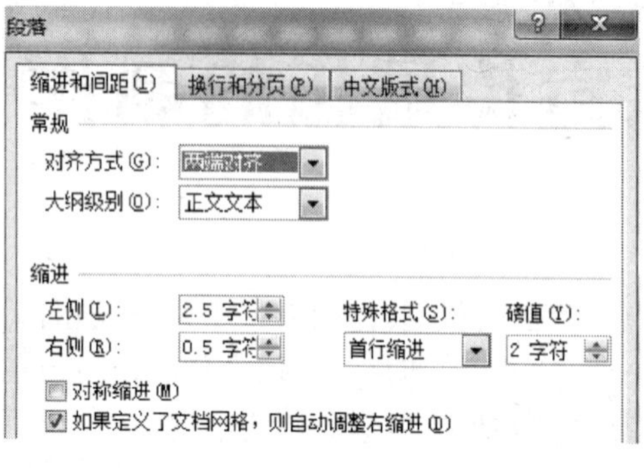

图 2-5-1　文字段落设置对话框中的缩进设置部分

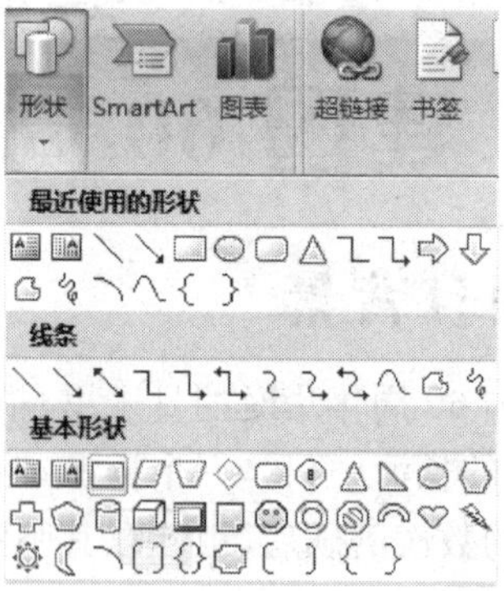

图 2-5-2　插入“形状”菜单中的基本图形

3. 绘制图形。

(1) 在“插入”菜单栏中点击“形状”菜单，选中“基本图形”中的矩形，如图 2-5-2 所示，在文件中建立一个矩形。

(2) 在新建的矩形上面双击鼠标，打开“设置自选图形格式”对话框。设置文字环绕方式为“上下型”，矩形大小高为 2 厘米，宽为 14.66 厘米。设置矩形线条颜色为无，填充色为双色渐变，上色为红色，下色为黄色。将矩形放置到文件的顶端。

(3) 再新建一个大的矩形，设置文字环绕方式为“衬于文字下方”，高为 19 厘米，宽为 14.66 厘米。设置矩形线条颜色为无，填充色为双色渐变，上色为红色，下色为金色，放置到小矩形的正下方。

(4) 在“插入”菜单栏中点击“形状”菜单，选中“流程图”中的“延期”图形，设置文字环绕方式为“衬于文字下方”，高为 19 厘米，宽为 14 厘米。线条颜色为无，填充色为白色，对其进行“水平翻转”后放置到大矩形的上方并对齐，如图 2-5-3 所示。

(5) 在“插入”菜单栏中点击“形状”菜单，选中“星与旗帜”中的“波形”图形。设置文字环绕方式为“衬于文字上方”，高为 6 厘米，宽为 14.66 厘米。设置波形线条颜色为无，填充色为双色渐变，上下色为金色，中间色为红色，如图 2-5-4 所示，放置到文件的顶端。

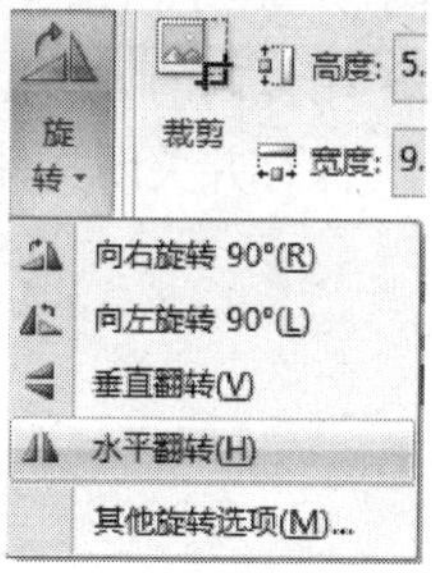

图 2-5-3 选择“格式”→“旋转”中的“水平翻转”

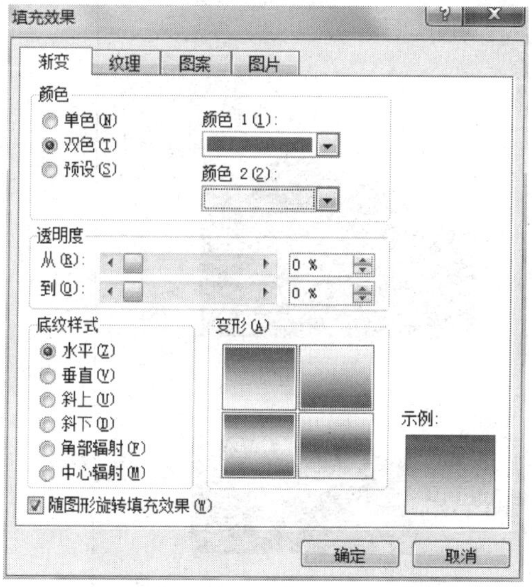

图 2-5-4 渐变填充效果对话框

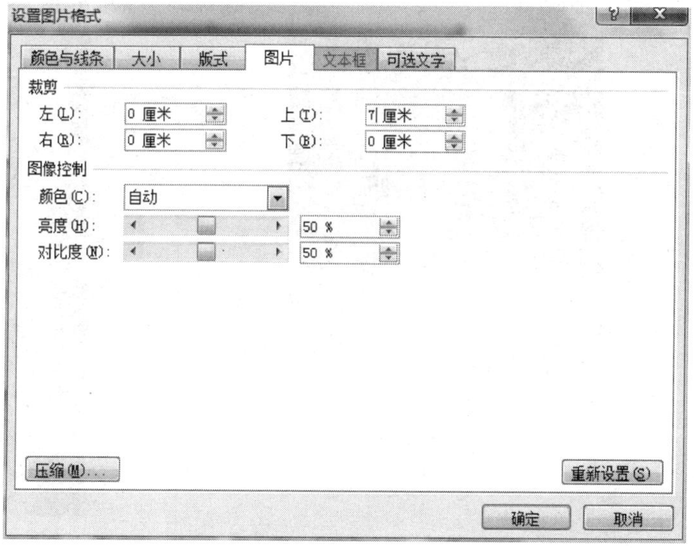

图 2-5-5 设置图片格式对话框

4. 添加并编辑图像。

(1) 在文件底部插入“素材”文件夹中的“素材 1”图片。设置图片格式环绕方式为“四周型”，裁剪上面 7 厘米，如图 2-5-5 所示。放置到文件的底端。

(2) 在文件中间插入“素材”文件夹中的“素材 2”图片。设置图片格式环绕方式为“紧密型”，填充色为金色，选中图片在“格式”菜单栏中选择的“设置透明色”工具，如图 2-5-6 所示，用该工具在图片的左上角天空部分位置单击。放置图片到文件中间适当位置。

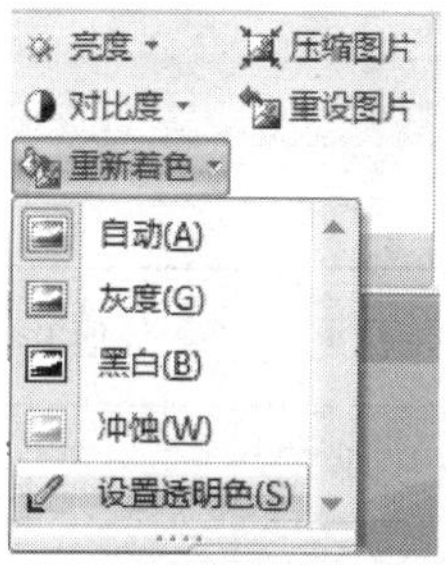

图 2-5-6 格式菜单栏中的“设置透明色”工具

5. 制作标题。

(1) 插入艺术字体“喜迎中华 60 华诞暨国庆日”，字体为隶书，设置艺术字体形状为纯文本，环绕方式为“衬于文字上方”，高为 2 厘米，宽为 12 厘米。设置线条颜色为白色，填充色为红色，放置到文件的顶端。

(2) 插入艺术字体“——中华人民共和国国庆日”，字体为黑体，加粗，设置艺术字体形状为纯文本，环绕方式为“衬于文字上方”，高为 1 厘米，宽为 10 厘米。设置线条颜色和填充色都为红色，放置在主标题下方。

6. 添加星光装饰图形。

(1) 在“插入”菜单栏中点击“形状”菜单，选中“星与旗帜”中的“八角星”图形。设置文字环绕方式为“衬于文字上方”，大小适中。设置线条颜色为无，填充色为白色，用鼠标将图形中方形控制柄拖向中心位置，如图 2-5-7 所示。

(2) 用复制的方法复制多个星光放置在文字的四周。

(3) 保存并关闭文件，完成作品。效果如图 2-5-8 所示。

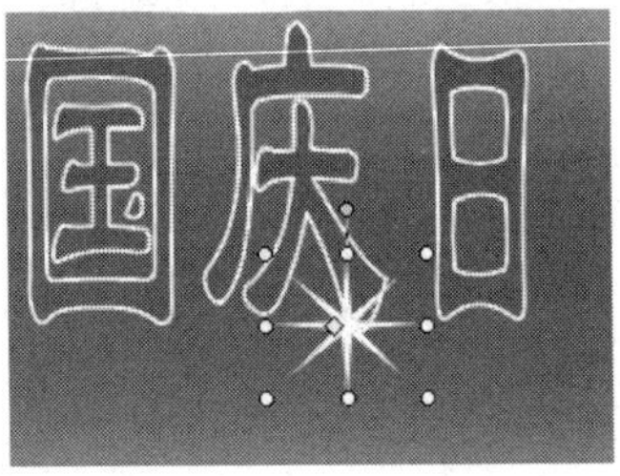

图 2-5-7　图形中方形控制柄

图 2-5-8　作品样张

六、评价标准

评价指标(满分 30 分)		权重	分值 0～5
设计 1	作品中的各种元素都围绕主题	1	
设计 2	结构新颖，有良好的视觉效果，运用色调适当	1	
设计 3	画面图文并茂，表达简洁清晰，有独创性	1	
制作 1	正确设置文字的字体与字号	1	
制作 2	图形之间的位置关系及图形中色彩的运用正确	1	
制作 3	图片与文字融为一体，标题醒目美观	1	
得分			

综合测试 6

演示文稿——云南旅游演示文稿的制作

一、项目背景

云南是很多人的梦想所在，那个青山绿水、四季如春的地方，不仅长有奇花异草，亦有丰富的地形景观，更有悠闲雅致而不失厚重的古城，有 20 多个精彩地生活着的少数民族。云南的景区遍布全省，有世界遗产 3 个，国家级风景名胜区 12 个，要去云南旅游，就需要做足功课。

二、项目任务

运用所提供的素材，制作多媒体电子演示文稿，介绍云南旅游的路线、风景、注意事项等情况。

将完成的作品以"云南旅游"为文件名保存在指定目录下。

三、设计要求

1. 设计至少 5 张幻灯片，其中第 1 张幻灯片：设置项目主题、音乐及背景。

2. 第 2 张幻灯片：设置跳转到第 3～5 张幻灯片的标题、超级链接，并插入视频。

3. 第 3～5 张幻灯片：设置相关文字、图片或表格。每张幻灯片均需有反映其内容的标题、相关图片及相应文字；第 3 张幻灯片应包含一张景点票价表格，表格内容至少包含 3 个景点的票价信息，整表在幻灯片中布局合理，大小合适。

4. 除标题幻灯片外，利用母版，在每张幻灯片的左下角显示文字"云南旅游"。

四、制作要求

1. 第 1 张幻灯片版式为标题幻灯片，主题文字内容自定，选择相关图片以反映项目主题，并插入一段音乐"梦回云南-白玛多吉. mp3"；幻灯片的标题用艺术字体并设置动画效果。

2. 第 2 张幻灯片内容依次为第 3～5 张幻灯片标题，每个标题均能直接链接到相应的幻灯片，并插入视频"云南民族村欢迎您. wmv"。

3. 第 3～5 张幻灯片要求图文并茂，排版合理，字体大小合适，美观、清晰。

4. 母版在每张幻灯片的左下角，显示文字"云南旅游"，要求为黑体、红色、20 磅，背景框为"水滴"纹理填充。

5. 幻灯片设置合理的切换效果，为文字和图片设置动画效果。

五、参考操作步骤

1. 项目任务分析。

本题为多媒体演示文稿的制作。

首先浏览素材文件夹，可以找到有关云南旅游的图片和文字资料，仔细阅读文字资料。图片与文字内容要尽可能合理地进行搭配，并考虑先后次序。记下自己所需图片的文件名和图片的内容，以备加工图片时用。

2. 参考操作步骤。

(1) 用图片处理工具软件(如：Photoshop)打开图片，按需要作适当的加工，如：裁剪、边缘模糊等。处理好的图片应存放到临时文件夹中。

(2) 运行 PowerPoint 软件，新建空白板式的幻灯片，如图 2 - 6 - 1 所示，这样可以使制作时不受拘束，当然，也可以根据自己的设计选取相应的版式。

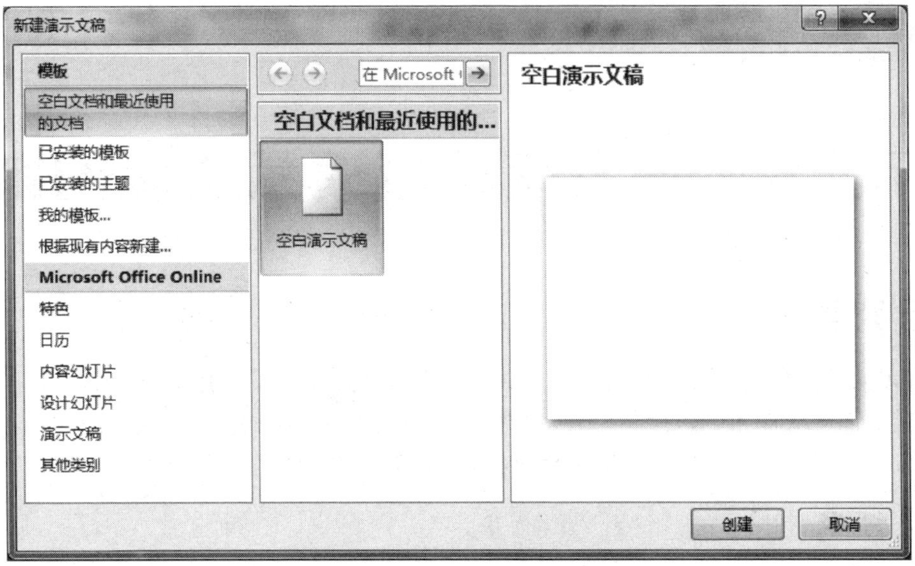

图 2-6-1　新建空白文档

(3) 根据设计要求，在第 1 张幻灯片中分别插入主题、音乐。幻灯片的主题只要看上去庄重、清晰，与主题内容相符即可，最好不用花哨的图案，因为这既不能映衬严肃的主题，又不能清晰地显现出文字内容。可适当加上一些图形或图案，以求得整个版面的和谐、美观。点击“设计”，选择“主题”面板中的某个模板，如图 2-6-2 所示。

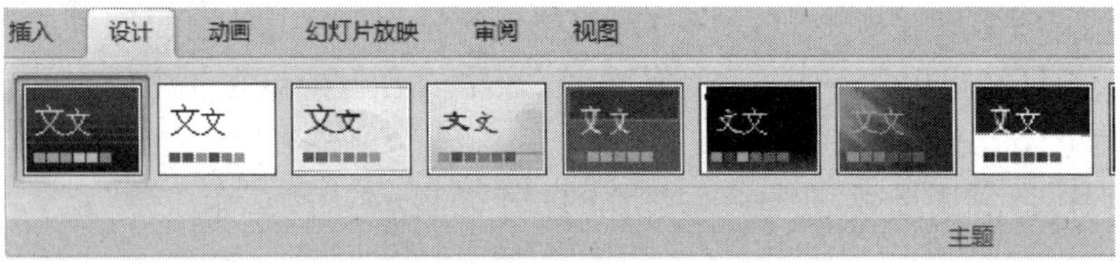

图 2-6-2　插入幻灯片主题

点击“插入”菜单下的“声音”，插入素材目录下的“梦回云南-白玛多吉.mp3”。

图 2-6-3　插入声音文件

（4）依次插入第2～5张幻灯片，在每张幻灯片中插入文本框（见图2-6-4）和相应的图片（见图2-6-5），将与云南旅游有关的文字粘贴到文本框中，可以适当地加入一些个人体会或评价。在第2张幻灯片中插入视频时，最好先将要插入的视频复制到演示文稿对应的文件夹下，再执行“插入”→“影像”命令插入视频文件，选择“云南民族村欢迎您.wmv”。

（5）建立第2张幻灯片中各个标题文字与第3～5张幻灯片的超级链接，同时，在第3～5张幻灯片中用按钮图片作为链接点，建立返回第2张幻灯片的超级链接（见图2-6-6），以实现第2张幻灯片与第3～5张幻灯片的“互联”。使用母版功能，使每张幻灯片的左下角显示文字“云南旅游”。

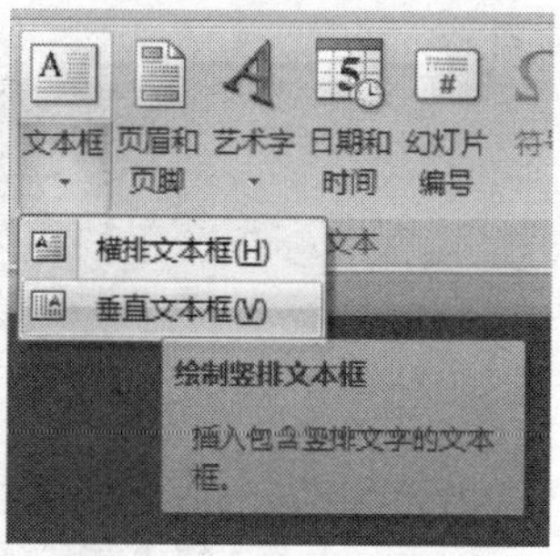

图2-6-4　插入文本框

图2-6-5　插入视频文件

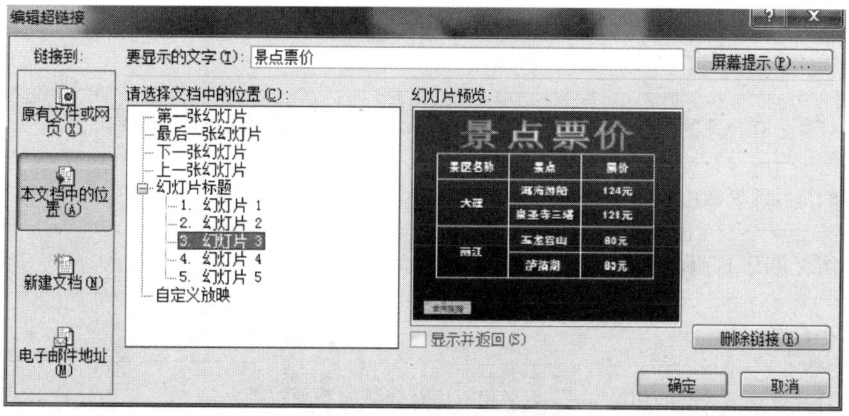

图2-6-6　为第2张幻灯片插入超链接

（6）最后，为各张幻灯片中的对象设置自定义动画（见图2-6-7），并为各张幻灯片设置切换方式（见图2-6-8）。在设计动画时，动作幅度不要太大，变化也不宜太多。注意切换的时间要适当。时间太长，会使人不耐烦，时间太短，超链接又难以起应有的作用。

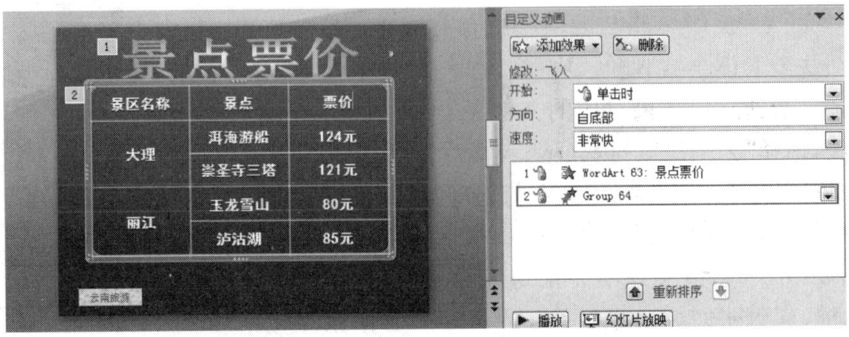

图 2-6-7　设置第 3 张幻灯片的动画效果

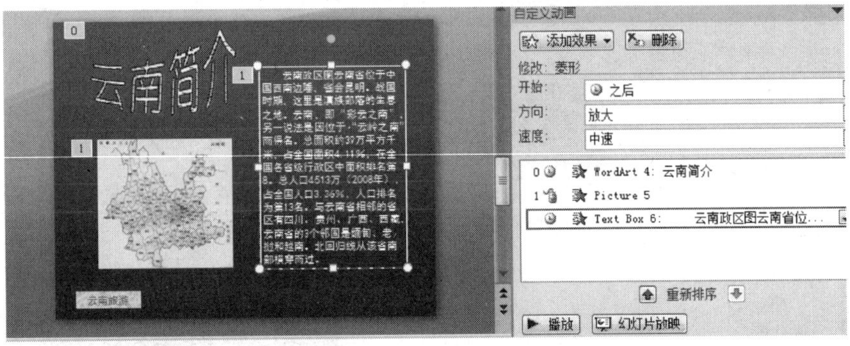

图 2-6-8　设置第 4 张幻灯片的切换效果

(7) 将做好的文档保存在指定目录下的“云南”文件夹中。

六、评价标准

评价指标(满分 30 分)		权重	分值 0—5
设计 1	设计至少 5 张幻灯片,主题明确,合理应用资源,导航结构清晰。	1	
	第 1 张幻灯片要有主题,并插入音乐和背景		
设计 2	每张幻灯片上有合适的图片、音频、视频等多媒体元素,为文字说明提供详细资料	1	
制作 1	第 1 张幻灯片的标题用艺术字,设置动画效果	1	
制作 2	幻灯片图文并茂、排版合理、字体大小合适	1	
	字体大小合适		
制作 3	为各幻灯片设置播放时的切换方式,文字和图片有合适的动画效果	1	
	文字和图片有合适的动画效果		
制作 4	除标题幻灯片外每张幻灯片左下角显示文字“云南旅游”	1	
得分			

综合测试 7

演示文稿——电子计算机发展史演示文稿的制作

一、项目背景

创新集团下属电脑公司接到上级布置的一个任务，要他们为驻沪某地解放军战士开设信息技术基础讲座，此讲座共分 20 次，每次上两节课，每节课为 30 分钟。本节内容为介绍电子计算机的发展过程。

众所周知，电子计算机自 1946 年第一台 ENIAC 电子管计算机诞生以来，经过第二代晶体管，第三代集成电路不断发展，已进入目前第四代大规模集成电路阶段，并正朝着第五代智能化计算机方向发展。

二、项目任务

运用所给定的素材，制作现代电子计算机发展过程的电子演示文稿。

在 D 盘根目录下建立"计算机发展史"文件夹，作品保存在该文件夹下，文件名自定。

三、设计要求

1. 主题明确，能合理应用资源。列出计算机每个年代的主要特点，图文并茂，版面清晰。
2. 尽可能应用影片对每个年代的特点进行讲解，对文字说明中关键字能进一步提供详细资料加以说明。

四、制作要求

1. 在第 1 张幻灯片中用艺术字体展示作品的主标题并设计为动画。
2. 以后 5 张幻灯片分别展示五个年代的照片及文字说明。并且利用关键字作为超级链接，进一步展示有关详细信息。
3. 至少有 3 张幻灯片通过超级链接等方式，播放有关的影片。
4. 利用表格，对四个年代作出总结。
5. 各幻灯片播放时有切换方式。
6. 各幻灯片布局合理，风格一致。

五、参考操作步骤

1. 项目任务分析。

这是一个制作简易教学软件的任务。首先应当浏览有关素材，然后确定每张幻灯片的主题，根据要求已知第 1 张幻灯片应该把要讲述的标题列为幻灯片的项目清单。后面的 5 张幻灯片中分别列出每一代计算机的主要特点(文字说明)，并配以一张图片。另外考虑到教学的生动性，应该链接到相关的影片。

此外，还应当在每张幻灯片中取一个关键字配上超级链接转到相应的文章中，以便进一步展开讲述。作为一个完整的数字软件，最后应当配上小结。

2. 新建文件，确定幻灯片数量，确定幻灯片版式和设计模板。

(1) 打开 Powerpoint 后，新建一个幻灯片文档。

(2) 在"设计"菜单栏中选择主题下的模板，例如选定 Capsules。

选择"版式"，例如选定项目清单版式，作为第 1 张幻灯片，输入演示文稿的标题和项目清单。

选定文本和剪贴画版式，作为后面 5 张幻灯片，输入演示文稿的标题、文本和图片。选定表格版式，作为最后 1 张幻灯片，输入演示文稿的表格。具体内容参考样张。

3. 编辑第 1 张幻灯片。

(1) 设置演示文稿的标题为艺术字。在工具栏中选择插入图片中的艺术字，如图 2－7－1 所示。在艺术字库中选择合适的艺术字样式，在输入框中输入文字“现代电子计算机的发展”，选中艺术字，在格式菜单栏中设置艺术字的特殊效果，如图 2－7－2 所示。在“开始”菜单栏下选择字体、字号，如图 2－7－3 所示。

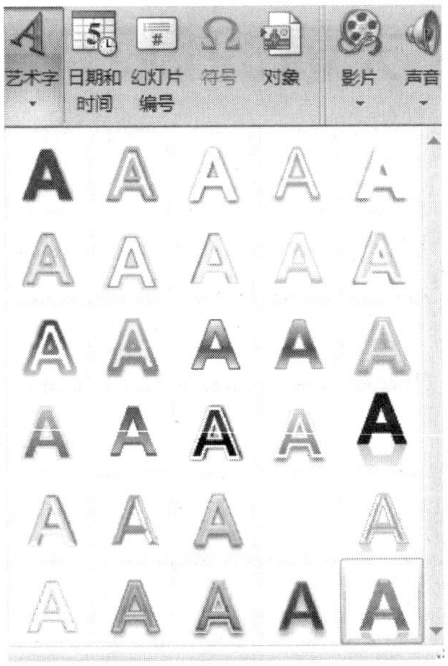

图 2－7－1 选择艺术字样式

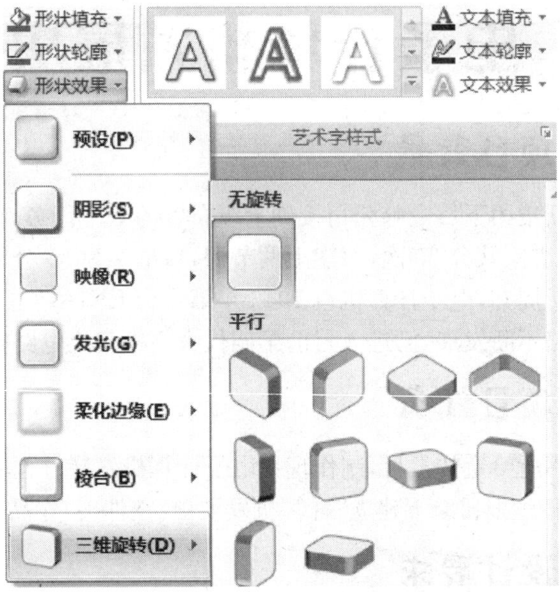

图 2－7－2 设置艺术字形状效果

(2) 设置演示文稿的标题和项目清单为动画。

右击艺术字体，选择“动画”菜单栏下的“自定义动画”，如图 2－7－4 所示。在图 2－7－5 所示的窗口中选择动画效果。

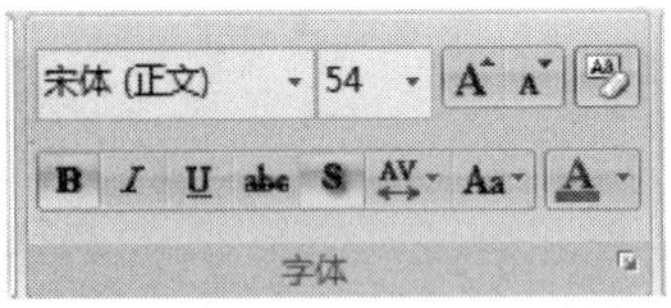

图 2－7－3 设置文字格式

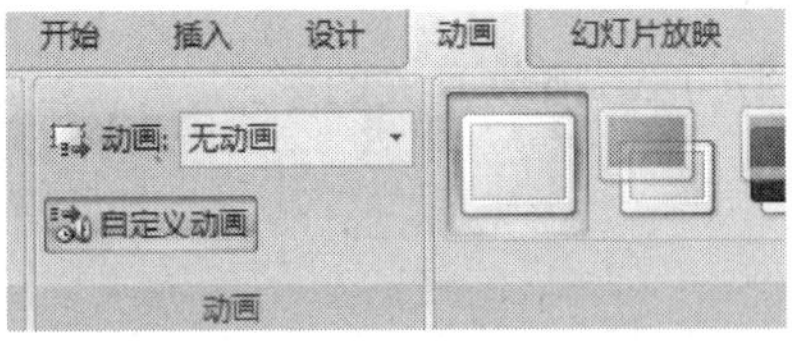

图 2－7－4 自定义动画

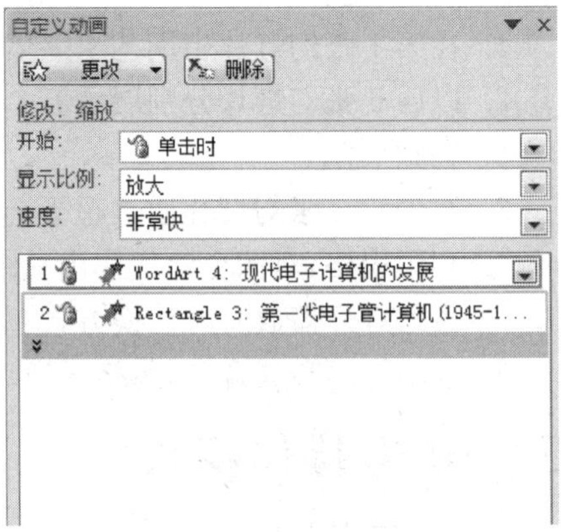

图 2－7－5 设置动画效果

4. 编辑第 2 张幻灯片。

(1) 运用所给定的素材，编辑第 2 张幻灯片的文字。应该突出第一代电子管计算机的特点。

(2) 插入图片。由于给定的素材中图片需要作旋转处理，可以用 ACDSee、Photoshop、画图等多种软件进行处理。如图 2－7－6 所示。本例采用画图打开，如图 2－7－7 所示。然后利用垂直翻转完成旋转。如图 2－7－8所示。注意图片尺寸包含白底，所以在白底右下角利用鼠标往左上角拖曳到与图片大小一样。

(3) 插入动作按钮中的影片按钮，在按钮上方，添加“ENIAC 影片”文字。右击影片按钮，选择超链接，如图 2－7－9 所示。在插入超链接设置对话框中，单击浏览目标中的文件按钮，如图 2－7－10 所示。在弹出对话框中选择 ENIAC. avi。

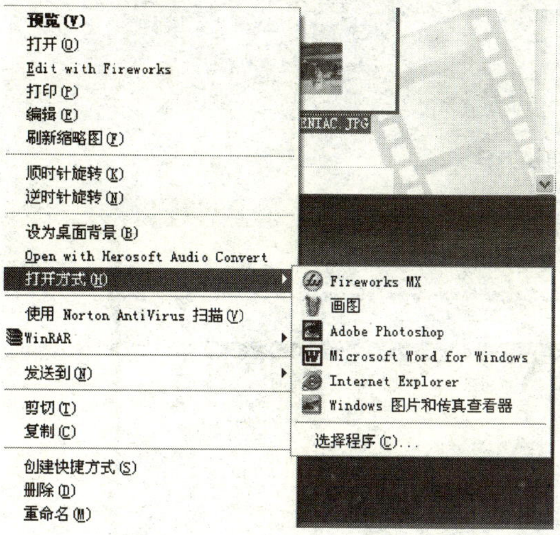

图 2-7-6 选择打开方式

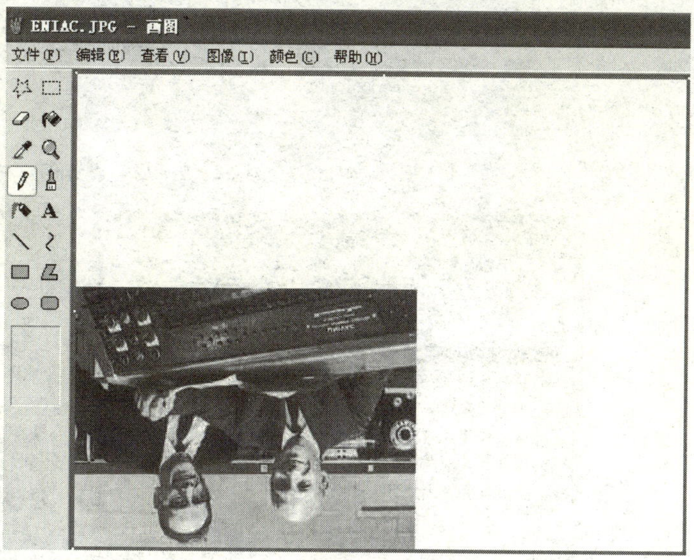

图 2-7-7 在画板中打开图片

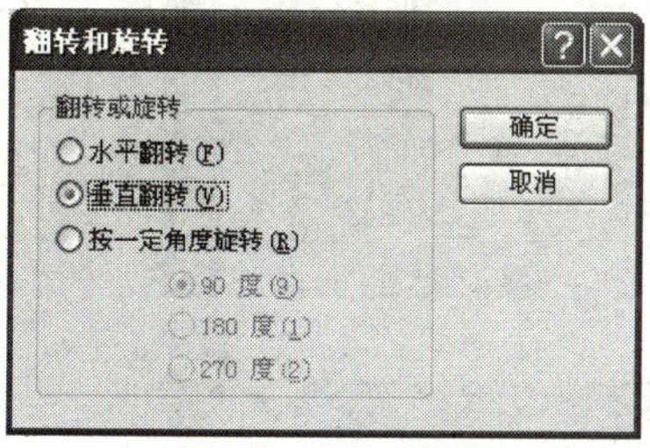

图 2-7-8 垂直翻转

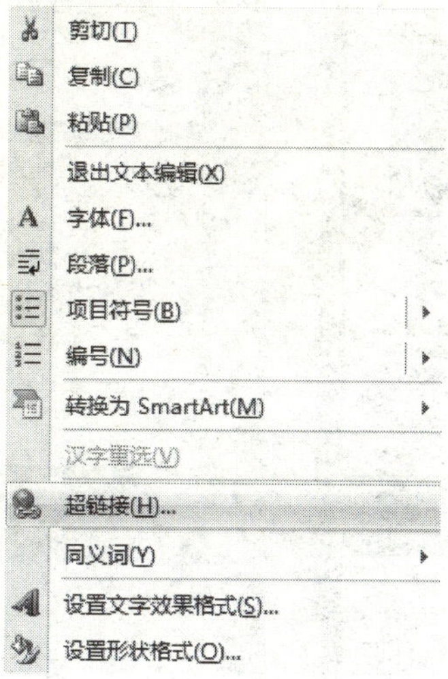

图 2-7-9 超链接

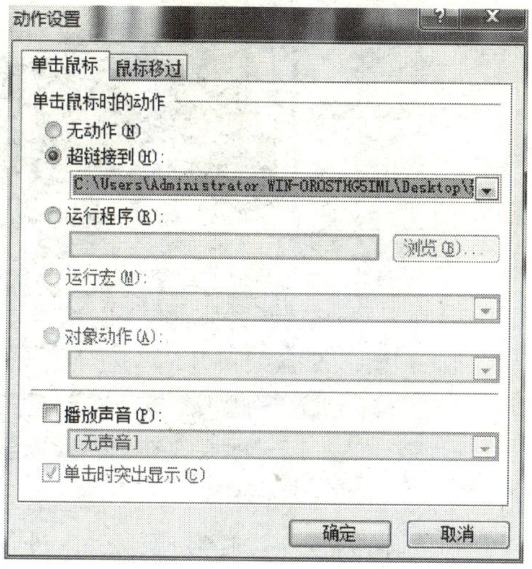

图 2-7-10 动作设置

(4) 对关键字“ENIAC”设置超级链接。选中“ENIAC”右击，在弹出对话框中选择超级链接。在插入超链接设置对话框中，单击浏览目标中的文件按钮，在弹出对话框中选择 ENIAC. htm。

5. 编辑第 3、5 张幻灯片。

参考步骤 4，编辑第 3、5 张幻灯片。

6. 编辑第 4、6 张幻灯片。

基本与编辑第 2 张幻灯片一样。唯一不同的是影片直接利用插入完成，如图 2-7-11 所示。

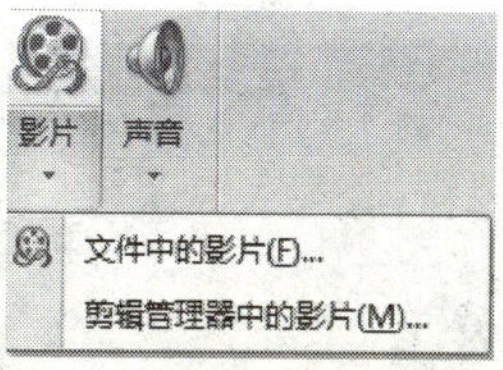

图 2-7-11 插入视频

7. 设置各幻灯片播放时的切换方式。

在幻灯片切换对话框中，设置切换方式，速度等信息，如图 2-7-12 所示。

8. 文档的保存。

单击“另存为”命令，在出现的“另存为”对话框中，选择保存位置及类型，输入文件名“现代电子计算机发展”，单击“保存”按钮，保存文档，效果如图 2-7-13 所示。

动画
幻灯片放映
审阅
视图
格式
切换声音: [无声音]
切换速度: 中速
全部应用
切换到此幻灯片

图 2－7－12　设置幻灯片切换方式

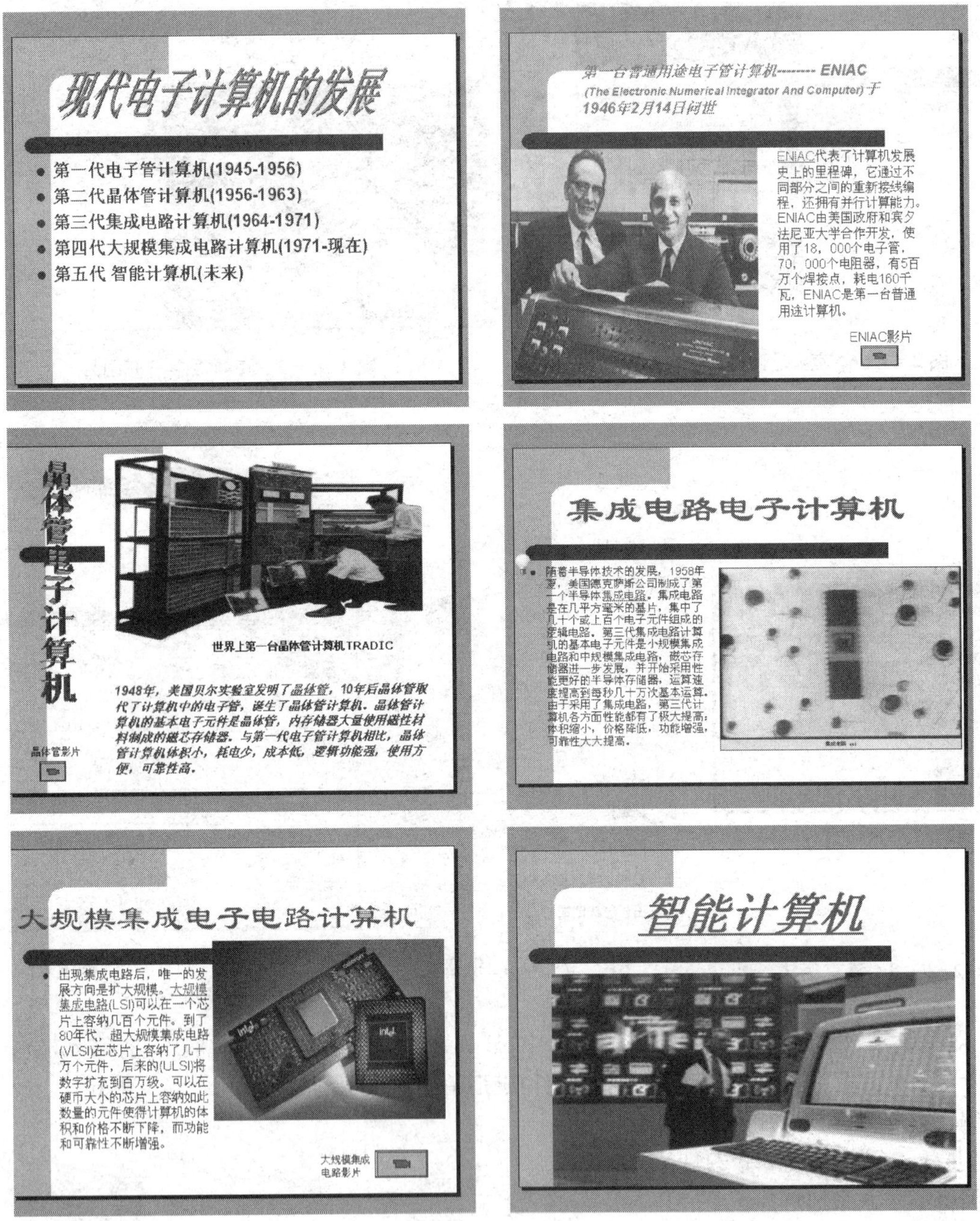
现代电子计算机的发展
第一代电子管计算机(1945-1956)
第二代晶体管计算机(1956-1963)
第三代集成电路计算机(1964-1971)
第四代大规模集成电路计算机(1971-现在)
第五代 智能计算机(未来)
第一台普通用途电子管计算机-------- ENIAC
(The Electronic Numerical Integrator And Computer)于
1946年2月14日问世
ENIAC代表了计算机发展史上的里程碑，它通过不同部分之间的重新接线编程，还拥有并行计算能力。ENIAC由美国政府和宾夕法尼亚大学合作开发，使用了18，000个电子管，70，000个电阻器，有5百万个焊接点，耗电160千瓦，ENIAC是第一台普通用途计算机。
ENIAC影片
晶体管电子计算机
世界上第一台晶体管计算机TRADIC
1948年，美国贝尔实验室发明了晶体管，10年后晶体管取代了计算机中的电子管，诞生了晶体管计算机。晶体管计算机的基本电子元件是晶体管，内存储器大量使用磁性材料制成的磁芯存储器。与第一代电子管计算机相比，晶体管计算机体积小，耗电少，成本低，逻辑功能强，使用方便，可靠性高。
晶体管影片
集成电路电子计算机
随着半导体技术的发展，1958年夏，美国德克萨斯公司制成了第一个半导体集成电路。集成电路是在几平方毫米的基片，集中了几十个或上百个电子元件组成的逻辑电路。第三代集成电路计算机的基本电子元件是小规模集成电路和中规模集成电路，磁芯存储器进一步发展，并开始采用性能更好的半导体存储器，运算速度提高到每秒几十万次基本运算。由于采用了集成电路，第三代计算机各方面性能都有了极大提高：体积缩小，价格降低，功能增强，可靠性大大提高。
大规模集成电子电路计算机
出现集成电路后，唯一的发展方向是扩大规模。大规模集成电路(LSI)可以在一个芯片上容纳几百个元件。到了80年代，超大规模集成电路(VLSI)在芯片上容纳了几十万个元件，后来的(ULSI)将数字扩充到百万级。可以在硬币大小的芯片上容纳如此数量的元件使得计算机的体积和价格不断下降，而功能和可靠性不断增强。
大规模集成电路影片
智能计算机

图 2－7－13　样张

提示：

光盘样例 pptx 文件中的动作按钮的超链接要重新设置文件路径，视频文件才能正常播放。因为 2007 版的多媒体演示文稿制作软件的动作按钮超链接不支持相对路径。

六、评价标准

评价指标(满分 30 分)		权重	评分等级		
			3	2	1
设计 1	主题明确,能合理应用资源。列出计算机每个年代的主要特点	1			
设计 2	尽可能应用影片对每个年代的特点进行讲解,对文字说明中关键字能进一步提供详细资料加以说明	1			
制作 1	在第 1 张幻灯片中用艺术字体展示作品的主标题并设计为动画	1			
制作 2	以后 5 张幻灯片分别展示五个年代的照片及文字说明。并且利用关键字作为超级链接,进一步展示有关详细信息	2			
制作 3	至少有 3 张幻灯片通过超级链接等方式,播放有关的影片	2			
制作 4	各幻灯片播放时有切换方式	1			
制作 5	各幻灯片布局合理,风格一致	2			
得分					

综合测试 8

演示文稿——“中国非物质文化遗产——重庆代表作”演示文稿的制作

一、项目背景

为推动我国非物质文化遗产的抢救、保护与传承,我国设立了“中国非物质文化遗产代表作”制度,鼓励公民积极参与非物质文化遗产的保护工作。2006 年 5 月,国务院公布了我国第一批国家级非物质文化遗产代表作。

二、项目任务

请你运用所给的素材,制作 “中国非物质文化遗产重庆代表作”的多媒体电子演示文稿。

最后完成的作品以“重庆代表作.pptx”为文件名,保存在 D 盘根目录下。

三、设计要求

1. 主题明确,列出“中国非物质文化遗产重庆代表作”的主要形式,图文并茂,版面清晰。

2. 设计不少于 10 张幻灯片,尽可能利用影片或声音,介绍中国非物质文化遗产 9 个重庆代表作的详细情况和表现形式。

四、制作要求

1. 第 1 张幻灯片主题:“中国非物质文化遗产”,副标题:“重庆代表作”,均用艺术字。以后 9 张幻灯片,分别展示 9 个重庆代表作的照片和文字说明,要求图文并茂,排版合理。

2. 第 1 张幻灯片必须通过代表作的文字列表目录，链接到其他页面，每项代表作介绍的演示文稿应能返回到首页。播放时设置切换方式，文字和图片都加上合适的动画效果。

3. 至少有 4 张幻灯片通过超链接等方式，播放相关声音和视频文件。

4. 利用母版设置页眉："世界非物质文化遗产"和统一的"返回"、"结束"按钮。

5. 整套幻灯片要求有统一风格的背景。

五、参考操作步骤

1. 演示文档的目录设置和编辑。

(1) 新建幻灯片：启动 PowerPoint 2007，新建 10 张新的幻灯片。

(2) 插入艺术字和自选图形：在第 1 张幻灯片的标题栏中，输入"中国非物质文化遗产"，设置字体：隶书、54 磅、红色；插入艺术字："——重庆代表作"；插入一个自选图形，单击右键，在快捷菜单中，选择"插入"菜单下的"文本框"命令，输入"川江号子"，设置合适的字体、大小、颜色和边框；复制 8 个自选图形，将其中的文字改成"川剧"、"灯戏"等"重庆代表作"的 9 个项目，并且设置合适的宽度和位置。

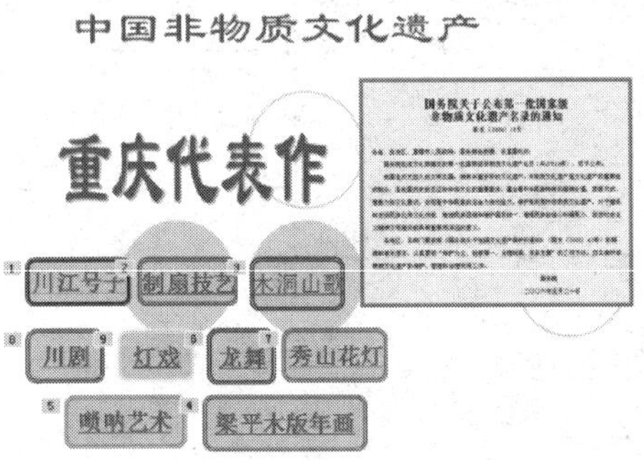

图 2-8-1　第 1 张幻灯片

(3) 插入图片：插入一张介绍"重庆代表作"的图片，并且设置合适的大小和位置，如图 2-8-1 所示。

(4) 制作第 2～10 张幻灯片：在第 2 张幻灯片的标题处，插入艺术字"川江号子"，并且设置合适的字体、大小、颜色和位置。再插入"川江号子"的相关图片和说明文字。用同样的方法，制作另外 8 个"重庆代表作"的幻灯片。

(5) 设置模板：选中第 1 张幻灯片，单击"设计"菜单，在主题中选择合适的应用幻灯片设计模板，单击该设计模板右侧按钮，选择"应用于所有幻灯片"，则将整套幻灯片设置成统一风格的模板。

2. 设置超链接、页眉、返回和结束按钮。

(1) 设置超链接：选中第 1 张幻灯片上的目录"川江号子"自选图形，单击右键，在快捷菜单中，选择"超链接"命令，在弹出的"插入超链接"对列表框中，选"第 2 张幻灯片"，单击"确定"按钮，如图 2-8-2 所示。

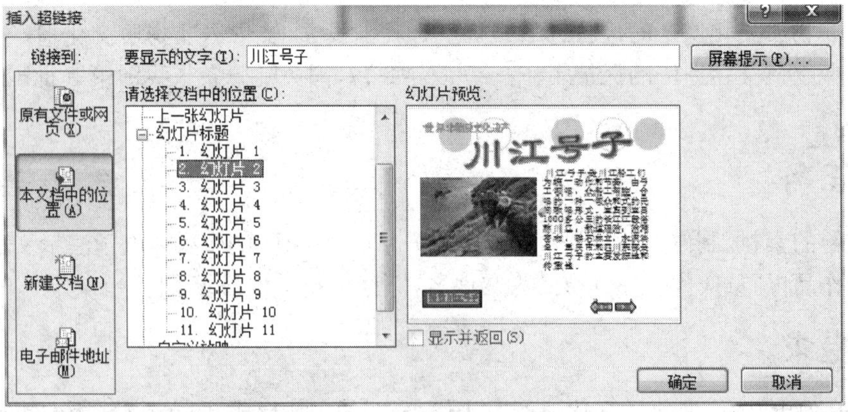

图 2-8-2　添加超链接

(2) 用母版设置页眉、"返回"和"结束"按钮：

进入"幻灯片母版"设置：选中第 1 张幻灯片，选择"视图"→"幻灯片母版"命令，如图 2-8-3 所示，进入幻灯片母版的编辑模式。

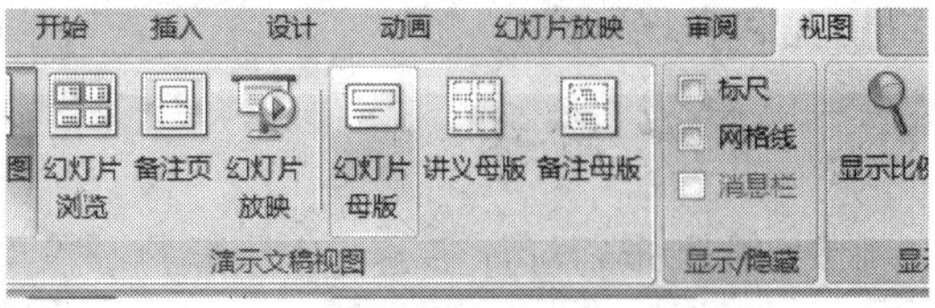

图 2-8-3　选择幻灯片母版

设置页眉：从打开的"母版"对话框中，在第 1 张幻灯片的左上角空白处,用鼠标拖曳出一个“文本框”,并输入文字“世界非物质文化遗产”,并设置合适的大小、颜色。

设置按钮:选择插入菜单下的“形状”→“动作按钮”下合适的按钮,在第1张幻灯片的右下角空白处,用鼠标拖曳出一个“返回”按钮和一个“结束”按钮,如图2-8-4所示。

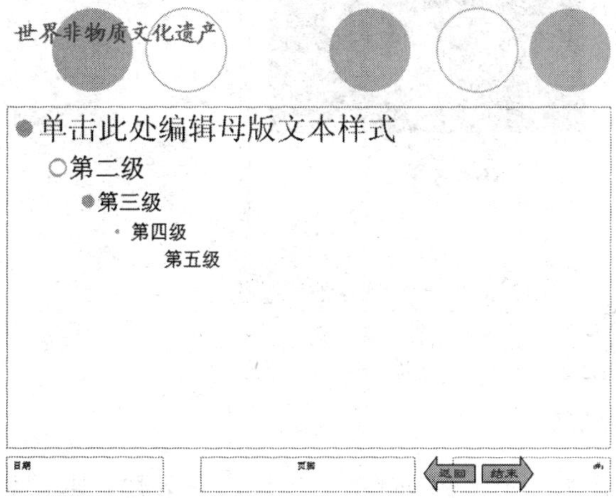

图2-8-4 编辑母版

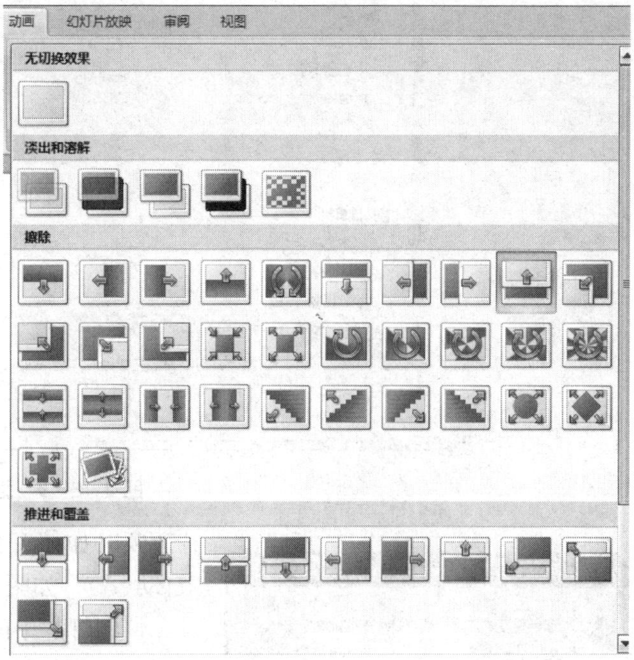

图2-8-5 设置幻灯片切片方式

单击“幻灯片母版视图”→“关闭母版视图”按钮,返回幻灯片的普通视图页面。这时,可以看到整套幻灯片每张都有“世界非物质文化遗产”页眉和“返回”及“结束”按钮。

3. 幻灯片的切换和动画设置。

(1) 幻灯片切换:单击“动画”菜单,选择合适的切换方式,本例选“水平百叶窗”,如图2-8-5所示。

如果要把整套幻灯片设置成相同的切换方式,则单击视窗下侧的“全部应用”按钮即可,如图2-8-6所示。

(2) 自定义动画:选中要设置动作的对象,选择“动画”菜单下“自定义动画”命令,在屏幕右侧打开的“自定义动画”任务窗格中,选择“添加效果”下拉列表框,选“进入”,并选择合适的动画动作,如“飞入”,如图2-8-7所示。

图2-8-6 全部应用

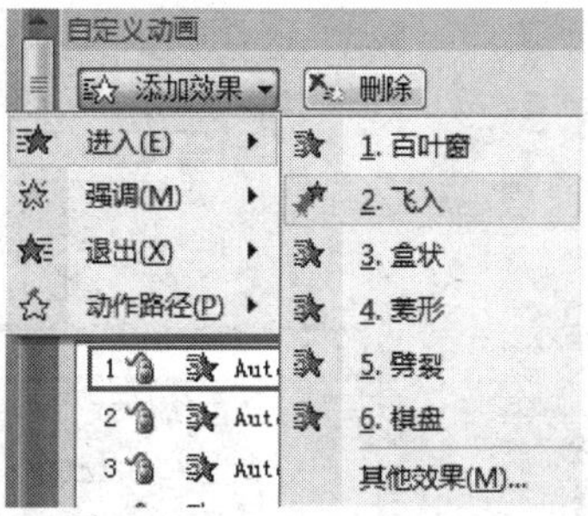

图2-8-7 动画设置

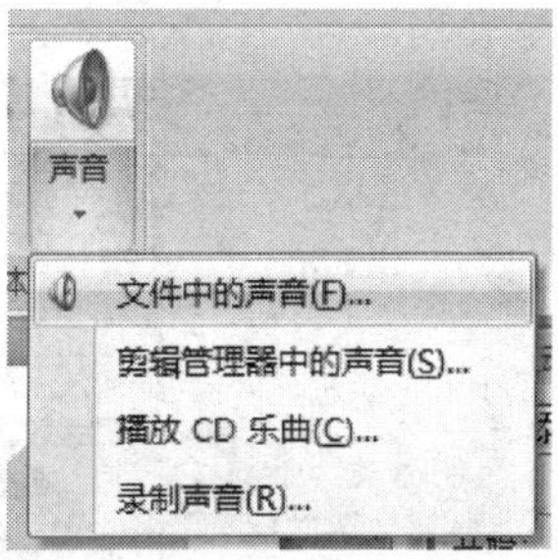

图2-8-8 插入音频

4. 插入声音、视频文件。

(1) 插入声音文件。

插入文件:单击“插入”菜单的“声音”→“文件中的声音”命令,如图2-8-8,在弹出的“插入声音”对话框中,选择需要插入的声音文件,单击“确定”按钮。如图2-8-9所示。在随后弹出的“您希望在幻灯

图 2-8-9　插入音频

片放映时如何开始播放声音?”对话框中，根据需要选择。本例选“自动(A)”，如图 2-8-10 所示。

该幻灯片中间出现声音图标“小喇叭”。当演示文稿放映到该幻灯片时，则声音文件会同时自动播放。

这样插入的音乐，只对所选择的那张幻灯片起作用，如果声音文件没有放完，则幻灯片不再往下播放；等到单击播放下一张幻灯片时，声音文件则停止播放。

图 2-8-10　播放设置

自定义播放：如果需要给所有幻灯片加上连续的背景音乐，又不影响幻灯片的正常放映，则右键单击声音图标“小喇叭”，选择“动画”菜单下的“自定义动画”命令，在屏幕右侧弹出的“自定义动画”对话框中，单击“添加效果”下拉列表框，选“声音操作”→“播放”命令，如图 2-8-11 所示。再单击“效果选项”，如图 2-8-12 所示。打开“播放声音”对话框，设置声音的“开始播放”和“停止播放”选项，如图 2-8-13 所示。这样就可以轻松控制指定的背景音乐，在指定的几张幻灯片或全部幻灯片中连续播放。

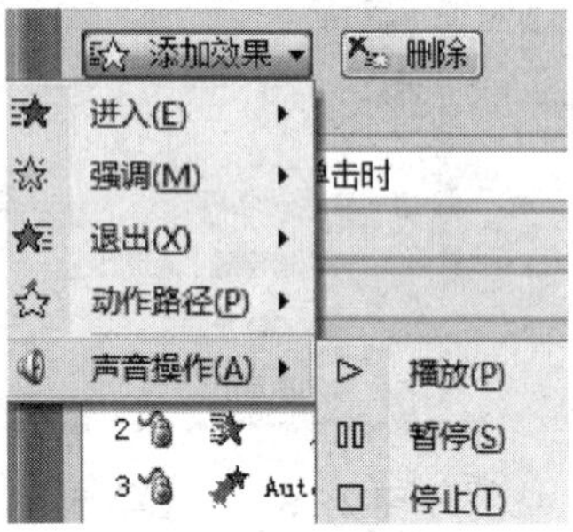

图 2-8-11　声音动画设置

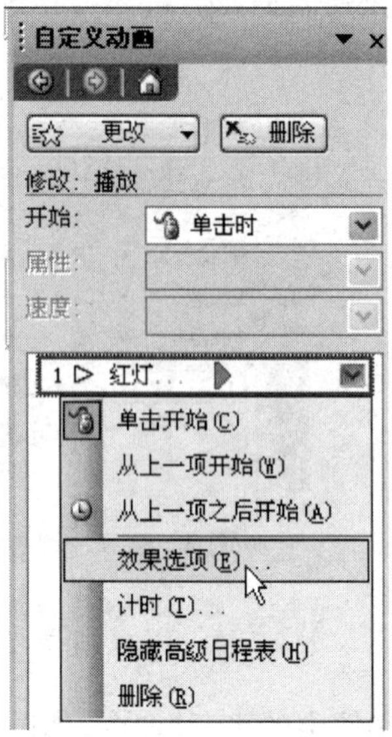

图 2-8-12　动画效果选项

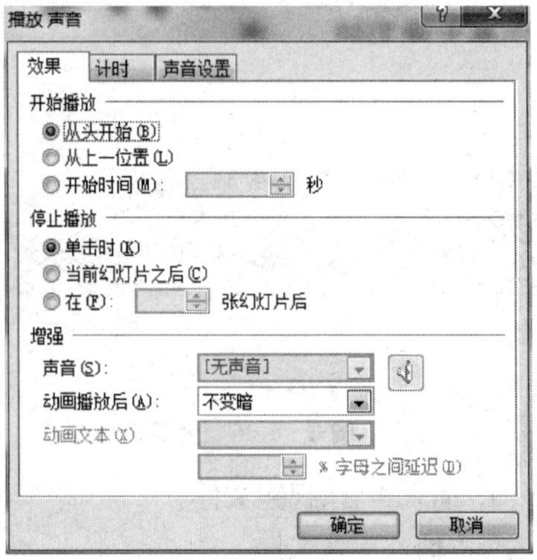

图 2-8-13　声音播放设置

循环播放：右键单击声音图标“小喇叭”，选择“编辑声音对象”命令，在弹出的“声音选项”对话框中，勾选“循环播放，直到停止”选项。为了不影响幻灯片的视觉效果，可以顺便勾选“幻灯片放映时隐藏声音图标”，如图 2－8－14 所示，单击“确定”按钮。

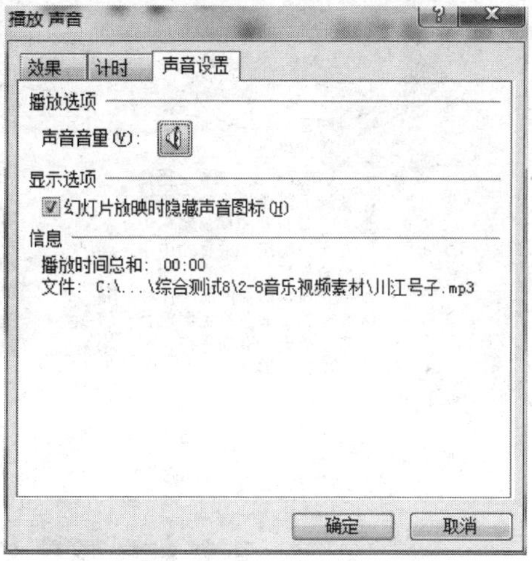
播放 声音
效果
计时
声音设置
播放选项
声音音量(V):
显示选项
幻灯片放映时隐藏声音图标(H)
信息
播放时间总和: 00:00
文件: C:\...\综合测试8\2-8音乐视频素材\川江号子.mp3
确定
取消

图 2－8－14　隐藏声音图标

(2) 超链接视频文件。

设置超链接：选中第 2 张幻灯片左下角“播放川江号子”自选图形，单击右键，在快捷菜单中，选择“超链接”命令，在弹出的“插入超链接”对话框的列表框中，选择相应的曲目文件，单击“确定”按钮。用同样方法，设置每张幻灯片的相关视频的图片按钮，再设置相应的“超链接”即可。

5. 保存文件。

单击 “另存为”命令，将文件以“重庆代表作. pptx”为文件名保存在 D 盘根目录下。

6. 参考样张(见图 2－8－15)。

中国非物质文化遗产
重庆代表作
川江号子
制扇技艺
木洞山歌
川剧
灯戏
龙舞
秀山花灯
唢呐艺术
梁平木版年画
世界非物质文化遗产
川江号子
川江号子是川江船工们为统一动作和节奏，由号工领唱，众船工帮腔、合唱的一种一领众和式的民间歌唱形式。宜宾到宜昌1000多公里的长江江段俗称川江，航道艰险，险滩密布，礁石林立，水流湍急。重庆市和四川东部是川江号子的主要发源地和传承地。
播放川江号子
世界非物质文化遗产
制扇技艺
南宋时苏州便有人自制折扇，到1426～1435年（明代宣德年间）设作坊生产，并出现名牌产品，如著名的乌竹骨泥金扇。公元1638～1661年（清代顺治年间）苏扇成为皇家贡品，制扇业开始兴盛。苏州雅扇有不少名品，所谓“吴中折扇，凡紫檀、象牙、乌木作股为俗制，惟棕竹、毛竹为之，称怀袖雅物”。折扇的扇骨制作以变化丰富和精工细致闻名，打磨后的竹折扇骨匀细光洁，高雅古朴。
世界非物质文化遗产
木洞山歌
世界非物质文化遗产
川剧
川剧，是四川文化的一大特色，成都，是戏剧之乡。早在唐代就有“蜀戏冠天下”的说法。清代乾隆时在本地车灯戏基础上，吸收融汇苏、赣、皖、鄂、陕、甘各地声腔，形成含有高腔、胡琴、昆腔、灯戏、弹戏五种声腔的用四川话演唱的“川剧”。其中川剧高腔曲牌丰富，唱腔美妙动人，最具地方特色，是川剧的主要演唱形式。
播放川剧
世界非物质文化遗产
灯戏
解放前梁平县又名梁山县，因此当地的地方戏被人们称为梁山灯戏，一直沿用至今。梁山灯戏源自民间的“玩灯”和“秧歌戏”，前者的舞蹈动作与后者的说唱表演形式结合而成。灯戏，是源于川东北的地方剧种，它是由广大劳动人民创建，经长期发展不断完善和丰富的民众喜闻乐见的艺术瑰宝，也是一代又一代的无数民间艺人心血与智慧的结晶。
灯戏

世界非物质文化遗产
龙 舞
中国汉族民间舞蹈。因舞蹈者持中国传说中的龙形道具而得名。龙的形象源于中国古代的图腾，被视为中华民族的象征，并把它看做能行云布雨、消灾降福的神物。因此有的地方久旱不雨时，便舞龙祈雨；有的地方插完秧，舞龙驱虫。
世界非物质文化遗产
秀山花灯
秀山花灯表演每年从正月初二开始，至正月十五结束，十六以后叫"厚脸灯"。秀山花灯的传统表演，场地不限，院坝、堂屋、街头巷尾，只要有一个十多平方米的平地即可。由于各地花灯班表演形式和表演风格、表演内容的需要，也有需要特殊场地的。历经数百年的发展，秀山花灯逐渐形成了具有独特风格的民间艺术。
世界非物质文化遗产
唢呐艺术
唢呐艺术是一种传统民间音乐，2006年被列入国家级非物质文化遗产名录。唢呐艺术的基本表现乐器唢呐，古又称琐喇、苏尔奈，原是波斯乐器。明正德时（1501—1521）已有此器，那时称之"唆哪"，先为军中之乐，后入民间。明王圻《三才图会》（1607）即"唢奈"其制如喇叭……不知起于何代，当是军中之乐也。今民间多用之。清代称"苏尔奈"。
世界非物质文化遗产
梁平木版年画
重庆市梁平县的梁平木版年画属于民间美术梁平"三绝"（竹帘、年画、灯戏）之一，是梁平县境内人民群众为庆贺年节而绘制的一种绘画艺术，至今约有三百年的历史，具有深厚的文化价值、历史价值和学术价值。

图 2-8-15　样张

六、评价标准

略。

综合测试 9

电子表格——各直辖市人口普查的统计与分析

一、项目背景

人口普查是一项重要的国情调查，对国家管理、制定各项方针政策具有重要的意义。从新中国成立后，截至2012年，我国在1953年、1964年、1982年、1990年、2000年、2010年共进行了六次全国人口普查。

二、项目任务

第六次和第五次人口普查相关资料见素材文件夹。运用电子表格软件，对素材中的北京、上海、天津、重庆四个直辖市的人口变化进行统计，并利用统计图表进行统计分析，最后完成各直辖市的人口普查统计报告。

在D盘根目录下建立“人口普查”文件夹，作品保存在该文件夹下，统计表格以“各直辖市的人口普查统计表.xlsx”为文件名保存，分析报告以“各直辖市的人口普查分析报告.docx”为文件名保存。

三、设计要求

1. 统计：

(1) 设计“各直辖市的人口普查情况统计表”，表格中应该包括2000年、2010年北京、上海、天津、重庆四个直辖市的人口数，4个直辖市的人口总数、平均人数、人口的增长数以及在全国人口总数中所占的比例等。

(2) 创建适合的图表反映出人口增长情况。

2. 分析：

根据统计表格和创建的统计图，利用文字处理软件Word创建分析报告，对第五次及第六次人口普查中北京、上海、天津、重庆四个直辖市的总体人口增长情况以及每个直辖市的人口增长情况进行分析，要求主题鲜明、版面清晰、分析有理。

四、制作要求

1. 对创建的统计表格进行格式的设置，使表格清晰和醒目。
2. 使用公式进行数据的统计，计算结果正确。
3. 根据统计表创建的统计图图表类型正确，要进行格式的设置，做到简洁、明了、美观。
4. 分析报告中要有统计表、统计图，并有文字表述。

五、参考操作步骤

1. 项目任务分析。浏览提供的文件“2010年第六次全国人口普查主要数据公报(第2号)”和“第五次全国人口普查_百度百科”，从中找出北京、上海、天津、重庆四个直辖市的相关数据，根据设计要求，设计“各直辖市的人口普查统计表”，见表2-9-1。为了要清晰地表示出两次人口普查的对比情况，需要创建的统计图类型应为“柱形统计图”。

表2-9-1 人口普查统计表

直辖市	第五次普查	比 例	第六次普查	比 例	人口增长数
北 京					
上 海					
天 津					
重 庆					
平均值					
总 计					

2. 打开电子表格软件Excel，输入表格标题，输入设计的表格。

3. 在素材文件“2010年第六次全国人口普查主要数据公报(第2号)”和“第五次全国人口普查_百度百科”中，分别找到第五次普查、比例，第六次普查、比例的数值，输入自己设计的表格，设定字体和对齐方式，如图2-9-1所示。

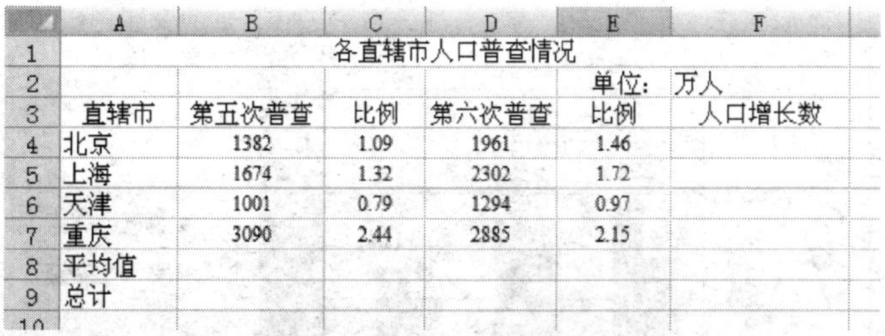

	A	B	C	D	E	F
1	各直辖市人口普查情况					
2					单位：	万人
3	直辖市	第五次普查	比例	第六次普查	比例	人口增长数
4	北京	1382	1.09	1961	1.46	
5	上海	1674	1.32	2302	1.72	
6	天津	1001	0.79	1294	0.97	
7	重庆	3090	2.44	2885	2.15	
8	平均值					
9	总计					

图2-9-1 输入原始数据

4. 使用公式或函数进行数据的统计。

(1) 使用公式计算人口增长数。人口增长数＝第六次普查人数－第五次普查人数。如选定单元格F4，输入：“＝D4－B4”，按回车即可算出北京的人口增长数，用同样的方法计算上海、天津、重庆的人口增长数。

	A	B	C	D	E	F
1	各直辖市人口普查情况					
2					单位：万人	
3	直辖市	第五次普查	比例	第六次普查	比例	人口增长数
4	北京	1382	1.09	1961	1.46	579
5	上海	1674	1.32	2302	1.72	628
6	天津	1001	0.79	1294	0.97	293
7	重庆	3090	2.44	2885	2.15	-205
8	平均值	1786.75	1.41	2110.5	1.575	323.75
9	总计	7147	5.64	8442	6.3	1295

图 2-9-2　初步统计

	A	B	C	D	E	F
1	**各直辖市人口普查情况统计表**					
2						单位：万人
3	**直辖市**	**第五次普查**	**比例**	**第六次普查**	**比例**	**人口增长数**
4	北京	1382	1.09	1961	1.46	579
5	上海	1674	1.32	2302	1.72	628
6	天津	1001	0.79	1294	0.97	293
7	重庆	3090	2.44	2885	2.15	-205
8	**平均值**	**1786.75**	**1.41**	**2110.5**	**1.575**	**323.75**
9	**总计**	**7147**	**5.64**	**8442**	**6.3**	**1295**

图 2-9-3　表格设置

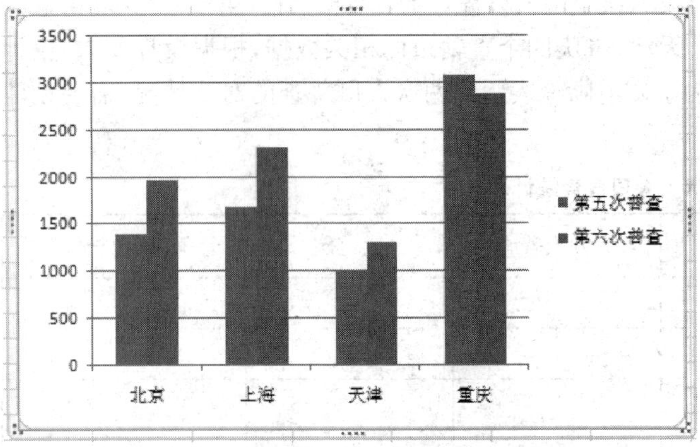

图 2-9-4　生成柱状图

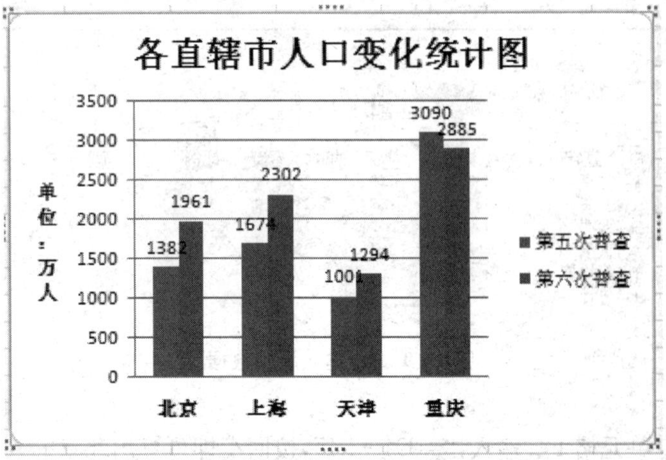

图 2-9-5　图形设置效果

(2) 使用函数计算人口平均值。选择单元格 B8，使用“求平均值 AVERAGE”函数，计算第五次人口普查中，四个直辖市的人口平均值。使用公式复制方式，计算第六次人口普查以及人口增长数的平均值。

(3) 计算总计。选择单元格，使用“求和 SUM”函数，计算第五次人口普查、第六次人口普查的人口总和、所占全国人口比例总和以及人口增长数总和。

结果如图 2-9-2 所示。

5. 对表格的格式进行设置。

根据自己的设计，对表格进行格式设置，可以设置文字的字体、颜色、单元格的边框、填充、对齐方式等。

(1) 选择要设置格式的单元格。

(2) 选择菜单“开始”→“格式”→“设置单元格格式”，弹出“设置单元格格式”对话框。

(3) 通过“设置单元格格式”对话框，可以设置选择的单元格的字体、数字格式、对齐方式、边框等，效果如图 2-9-3 所示。

6. 制作各直辖市的人口变化情况的统计图。

(1) 选择要创建图表的数据区域：选择 A3：A7，按住 Ctrl 键选择 B3：B7，按住 Ctrl 键选择 D3：D7。

(2) 选择菜单“插入”→“柱形图”，选择一个二维柱形图。默认生成的折线图如图 2-9-4 所示。

7. 对创建的图表进行格式设置。

根据自己的设计，对创建的统计图进行格式设置，可以设置图表的标题、柱形的颜色、数据标签等。

双击图表的任何位置，会出现“图表工具”菜单，在“设计”菜单中，选择合适的图表布局，显示出表格的标题并进行修改。在“布局”菜单中，设置图表的“坐标轴标题”格式以及“数据标签”格式。

最终效果如图 2-9-5 所示。

8. 在 D 盘根目录下建立“人口普查”文件夹，统计表格以“各直辖市的人口普查统计表.xlsx”为文件名保存在该文件夹下。

9. 创建分析报告。

使用文字处理软件 Word 创建“各直辖市的人口普查分析报告”。

(1) 分析报告的内容设计。

标题："各直辖市的人口普查分析报告"(使用艺术字)。

统计表：各直辖市的人口普查统计表。

统计图：各直辖市人口变化统计图。

文字分析：第五次人口普查和第六次人口普查中，直辖市人口总体变化情况及各直辖市变化情况的分析。

(2) 分析报告版面的布局设计。

(3) 使用文字处理软件创建简单的分析报告。

新建一个 Word 文档，插入艺术字标题"各直辖市的人口普查分析报告"。

把电子表格软件 Excel 中的"各直辖市的人口普查统计表"复制到该 Word 文档中，调整位置并设置其大小、格式。

把电子表格软件 Excel 中的"各直辖市人口变化统计图"复制到该 Word 文档中，调整位置并设置其大小。

插入文本框，在文本框中加入对人口普查情况的文字分析，并进行文本框格式的设置及位置的调整。

参考结果如图 2－9－6 所示。

10. 分析报告以"各直辖市的人口普查分析报告. docx"为文件名保存在 D 盘的"人口普查"文件夹下。

各直辖市人口普查分析报告

各直辖市人口普查情况统计表

单位：万人

直辖市	第五次普查	比例	第六次普查	比例	人口增长数
北京	1382	1.09	1961	1.46	579
上海	1674	1.32	2302	1.72	628
天津	1001	0.79	1294	0.97	293
重庆	3090	2.44	2885	2.15	-205
平均值	1786.75	1.41	2110.5	1.575	323.75
总计	7147	5.64	8442	6.3	1295

全国第六次人口普查是在 2010 年进行的，全国第五次人口普查是在 2000 年进行的，通过"各直辖市人口普查情况统计表"以及"各直辖市人口变化统计图"可知，从总体上看，10 年间，四个直辖市的总人口由 7147 万增加到了 8442 万，增加了 1295 万。人口的总体比例也由 5.64%上升到了 6.3%。

在四个直辖市中，上海、北京、天津三个城市人口是增加的，其中上海增幅最多，达到 628 万，其次是北京增加了 579 万，而重庆的人口则在 10 年间减少了 205 万。

图 2－9－6 参考样张

六、评价标准

评价指标(满分 40 分)		权重	分值(5～0)
设计 1	把网页材料上各直辖市的人口数据复制到电子表格软件 Excel 中	1	
设计 2	使用统计表中的数据，制作适当的统计图，能反映两次人口普查结果的对比变化情况	1	
设计 3	根据统计表格和创建的统计图，使用文字处理软件 Word 创建分析报告，报告主题鲜明、版面清晰、分析有理	2	
制作 1	对统计表格进行格式的设置，使表格清晰、醒目	1	
制作 2	使用公式进行数据的统计，计算结果正确	1	
制作 3	根据统计表创建的统计图图表类型正确，要进行格式的设置，做到简洁、明了、美观	1	
制作 4	分析报告中要有统计表、统计图，并有文字表述	1	
得分			

综合测试10

电子表格——考试成绩的统计与分析

一、项目背景

每个学期学校都要对各班、各门考试科目的考试成绩进行统计分析，统计出各班各门学科的平均分、最高分、最低分。教务处以及各位任课教师可以从中了解不同班级的学习情况差异，为各班下学期的课程设置和教师配备提供合适的建议。

二、项目任务

请运用所给素材，完成相关数据的统计和汇总工作，并以表格和统计图表的形式对各班级的考试成绩情况进行统计分析，最后完成一份分析报告。

在D盘根目录下建立“考试成绩”文件夹，作品保存在该文件夹下，统计表格以“考试成绩. xlsx”为文件名保存，分析报告以“考试成绩分析. docx”为文件名保存。

三、设计要求

1. 统计：

(1) 在表格后面增加一列，统计每位考生的平均分，保留1位小数。

(2) 以班级为单位，分别统计出每个班级学生的每门课程的平均分。

(3) 使用统计表中的有关数据，制作适当的统计图，能反映不同班级之间的成绩对比以及同一班级各门课程平均成绩的对比情况。

2. 分析：

根据统计表格和创建的统计图，利用文字处理软件Word创建分析报告，对该年级不同班级学生的各门课程的成绩进行对比分析，要求主题鲜明、版面清晰、分析有理。

四、制作要求

1. 使用公式进行数据的统计，计算结果正确。
2. 使用分类汇总功能对不同班级的学生的每门课的平均成绩进行汇总，计算结果正确。
3. 根据统计表创建的统计图图表类型正确，要进行格式的设置，做到简洁、明了、美观。
4. 分析报告中要有统计表、统计图，并有文字表述。

五、参考操作步骤

1. 项目任务分析。

打开Excel文档“考试成绩. xlsx”，浏览该年级四个班级学生的考试成绩。先增加一列，使用公式或者函数计算出每个学生的平均分，然后运用分类汇总功能，将所有学生按照班级进行分类，对学生的每门课的成绩进行“平均值”的汇总，得出四个班级学生的相关数据。为了更加清晰地反映不同班级之间的成绩对比以及同一班级各门课程平均成绩的对比情况，需要创建的统计图的类型为“柱形”统计图。然后进行图表格式的设置。最后创建分析报告，分析报告中可以把Excel中的统计表和统计图直接复制过来，对表格和图表加以文字的分析。

2. 打开Excel文档“考试成绩. xlsx”，在最后面增加一列即G列，标题为“个人平均分”，使用“求平均值 AVERAGE”函数，计算每个学生的平均成绩。选中数据区域 A1 到 G97，设置单元格格式，将数字格式设置为“数值，小数位数为 1 位”。

3. 按照班级进行分类汇总。

(1) 要按照班级进行分类，首先应该将数据表按照班级进行排序。

选择单元格 A1 到 G97，选择菜单“数据”→“排序”命令。在弹出的“排序”对话框中选择“班级”为主要关键字，次序为“升序”。

(2) 按照“班级”进行分类汇总。选中任一个单元格，选择菜单“数据”→“分类汇总”命令，对弹出的“分类汇总”对话框进行设置，如图 2-10-1 所示。

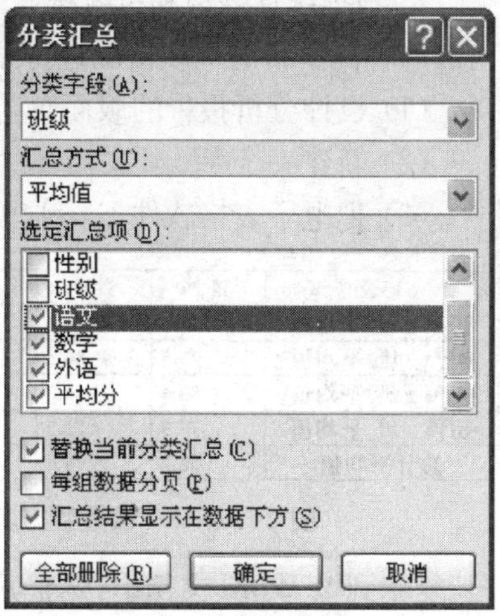

图 2-10-1 按班级分类汇总

在图 2-10-1 中，分类字段选择“班级”，汇总方式选择“平均值”，选定汇总项选择“语文”、“数学”、“外语”、“平均分”，选择“替换当前分类汇总”和“汇总结果显示在数据下方”，单击“确定”。

单击“确定”按钮之后，分类汇总完成。在列表的左侧增加了一列大纲级别，该列顶部的按钮“1 2 3”为大纲级别按钮，他们用来显示特定的数据。

(3) 单击大纲级别按钮“2”，只显示该表格中各个班级的语文、数学、英语、个人平均分的平均值，如图 2-10-2 所示。

	A	B	C	D	E	F	G
1	姓名	性别	班级	语文	数学	外语	个人平均分
27			初一1班 平均值	71.9	73.8	73.3	73.0
51			初一2班 平均值	79.5	80.8	75.7	78.6
78			初预1班 平均值	83.4	83.1	83.6	83.4
101			初预2班 平均值	77.9	79.9	79.1	79.0
102			总计平均值	78.2	79.4	78.0	78.5
103							

图 2-10-2 分类汇总结果

4. 创建统计图表。由于统计图表要反映不同班级的语文、数学、外语、个人平均分的对比情况，所以图表类型应该选择柱形统计图。

(1) 选择要创建图表的数据区域：单击大纲级别按钮“2”，选择数据区域 C1 到 G101。

(2) 选择菜单“插入”→“柱形图”，选择一个合适的二维柱形图，生成的图表如图 2-10-3 所示。

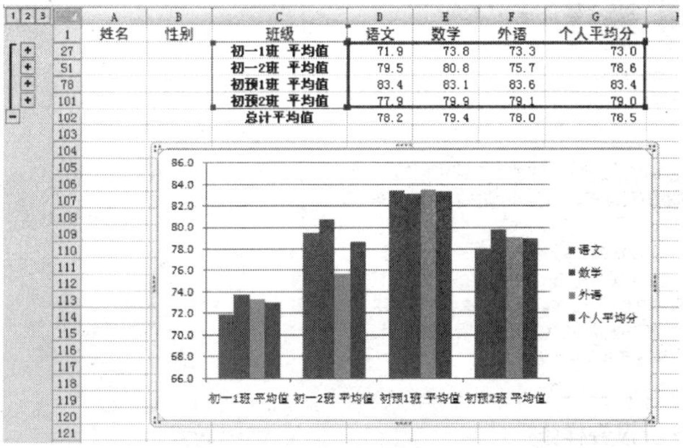

图 2-10-3 创建统计图表

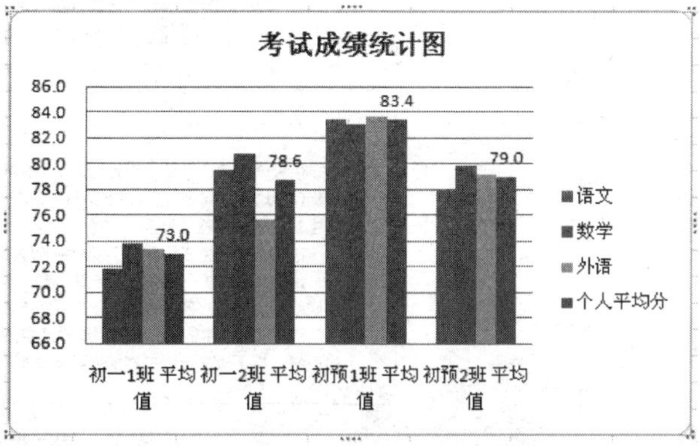

图 2-10-4 图表设置效果

5. 对创建的柱形统计图进行格式的设置。

根据自己的设计，对创建的统计图进行格式设置，可以设置图表的标题、柱形的颜色、数据标签等。

双击图表的任何位置，会出现“图表工具”菜单，在“设计”菜单中，选择合适的图表布局，显示出表格的标题并进行修改。在“布局”菜单中，设置图表的“坐标轴标题”格式以及“数据标签”格式。

最终效果如图 2-10-4 所示。

6. 在D盘根目录下建立“考试成绩”文件夹，统计表格以“考试成绩.xlsx”为文件名保存在该文件夹下。

7. 根据统计表格和折线统计图，利用Word软件创建分析报告，对班级之间的成绩对比以及各个班级内部的各门学科的成绩情况进行分析。

(1) 设计分析报告的版面布局。

(2) 新建一个Word文档，使用艺术字输入文档的标题“考试成绩分析报告”。

(3) 把电子表格软件Excel中的“考试成绩”统计表的所需内容即分类汇总后的数据复制到该Word文档中。

班级	语文	数学	外语	个人平均分
初一1班 平均值	71.9	73.8	73.3	73.0
初一2班 平均值	79.5	80.8	75.7	78.6
初预1班 平均值	83.4	83.1	83.6	83.4
初预2班 平均值	77.9	79.9	79.1	79.0
总计平均值	78.2	79.4	78.0	78.5

图2-10-5 设置数据表格式

(4) 设置数据表的格式。由于复制过来的数据表是没有边框的，所以要对数据表进行添加边框等格式设置，调整其位置并设置大小。格式设置后的数据表如图2-10-5所示。

(5) 把电子表格软件Excel中的“考试成绩统计图”复制到该Word文档中，调整其位置、大小及图片格式。

(6) 插入文本框，在文本框中加入对各个班级之间的成绩对比以及每个班级各个学科之间的成绩对比进行文字的分析描述，并进行文本框格式的设置、位置的调整。

参考结果如图2-10-6所示。

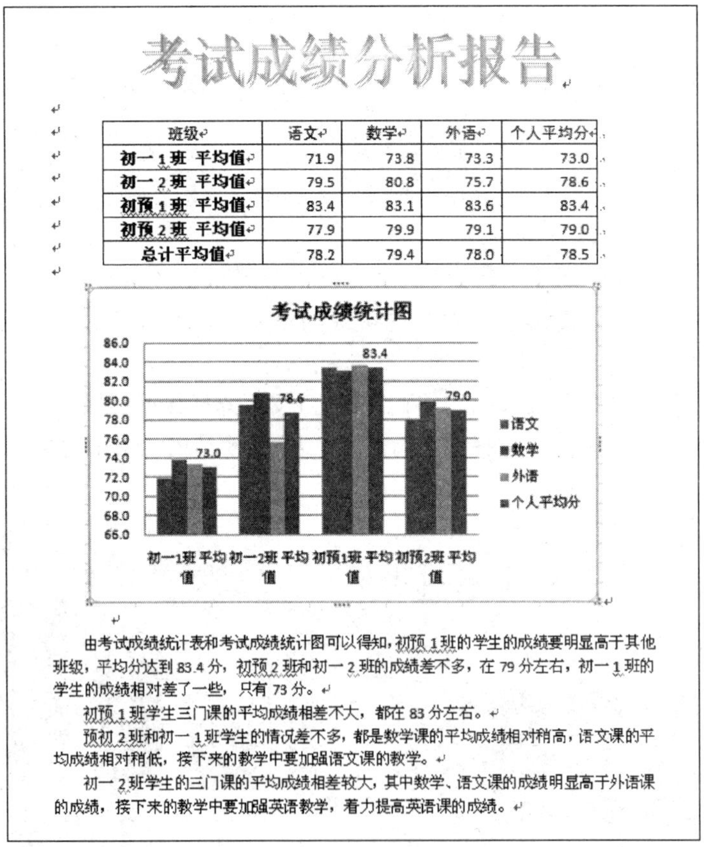
考试成绩分析报告

班级	语文	数学	外语	个人平均分
初一1班 平均值	71.9	73.8	73.3	73.0
初一2班 平均值	79.5	80.8	75.7	78.6
初预1班 平均值	83.4	83.1	83.6	83.4
初预2班 平均值	77.9	79.9	79.1	79.0
总计平均值	78.2	79.4	78.0	78.5

由考试成绩统计表和考试成绩统计图可以得知，初预1班的学生的成绩要明显高于其他班级，平均分达到83.4分，初预2班和初一2班的成绩差不多，在79分左右，初一1班的学生的成绩相对差了一些，只有73分。

初预1班学生三门课的平均成绩相差不大，都在83分左右。

预初2班和初一1班学生的情况差不多，都是数学课的平均成绩相对稍高，语文课的平均成绩相对稍低，接下来的教学中要加强语文课的教学。

初一2班学生的三门课的平均成绩相差较大，其中数学、语文课的成绩明显高于外语课的成绩，接下来的教学中要加强英语教学，着力提高英语课的成绩。

图2-10-6 分析报告样张

8. 分析报告以“考试成绩分析报告.docx”为文件名保存在D盘的“考试成绩”文件夹下。

六、评价标准

评价指标(满分40分)		权重	分值(5~0)
设计1	在表格最后增加一列，统计每个学生的个人平均成绩	1	

（续表）

评价指标（满分40分）		权重	分值（5～0）
设计2	使用汇总分析得到的有关数据，制作适当的统计图，能反映不同班级之间以及同一班级的各个课程之间的对比	2	
设计3	根据统计表格和创建的统计图，使用文字处理软件Word创建分析报告，对考试成绩进行分析，要求主题鲜明、版面清晰、分析有理	1	
制作1	使用公式进行数据的统计，计算结果正确	1	
制作2	使用分类汇总对数据进行分类统计，计算结果正确	1	
制作3	根据统计表创建的统计图图表类型正确，要进行格式的设置，做到简洁、明了、美观	1	
制作4	分析报告中要有统计表、统计图，并有文字表述	1	
得分			

综合测试11

电子表格——我国入境旅游接待人数的统计与分析

一、项目背景

旅游业是一种集多种产业和功能于一体的综合产业，是一个高密度、链条长、拉动力大的产业，对地方的经济有着快速和巨大的推动作用，因此全国各地都在大力发展旅游产业。而中国国土广袤、山川秀美、历史悠久，漫长的历史和辽阔的国土形成了无比丰厚的旅游资源，吸引了越来越多的外国游客、港澳台同胞前来旅游。

二、项目任务

请运用所给素材，完成相关数据的统计和汇总工作，并以表格和统计图表的形式对2010年1—12月中国入境旅游接待人数分省市情况进行统计分析，最后完成一份分析报告。

在D盘根目录下建立“入境旅游”文件夹，作品保存在相应的文件夹下，统计表格以“2010年入境旅游统计表.xlsx”为文件名保存，分析报告以“2010年入境旅游分析报告.docx”为文件名保存。

三、设计要求

1. 统计：

（1）把文字处理软件Word表格中“中国入境旅游接待人数分省市统计表（2010年1—12月）”的有关数据复制到电子表格软件Excel中。

（2）统计出2010年全国入境旅游接待总人数，以及各类型游客的总人数。

（3）将全国各省市按照接待总人次的多少排序。

（4）使用统计表中的有关数据，制作适当的统计图，能清晰地反映在所有的入境旅游接待人数中，外国游客、香港同胞、澳门同胞、台湾同胞分别所占的比例。

2. 分析：

根据统计表格和创建的统计图，利用文字处理软件Word创建分析报告，对2010年1—12月我国入境旅游各个省市接待人数的情况以及接待人数构成即外国人、港澳台同胞等所占的比例情况进行分析，要求主题鲜明、版面清晰、分析有理。

四、制作要求

1. 按照接待人数的多少对各省市进行排序。
2. 使用公式进行数据的统计，计算结果正确。
3. 根据统计表创建的统计图图表类型正确，要进行格式的设置，做到简洁、明了、美观。
4. 分析报告中要有统计表、统计图，有文字表述，并用艺术字修饰报告的标题。

五、参考操作步骤

1. 项目任务分析。

打开 Word 文档“中国入境旅游接待人数分省市统计表(2010 年 1—12 月). docx”，浏览 2010 年我国入境旅游接待人数分省市统计情况。可以先把 Word 中的表格复制到 Excel 中，进行统计表格式的设置，将各省市按照接待人数多少的顺序进行排序，然后在最后添加一行，进行各项的人数总和的计算。

根据设计要求，创建的统计图要能反映全国入境旅游接待游客中外国游客、香港同胞、澳门同胞、台湾同胞分别所占的比例，因此图表的类型应为饼图。然后进行图表格式的设置。最后创建分析报告，分析报告中可以把 Excel 中的统计表和统计图直接复制过来，进行相关的文字分析即可。

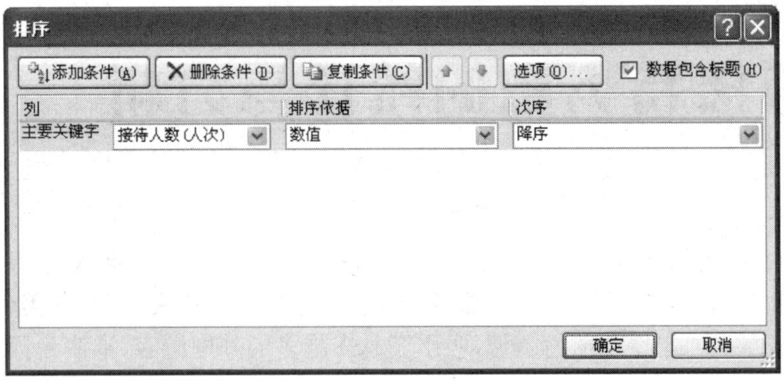

图 2-11-1 按接待人次排序

2. 选择 Word 中的统计表，选择菜单“开始”→“复制”命令。

3. 启动电子表格软件 Excel，选择单元格 A1，选择菜单“开始”→“粘贴”命令，将 Word 中表格复制到 Excel 中。

4. 调整各行、各列的高度和宽度。

5. 将各省市按照接待人次多少进行排序。选择单元格 A2 到 G35，选择菜单“数据”→“排序”，选择按“接待人次”排序，如图 2-11-1 所示。

排序结果如图 2-11-2 所示。

	A	B	C	D	E	F	G
1	中国入境旅游接待人数分省市统计表(2010年1-12月)						
2		接待人数(人次)	同比增长(%)	接待人数构成（人次）BREAKDOWNOFARRIVALS			
3		ARRIVALS	GROWTH (%)	外国人	香港同胞	澳门同胞	台湾同胞
4				FOREIGNERS	HONGKONG	MACAU	TAIWANPROVINCE
5	广东 GUANGDONG	31409300	14.31	7332800	18825000	2083100	3168400
6	上海SHANGHAI	7337216	37.56	5931211	623969	40043	741993
7	浙江ZHEJIANG	6847102	19.99	4474054	855220	230142	1287686
8	江苏JIANGSU	6535498	17.37	4734996	569562	71677	1159263
9	北京BEIJING	4900661	18.8	4216250	403296	13254	267861
10	福建FUJIAN	3681353	17.98	1152748	879506	79912	1569187
11	山东 SHANDONG	3667909	18.31	2778699	381234	108061	399915
12	辽宁LIAONING	3617999	23.4	3070097	243253	65425	239224
13	云南YUNNAN	3291532	15.7	2312314	433886	127863	417469
14	广西GUANGXI	2502363	19.24	1413870	420947	84964	582582
15	陕西SHAANXI	2121721	46.25	1552356	214781	114170	240414
16	安徽ANHUI	1984174	27.06	1173988	291985	71726	446475
17	湖南HUNAN	1898698	45.09	1032951	356180	137462	372105
18	湖北HUBEI	1817416	36.17	1385457	201255	40175	190529
19	黑龙江 HEILONGJIANG	1724238	20.99	1648303	32604	7326	36005
20	天津TIANJIN	1660682	17.76	1530461	48471	8108	73642

图 2-11-2 排序结果

6. 选定单元格 A36，输入“全国总计”，使用自动求和公式或者 SUM 函数计算各省市接待人次总数以及各类型游客的接待总人数。例如在 B36 中输入“=SUM(B5：B35)”。

7. 按照自己的设计，对数据表进行格式设置。

8. 制作统计图。要制作能清晰地反映在所有的入境旅游接待人数中，外国游客、香港同胞、澳门同胞、台湾同胞分别所占的比例的统计图，图表的类型应该选择“饼图”。

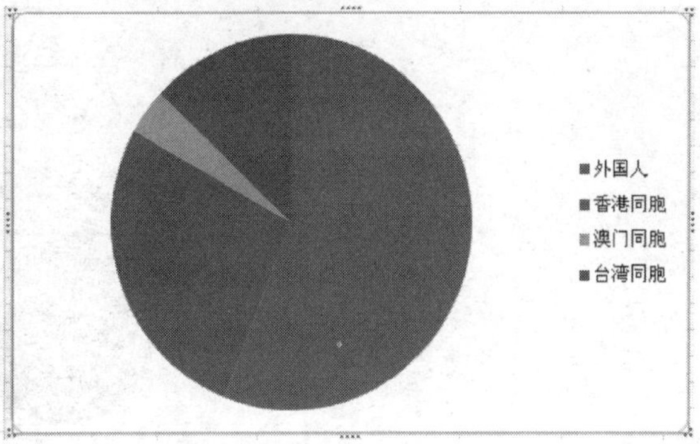

图 2-11-3 选择饼图

(1) 选择要创建图表的数据区域选择：D3：G3，按住 Ctrl 键选择 D36：G36。

(2) 选择菜单“插入”→“饼图”，选择一个二维饼图。默认生成的饼图如图 2-11-3 所示。

9. 对创建的统计图进行修改和格式设置。

双击饼图，出现“图表工具”菜单栏，可以对图表的任何部分进行修改和编辑。

(1) 修改饼图设计：选择菜单“设计”，选择合适的图表布局，显示出图表的标题，将图表标题改为“2010 年中国入境旅游接待人数构成统计图”。选择合适的图表样式。

(2) 修改饼图的格式。选择菜单“格式”，选择“形状填充”命令，选择合适的填充效果。还可以根据自己的设计对饼图进行其他格式的修改。格式设置结果如图 2-11-4 所示。

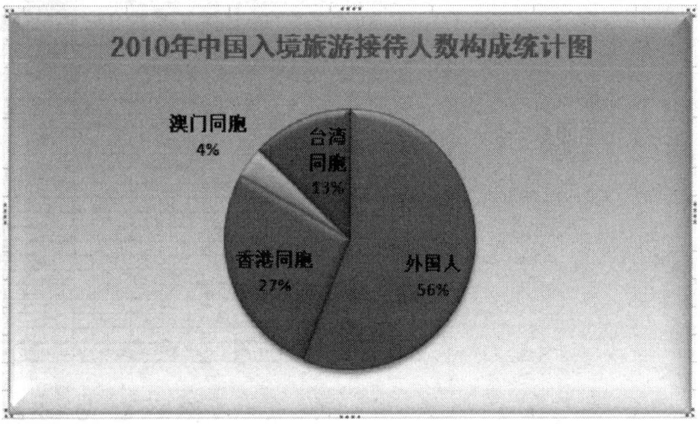

图 2-11-4 设置饼图

10. 在 D 盘根目录下建立“入境旅游”文件夹，统计表格以“2010 年入境旅游统计表. xlsx”为文件名保存在该文件夹下。

11. 根据统计表格和饼图，利用 Word 软件创建分析报告，对 2010 年 1—12 月我国入境旅游各个省市的接待人数情况以及接待人数构成即外国人、港澳台同胞等所占的比例情况进行分析。

(1) 设计分析报告的版面布局。

(2) 新建一个 Word 文档，插入艺术字标题：“2010 年入境旅游分析报告”。

(3) 把电子表格软件 Excel 中的“中国入境旅游接待人数分省市统计表(2010 年 1—12 月)”复制到该 Word 文档中，调整位置并设置其大小、格式。

(4) 把电子表格软件 Excel 中的“2010 年中国入境旅游接待人数构成统计图”复制到该 Word 文档中，调整位置并设置其大小。

(5) 插入文本框，在文本框中加入对 2010 年 1—12 月我国入境旅游各个省市的接待人数情况以及接待人数构成情况进行文字的分析描述，并进行文本框格式的设置，位置的调整。

参考结果如图 2-11-5 所示。

12. 分析报告以“2010 年入境旅游分析报告. docx”为文件名保存在 D 盘的“入境旅游”文件夹下。

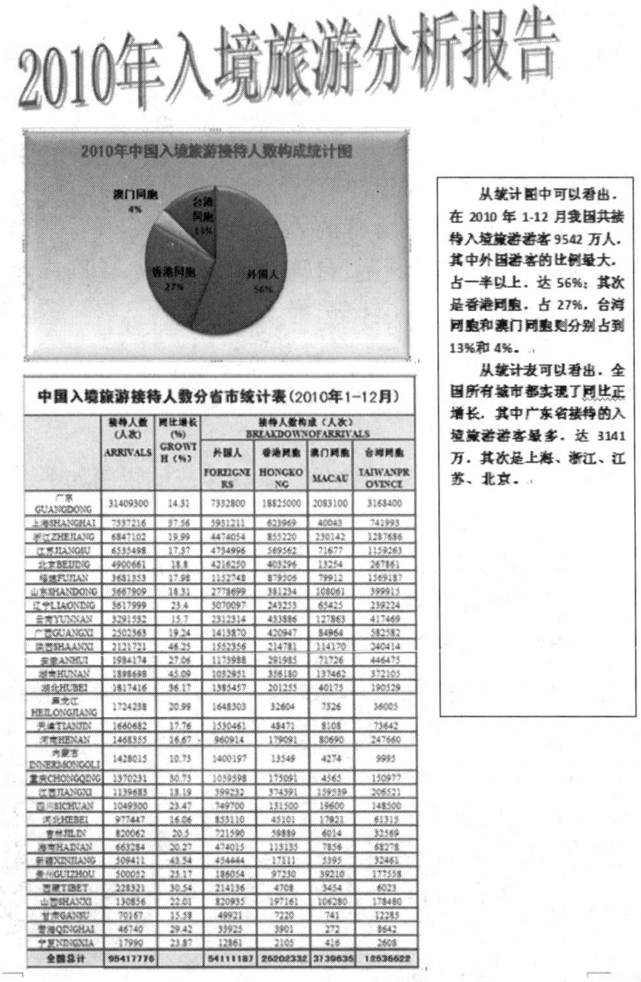

2010年入境旅游分析报告

从统计图中可以看出，在 2010 年 1-12 月我国共接待入境旅游游客 9542 万人，其中外国游客的比例最大，占一半以上，达 56%；其次是香港同胞，占 27%，台湾同胞和澳门同胞则分别占到 13%和 4%。

从统计表可以看出，全国所有城市都实现了同比正增长，其中广东省接待的入境旅游游客最多，达 3141 万，其次是上海、浙江、江苏、北京。

中国入境旅游接待人数分省市统计表（2010年1-12月）

	接待人数（人次） ARRIVALS	同比增长（%） GROWTH（%）	接待人数构成（人次） BREAKDOWNOFARRIVALS			
			外国人 FOREIGNERS	香港同胞 HONGKONG	澳门同胞 MACAU	台湾同胞 TAIWANPROVINCE
广东 GUANGDONG	31409300	14.31	7332800	18825000	2083100	3168400
上海SHANGHAI	7337216	37.56	5931211	623969	40043	741993
浙江ZHEJIANG	6847102	19.99	4474054	855220	230142	1287686
江苏JIANGSU	6535498	17.37	4734996	569562	71677	1159263
北京BEIJING	4900661	18.8	4216250	403296	13254	267861
福建FUJIAN	3681353	17.98	1152748	879506	79912	1569187
山东SHANDONG	3667909	18.31	2778699	381234	108061	399915
辽宁LIAONING	3617999	23.4	3070097	243253	65425	239224
云南YUNNAN	3291532	15.7	2312314	433886	127863	417469
广西GUANGXI	2502363	19.24	1413870	420947	84964	582582
陕西SHAANXI	2121721	46.25	1552356	214781	114170	240414
安徽ANHUI	1984174	27.06	1173988	291985	71726	446475
湖南HUNAN	1898698	45.09	1032951	356180	137462	372105
湖北HUBEI	1817416	36.17	1385457	201255	40175	190529
黑龙江 HEILONGJIANG	1724238	20.99	1648303	32604	7326	36005
天津TIANJIN	1660682	17.76	1530461	48471	8108	73642
河南HENAN	1468355	16.67	960914	179091	80690	247660
内蒙古 INNERMONGOLI	1428015	10.73	1400197	13549	4274	9995
重庆CHONGQING	1370231	30.73	1039598	175091	4565	150977
江西JIANGXI	1139683	18.19	399232	374391	159539	206521
四川SICHUAN	1049300	23.47	749700	131500	19600	148500
河北HEBEI	977447	16.06	853110	45101	17921	61315
吉林JILIN	820062	20.5	721590	59889	6014	32569
海南HAINAN	663284	20.27	474015	113135	7856	68278
新疆XINJIANG	509411	43.54	454444	17111	5395	32461
贵州GUIZHOU	500052	25.17	186054	97230	39210	177558
西藏TIBET	228321	30.54	214136	4708	3454	6023
山西SHANXI	130856	22.01	820935	197161	106280	178480
甘肃GANSU	70167	15.58	49921	7220	741	12285
青海QINGHAI	46740	29.42	33925	3901	272	8642
宁夏NINGXIA	17990	23.87	12861	2105	416	2608
全国总计	95417776		54111187	26202332	3739635	12536622

图 2-11-5　分析报告样张

六、评价标准

评价指标(满分 40 分)		权重	分值(5～0)
设计 1	把文字处理软件 Word 表格中我国入境旅游接待人数分省市统计情况的有关数据复制到电子表格软件 Excel 中	1	
设计 2	在 Excel 中，将数据表按照各省市接待人数的多少排序	1	
设计 3	使用统计表中的有关数据，制作适当的统计图，清晰地反映在所有的入境旅游接待人数中，外国游客、香港同胞、澳门同胞、台湾同胞分别所占的比例	1	
设计 4	根据统计表格和创建的统计图，使用文字处理软件 Word 创建分析报告，对 2010 年 1—12 月我国入境旅游各个省市接待人数的情况以及接待人数构成进行分析，要求主题鲜明、版面清晰、分析有理	1	
制作 1	对创建的统计表格进行格式的设置，使表格清晰、醒目	1	
制作 2	使用公式进行数据的统计，计算结果正确	1	
制作 3	根据统计表创建的统计图图表类型正确，要进行格式的设置，做到简洁、明了、美观	1	
制作 4	分析报告中要有统计表、统计图，并有文字表述	1	
得分			

综合测试 12

电子表格——
重庆近年来城市居民家庭人均消费支出的统计与分析

一、项目背景

近几年来，重庆市城市居民的人均可支配收入不断提高，随着各项改革政策的出台，城市居民家庭消费情况如就业、住房、医疗、养老保险等也在不断地变化。

重庆近年来城市居民家庭人均消费情况的数据资料已存放在素材文件夹中。

二、项目任务

请运用所给素材，完成相关数据的统计和汇总工作，并以表格和统计图表的形式对近年来重庆城市居民家庭人均消费情况进行统计分析，最后完成一份分析报告。

在D盘根目录下建立"消费分析"文件夹，作品保存在该文件夹下，统计表格以"消费.xlsx"为文件名保存，分析报告以"消费.docx"为文件名保存。

三、设计要求

1. 统计：

(1) 把文字处理软件Word表格中重庆近年来城市居民家庭人均消费支出的有关数据复制到电子表格软件Excel中。

(2) 在每种消费支出后增加一列，统计每种消费支出占总消费支出的比例，比例的显示格式为百分比，保留一位小数位数。

(3) 使用统计表中的有关数据，制作适当的统计图，能反映食品、教育、居住方面家庭人均消费情况的变化趋势。

2. 分析：

根据统计表格和创建的统计图，利用文字处理软件Word创建分析报告，对近年来重庆城市居民在食品、教育、居住方面的家庭人均消费情况进行分析，要求主题鲜明、版面清晰、分析有理。

四、制作要求

1. 对创建的统计表格进行格式的设置，使表格清晰、醒目。
2. 使用公式进行数据的统计，计算结果正确。
3. 根据统计表创建的统计图图表类型正确，要进行格式的设置，做到简洁、明了、美观。
4. 分析报告中要有统计表、统计图，并有文字表述。

五、参考操作步骤

1. 项目任务分析。

打开Word文档"重庆近年来城市居民家庭人均消费支出.docx"，浏览近年来重庆城市居民家庭人均消费情况。可以先把Word中的表格复制到Excel中，然后进行统计表格式的设置，进行消费总和的计算，再在每一个消费项目的后面插入一列，统计该项消费占总消费的比例。

根据设计要求，创建的统计图要能反映食品、教育、居住消费情况近年来的变化趋势，因此只要选择这三方面消费的数据即可，图表的类型应为折线图。然后进行图表格式的设置。最后创建分析报告，分析报告中可以把Excel中的统计表和统计图直接复制过来，文字分析的内容可以从给出的相应文件中选择合适的内容。

2. 选择Word中的表格标题和统计表，选择菜单“开始”→“复制”命令。

3. 启动电子表格软件Excel，选择单元格A1，选择菜单“开始”→“粘贴”→“选择性粘贴”命令，在弹出的对话框中选择“文本”，结果如图2-12-1所示。

	A	B	C	D	E	F	G	H	I	J
1	重庆主要年份城市居民家庭人均消费支出									
2	年　份	食品	衣着	家庭设备及	医疗保健	交通和通信	教育文化服	居住	杂项商品和服务	
3	2003	2702.34	735.01	475.36	459.69	790.26	1025.99	741.6	187.81	
4	2004	3015.32	779.68	474.15	537.95	865.45	1200.52	903.22	196.77	
5	2005	3135.65	849.53	583.5	629.32	929.92	1391.11	882.41	221.85	
6	2006	3415.92	1038.98	615.74	705.72	976.02	1449.49	954.56	242.26	
7	2007	3674.28	1171.15	968.45	706.77	749.51	1118.79	1237.35	264.01	
8	2008	4418.34	1294.3	1096.82	842.09	878.25	1044.36	1267.03	305.6	
9	2009	4576.23	1503.49	1120.6	1043.06	982.73	1189.03	1351.9	377.02	
10	2010	5012.56	1697.55	1275.96	1072.38	1021.48	1384.28	1408.02	462.79	
11										

图2-12-1　复制原始数据

4. 选择单元格A2：I2，设置对齐方式的文本控制方式为“自动换行”。

5. 调整各列的宽度为合适的宽度。

6. 先在J列统计“消费总和”，通过公式统计所有消费的总和。例如先在单元格J3中输入公式：“＝B3＋C3＋D3＋E3＋F3＋G3＋H3”。将公式复制到J4到J10单元格。

（注意：不能直接用求和函数和自动求和工具计算，因为后面要插入列，统计各类消费的百分比）

7. 再在各类消费后面插入空白列，通过公式计算各类消费占总消费的比重。这时“消费总和”变成R例。计算公式为各类消费支出除以总消费支出。例如在C3单元格，输入公式：“＝B3/R3”。

（注意：不能全部使用公式复制的方法计算。因为E3单元格的公式为“＝D3/R3”。）

8. 各类消费占总消费比例的数据格式设置为“百分比”，小数位数设为“1”。

参考结果如图2-12-2所示。

	A	B	C	D	E	F	G	H	I	J	K	L	M	N	O	P	Q	R
1	重庆主要年份城市居民家庭人均消费支出																	
2	年 份	食品		衣着		家庭设备及服务		医疗保健		交通和通信		教育文化服务		居住		杂项商品和服务		消费总和
3	2003	2702.34	38.0%	735.01	10.3%	475.36	6.7%	459.69	6.5%	790.26	11.1%	1025.99	14.4%	741.6	10.4%	187.81	2.6%	7118.06
4	2004	3015.32	37.8%	779.68	9.8%	474.15	5.9%	537.95	6.7%	865.45	10.9%	1200.52	15.1%	903.22	11.3%	196.77	2.5%	7973.06
5	2005	3135.65	36.4%	849.53	9.9%	583.5	6.8%	629.32	7.3%	929.92	10.8%	1391.11	16.1%	882.41	10.2%	221.85	2.6%	8623.29
6	2006	3415.92	36.3%	1038.98	11.1%	615.74	6.6%	705.72	7.5%	976.02	10.4%	1449.49	15.4%	954.56	10.2%	242.26	2.6%	9398.69
7	2007	3674.28	37.2%	1171.15	11.8%	968.45	9.8%	706.77	7.1%	749.51	7.6%	1118.79	11.3%	1237.35	12.5%	264.01	2.7%	9890.31
8	2008	4418.34	39.6%	1294.3	11.6%	1096.82	9.8%	842.09	7.6%	878.25	7.9%	1044.36	9.4%	1267.03	11.4%	305.6	2.7%	11146.79
9	2009	4576.23	37.7%	1503.49	12.4%	1120.6	9.2%	1043.06	8.6%	982.73	8.1%	1189.03	9.8%	1351.9	11.1%	377.02	3.1%	12144.06
10	2010	5012.56	37.6%	1697.55	12.7%	1275.96	9.6%	1072.38	8.0%	1021.48	7.7%	1384.28	10.4%	1408.02	10.6%	462.79	3.5%	13335.02
11																		
12																		

图2-12-2　统计计算结果

9. 使用统计表中的有关数据，制作适当的统计图，能反映食品、教育、居住消费近年来的变化趋势。

根据要求确定统计图的类型，因为要反映近年来的变化趋势，图表类型应选择折线图。

10. 创建能反映食品、教育、居住消费近年来的变化趋势的统计图。

（1）选择要创建图表的数据区域：选择C3：C10，按住Ctrl键选择M3：M10，按住Ctrl键选择O3：O10。

（2）选择菜单“插入”→“折线图”，选择一个二维折线图。默认生成的折线图如图2-12-3所示。

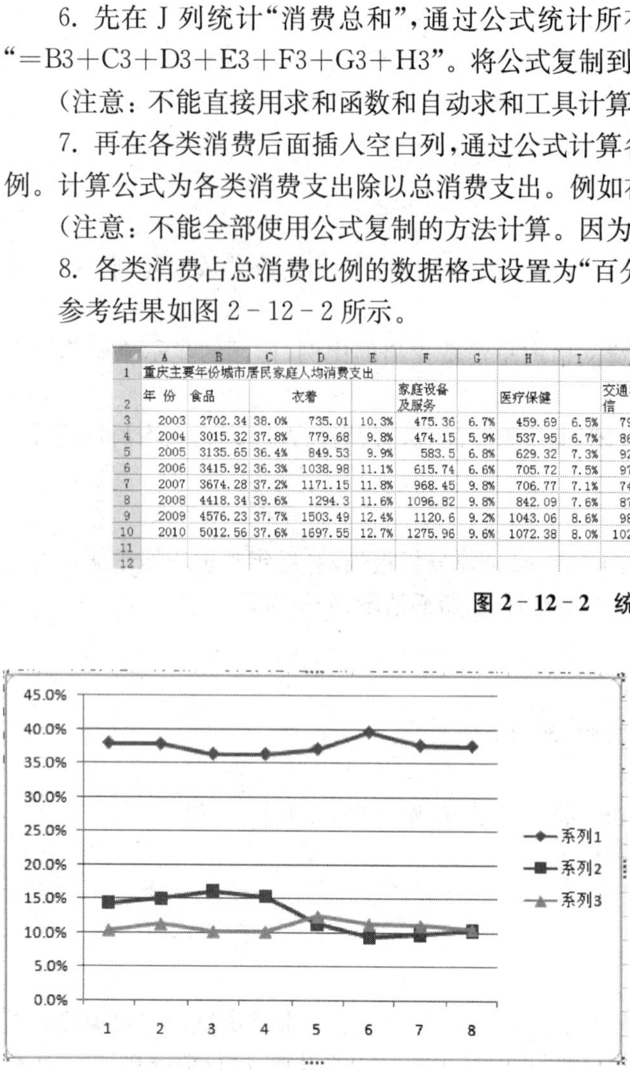

图2-12-3　创建折线图

11. 对创建的折线图进行修改。

(1) 修改折线图标题：双击折线图，出现图表工具菜单栏，选择合适的图表布局，显示出图表的标题、坐标轴标题，将图表标题改为“近年来食品、教育、居住消费支出的变化趋势图”，将 Y 坐标轴标题改为“消费支出”。

(2) 修改折线图系列名称和横轴：选择“设计”→“选择数据”，在弹出的“选择数据源”对话框中，编辑“水平(分类)轴标签”，选择水平轴标签的数据源为 A3 到 A10；编辑图例项(序列)，单击序列 1，点击“编辑”命令，将序列 1 名称改为食品；单击序列 2，点击“编辑”命令，将序列 2 名称改为教育文化服务；单击序列 3，点击“编辑”命令，将序列 3 名称改为居住；单击“确定”，如图 2－12－4 所示。

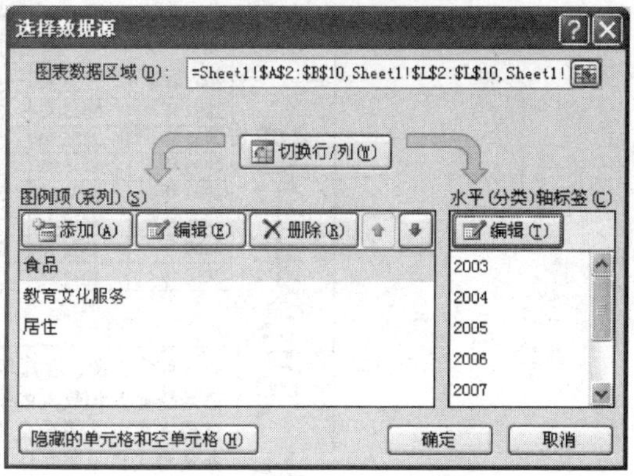

图 2－12－4　选择折线图数据源

12. 对创建的折线统计图进行格式的设置。

可以设置标题的字体、绘图区的背景等等。参考结果如图 2－12－5 所示。

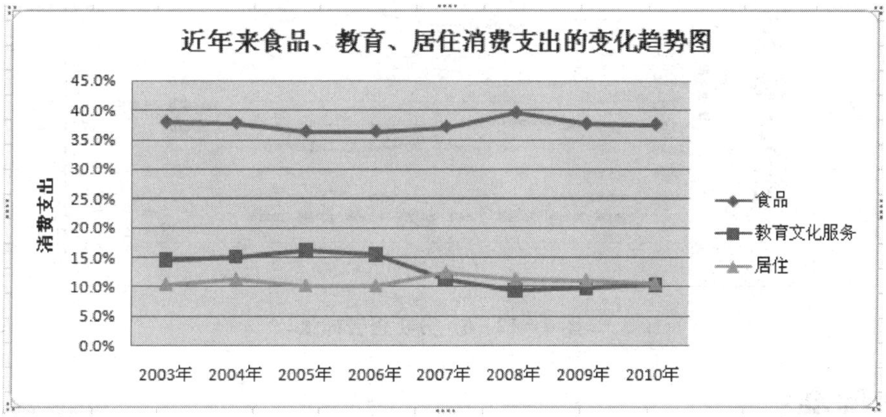

图 2－12－5　设置折线图效果

13. 在 D 盘根目录下建立“消费分析”文件夹，统计表格以“消费. xlsx”为文件名保存在该文件夹下。

14. 根据统计表格和折线统计图，利用 Word 软件创建分析报告，对近年来重庆城市居民在食品、教育、居住方面的家庭人均消费情况进行分析。

(1) 设计分析报告的版面布局。

(2) 新建一个 Word 文档，把电子表格软件 Excel 中的“重庆近年来城市居民家庭人均消费支出”统计表的所需内容复制到该 Word 文档中，调整位置并设置其大小、格式。

(3) 把电子表格软件 Excel 中的“近年来食品、教育、居住消费支出的变化趋势图”复制到该 Word 文档中，调整位置并设置其大小。

(4) 插入文本框，在文本框中加入对近年来重庆城市居民在食品、教育、居住方面的家庭人均消费情况进行文字的分析描述，并进行文本框格式的设置，位置的调整。

对近年来重庆城市居民在食品、教育、居住方面的家庭人均消费情况进行分析的内容可以从“家庭人均消费情况进行分析的选项. docx”文件中选择。

参考结果如图 2－12－6 所示。

15. 分析报告以“消费. docx”为文件名保存在 D 盘的“消费分析”文件夹下。

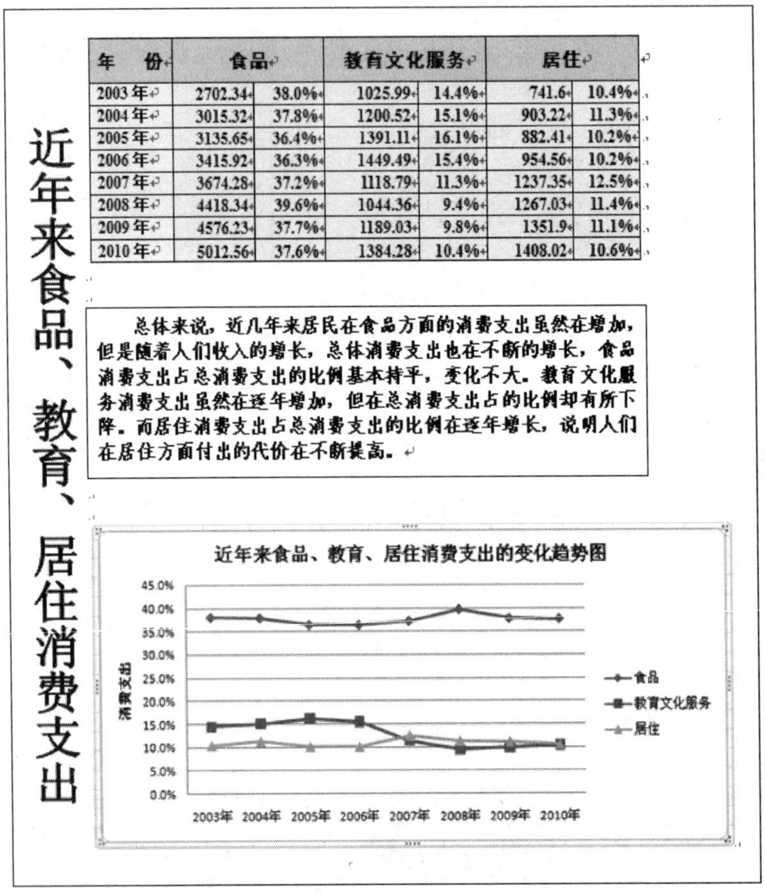

近年来食品、教育、居住消费支出

年　份	食品		教育文化服务		居住	
2003年	2702.34	38.0%	1025.99	14.4%	741.6	10.4%
2004年	3015.32	37.8%	1200.52	15.1%	903.22	11.3%
2005年	3135.65	36.4%	1391.11	16.1%	882.41	10.2%
2006年	3415.92	36.3%	1449.49	15.4%	954.56	10.2%
2007年	3674.28	37.2%	1118.79	11.3%	1237.35	12.5%
2008年	4418.34	39.6%	1044.36	9.4%	1267.03	11.4%
2009年	4576.23	37.7%	1189.03	9.8%	1351.9	11.1%
2010年	5012.56	37.6%	1384.28	10.4%	1408.02	10.6%

总体来说，近几年来居民在食品方面的消费支出虽然在增加，但是随着人们收入的增长，总体消费支出也在不断的增长，食品消费支出占总消费支出的比例基本持平，变化不大。教育文化服务消费支出虽然在逐年增加，但在总消费支出占的比例却有所下降。而居住消费支出占总消费支出的比例在逐年增长，说明人们在居住方面付出的代价在不断提高。

图 2-12-6　分析报告样张

六、评价标准

评价指标(满分 40 分)		权重	分值(5～0)
设计 1	把文字处理软件 Word 表格中重庆近年来城市居民家庭人均消费支出的有关数据复制到电子表格软件 Excel 中	1	
设计 2	在每种消费支出后增加一列，统计每种消费支出占总消费的比例，比例的显示格式为百分比，保留 1 位小数	2	
设计 3	使用统计表中的有关数据，制作适当的统计图，能反映食品、教育、居住消费近年来的变化趋势	1	
设计 4	根据统计表格和创建的统计图，使用文字处理软件 Word 创建分析报告，对近年来重庆城市居民家庭人均消费情况进行分析，要求主题鲜明、版面清晰、分析有理	1	
制作 1	对统计表格进行格式的设置，使表格清晰、醒目	1	
制作 2	使用公式进行数据的统计，计算结果正确	1	
制作 3	根据统计表创建的统计图图表类型正确，要进行格式的设置，做到简洁、明了、美观	1	
制作 4	分析报告中要有统计表、统计图，并有文字表述	1	
得分			

综合测试13

网页设计与制作——
中国结专题网的制作

一、项目背景

中国结，它身上所显示的情致与智慧正是中华古老文明中的一个侧面。

它是数学奥秘的游戏呈现。

它有着复杂曼妙的曲线，却可以还原成最单纯的二维线条。

它有着飘逸雅致的韵味，出自于人类生活的基本工具。

中国结有太多值得我们传承的理由，学校为让学生能够对中国结有更多的了解，组织几位同学制作“中国结专题网”传承这种文化。

中国结专题网所需的相关资料在“综合题资料”文件夹中。美化页面所需的素材可以通过网上下载获取。

二、项目任务

浏览中国结的照片及相关资料，设计这个中国结专题网。

在D盘根目录下建立“中国结专题网”文件夹，作品保存在该文件夹下。整个项目完成后，文件夹上传。

三、设计要求

1. 分析中国结所体现的一种文化，一种精神，确定适合的主题。
2. 依据主题选取相关照片及资料，设计至少3个网页，分别是中国结的起源、中国结的欣赏、中国结的制作等内容。
3. 中国结的欣赏通过中国结的照片在网页中呈现。
4. 网页色彩搭配协调，版面布局合理、有新意，并且要有较强的感染力和美感。

四、制作要求

1. 在首页中利用字幕效果表现网页主题；
2. 设置各网页中文字的字体、大小、颜色；
3. 在某一个网页中用背景图片进行修饰；
4. 创建超链接，实现在网页间的相互跳转；
5. 利用表格进行网页元素的定位和布局；
6. 网页中插入的图片必须能够正常显示。

五、参考操作步骤

1. 筛选网页需要的素材。

浏览“综合题资料”文件夹下的内容，结合自己的个人设计方案，选取需要的素材进行归类。

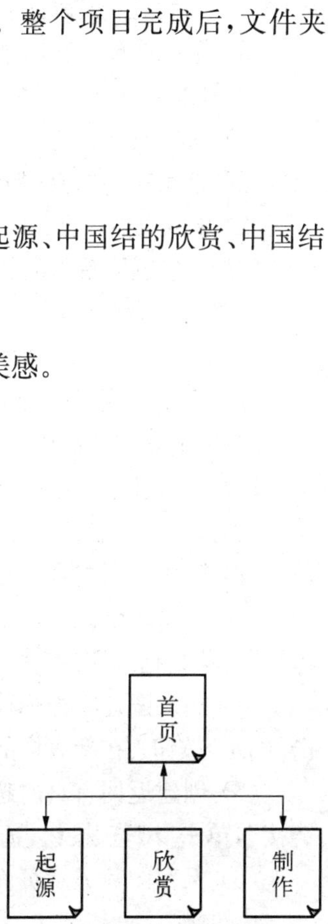

图2-13-1 架构图

2. 设计页面布局（只供参考）。

(1) 网站架构图

(2) 页面布局

图 2-13-2 布局图

3. 制作首页。

(1) 插入表格。选择菜单“表格”→“插入”→“表格”,根据首页布局,设置表格“行数”为“4”,“列数”为“2”;“边框粗细”、“单元格边距”、“单元格间距”都为“0”;指定宽度为“780”像素。

(2) 合并单元格。选中表格第一行,选择菜单“表格” →“合并单元格”。

(3) 输入页面内容。在表格第一行输入网站标题,在第二行左单元格输入导航标题,右单元格输入网站前言,设定文字的字体、字号、颜色等。

(4) 插入字幕效果。选中标题文字,选择菜单“插入” →“WEB 组件” →“字幕”,选择效果,单击“确定” 按钮。

(5) 设置页面背景。选择菜单“格式” →“背景”,选择“背景图片”复选框,单击“浏览”按钮,选择背景图片,单击“确定” 按钮。

(6) 保存首页。选择菜单“文件” →“保存”,输入文件名“index. htm”,保存网页。

4. 制作文章显示页面。

(1) 插入表格。选择菜单“表格”→“插入”→“表格”。根据文章显示页面布局,设置表格“行数”为“2”,“列数”为“1”;“边框粗细”、“单元格边距”、“单元格间距”都为“0”;指定宽度为“780”像素。

(2) 输入页面内容。在表格第一行输入页面标题,在第二行输入文章内容,设定文字的字体、字号、颜色等。

(3) 创建返回首页的超链接。在网页合适的位置输入“返回首页”,选中文字,选择菜单“插入” →“超链接”,单击“浏览”按钮,选择“index. htm”网页,单击“确定”按钮。

(4) 保存文章显示页面。选择菜单“文件” →“保存”,输入文件名“XXX. htm”,保存网页。

重复以上步骤,完成其他文章显示页面的制作。

5. 制作图片显示页面。

(1) 插入表格。选择菜单“表格”→“插入”→“表格”。根据图片显示页面布局,设置表格“行数”为“2”,“列数”为“1”;“边框粗细”、“单元格边距”、“单元格间距”都为“0”;指定宽度为“780”像素。

(2) 输入页面内容。在表格第一行输入页面标题,设定文字的字体、字号、颜色等。

(3) 嵌套表格。在表格第二行插入表格,设置表格“行数”为“2”,“列数”为“6”;“边框粗细”、“单元格边距”、“单元格间距”都为“0”;指定宽度为“100”百分比。

(4) 插入图片。光标移至单元格,选择菜单“插入” →“图片” →“来自文件”,选择所需运动会图片,单击“确定”按钮。在新表格的所有单元格中,插入图片。

(5) 创建返回首页的超链接。在网页的合适位置输入“返回首页”,选中文字,选择菜单“插入” →“超链接”,单击“浏览”按钮,选择“index. htm”网页,单击“确定”按钮。

(6) 保存图片显示页面。选择菜单“文件” →“保存”,输入文件名“tupian. htm”,保存网页。

6. 制作首页超链接。

(1) 打开首页。选择菜单“文件” →“打开”,选择文件“index. htm”。

(2) 创建超链接。分别选中首页中的导航文字,选择菜单“插入”→“超链接”,分别找到链接的网页文件,单击“确定”。

(3) 保存首页。

六、评价标准

评 价 指 标		权重	评价等级		
综合应用题:			5	3	1
设计 1	能根据项目要求确定主题,合理选取相关资料,作品主题正确鲜明、版面清晰,有创意	1			
设计 2	设计两个以上网页,文字、图片、表格显示正确,布局合理	1			
制作 1	在首页中,能够正确使用字幕效果	1			
制作 2	在某一个网页中,能够用背景图片进行修饰	1			
制作 3	网页间通过超链接实现相互跳转	2			
制作 4	网页中利用表格进行网页元素的定位和布局	1			
制作 5	网页中插入的图片能够正常显示	2			
得分					

图书在版编目(CIP)数据

学前教育信息技术基础实践指导/谢忠新主编. —上海：复旦大学出版社，2012.7(2015.8 重印)
ISBN 978-7-309-09041-3

Ⅰ. 学… Ⅱ. 谢… Ⅲ. 学前教育-信息教育-幼儿师范学校-教材 Ⅳ. G613

中国版本图书馆 CIP 数据核字(2012)第 143253 号

学前教育信息技术基础实践指导
谢忠新 主编
责任编辑/黄 乐

复旦大学出版社有限公司出版发行
上海市国权路 579 号 邮编：200433
网址：fupnet@fudanpress.com http://www.fudanpress.com
门市零售：86-21-65642857 团体订购：86-21-65118853
外埠邮购：86-21-65109143
杭州长命印刷有限公司

开本 890 × 1240 1/16 印张 8.75 字数 263 千
2015 年 8 月第 1 版第 4 次印刷
印数 21 501—27 500

ISBN 978-7-309-09041-3/G · 1107
定价：23.00 元